諮商技巧

John McLeod 著

徐西森、黃素雲、何金針 譯

國家圖書館出版品預行編目資料

諮商技巧／John McLeod 著；徐西森，黃素雲，
　何金針譯. -- 初版. -- 臺北市：麥格羅希爾，
　2010.01
　　面；　公分
　　含參考書目：面
　　譯自：Counselling skill

　　ISBN 978-986-157-688-6(平裝)

　　1. 諮商技巧　2. 諮商

178. 4　　　　　　　　　　　　　98023814

諮商技巧

　　　　1 2 3 4 5 6 7 8 9 0　Y C　2 0 1 0

作　　者　John McLeod

譯　　者　徐西森 黃素雲 何金針

執行編輯　陳文玲

總 編 輯　林敬堯

發 行 人　洪有義

合作出版　美商麥格羅‧希爾國際股份有限公司 台灣分公司
暨發行所　台北市中正區博愛路 53 號 7 樓

　　　　　TEL: (02) 2311-3000　　FAX: (02) 2388-8822
　　　　　http://www.mcgraw-hill.com.tw

　　　　　心理出版社股份有限公司
　　　　　台北市大安區和平東路一段 180 號 7 樓

　　　　　TEL: (02) 2367-1490　　FAX: (02) 2367-1457
　　　　　E-mail: psychoco@ms15.hinet.net

總 代 理　心理出版社股份有限公司

駐美代表　Lisa Wu

　　　　　TEL: 973 546-5845　　FAX: 973 546-7651

出版日期　西元 2010 年 1 月　初版一刷
　　　　　行政院新聞局出版事業登記證／局版北市業字第 323 號

定　　價　新台幣 350 元

ISBN：978-986-157-688-6

目 錄 Contents

作者簡介

*J*ohn McLeod 是 Abertay Dundee 大學的諮商教授。他在多個諮商場域具有豐富的實務經驗，並涉及訓練、研究和諮詢服務於許多職業團體，包含護士、醫生、社會工作人員和緊急服務人員。他著有六本著作以及超過五十篇各式各樣有關諮商和心理治療的專業文章及章節。

譯者簡介

徐西森

最高學歷：國立高雄師範大學輔導與諮商研究所博士

現　　職：國立高雄應用科技大學人力資源發展系教授兼人文社會學院院長

譯著作：團體動力與團體輔導（心理，1997）

　　　　　商業心理學（第二版）（心理，2002）

　　　　　人際關係的理論與實務（心理，2002）（合著）

　　　　　完形治療的實踐（心理，2003）（合譯）

　　　　　兩性關係與教育（心理，2003）

　　　　　諮商與心理治療質性研究（心理，2007）（合譯）

　　　　　諮商督導──理論與研究（心理，2007）（合著）

黃素雲

最高學歷：美國普渡大學諮商師教育博士

現　　職：國立屏東教育大學教育心理與輔導學系助理教授

著　　作：諮商督導──理論與研究（心理，2007）（合著）

何金針

最高學歷：國立臺灣師範大學教育學博士

現　　職：耕莘健康管理專科學校幼保科專任助理教授

譯著作：情緒管理與壓力調適（心理，2005）（合著）

　　　　　社會團體工作（心理、湯姆生，2007）（合譯）

　　　　　社區諮商──多元社會的賦能策略（心理、湯姆生，2007）

譯者序

　　諮商（Counselling）是一項助人專業，惟助人工作卻不限於諮商專業。諮商乃是受過專業訓練的人，運用心理學及其相關學科的理論、方法與技巧，在專業化的歷程中，協助當事人解決問題、宣洩情緒、改變行為與認知，以促進其身心發展與生活適應。這樣專業性的助人工作在現實生活中雖未必處處可見，但生活周遭確也屢見不鮮人際之間的互助行為，舉凡老師教育學生、雇主指導員工、醫生診療病人、警察感化受刑人、同儕相互支持等。諮商因具有助人的專業形式、理論依據與方法技巧，故能達成有效的助人目標。因此，教師、醫師、律師、社工師或企業人士等從業人員皆須學習並運用這類「嵌入式諮商」（embedded counselling）的過程與技巧。

　　今日，國內外諮商理論與技巧的圖書著作相當豐富，很少針對各行各業從業人員的助人技巧來論述。兩年前，心理出版社送交本書並提及翻譯出版乙事。我們深感興趣並認為有助於推廣國內諮商專業或相關助人工作。為期能掌握原作者的專業理念、吸引讀者的閱讀興趣和理解，我們歷經多次的討論、修正、潤飾與校稿。又本書因兼述「專業諮商」和「嵌入式諮商」、專業工作者和從業人員的角色，故翻譯時我們除力求原文原意重現之外，也適時調整諮商專業或各行各業的相關用語，例如諮商部分，諮商師（counsellor）與當事人（person）或案主（client）等配對使用；在醫療部分，醫師（doctor）與患者（client）或病患（patient）交互運用；在嵌入式諮商部分，從業人員（practitioner）與人們（the person）或當事人（person）等對應呈現。

　　本書有助於諮商專業或各行各業有志於從事助人、處遇或催化等角色的從業人員參閱、運用，誠如原作者所言：「本書重點在於協助那些已具備專業知識和訓練的從業人員，例如護士或教師，也在於協助那些想發展更好、更有價值諮商策略的諮商人員自我進修，使他們／她們在晤談時能給予服務對象建設性且有效的反應」。本書約費時一年完成翻譯，雖談不上嘔心瀝血之作，但也

算是「夙夜匪懈」的成果。期盼本書不僅有益於心理師或輔導老師等助人工作者的專業成長，也能提供相關領域或其他行業的從業人員參考，並且增進讀者的人際互動關係。

　　謹此，感謝作者 McLeod, J. 及美國 McGraw-Hill 公司同意授權，感謝心理出版社的編輯出版，感謝所有先進的指導與夥伴的支持；當然，也要感謝我們自己。若有疏漏之處，尚祈各界指正。

徐西森、黃素雲、何金針 敬筆
2009 年 12 月於高雄

前　言 Preface

　　本書是有關「做」諮商。是有關兩個人在會面中發生的事，其中一人想要暢談他生活上的問題，而另一人願意協助他這樣做。本書乃有關於實務：任務與方法；主要是寫給醫生、護士、老師、神職人員，以及在社會福利事業、人事部門、工會、社區方案、刑事司法體系、通報中心，和其他許多在處理人們緊迫性個人困擾之環境脈絡裡服務的人。

　　我想要寫此書主要基於兩個理由。第一，雖然過去幾十年來，有成效的諮商機構及心理治療診所的數量已大量擴展，但它仍是個個案，且可能將永遠是個個案，因為諮商的主要事件都發生在這些場所以外。例如，多數人在調查中指出，他們的生活被憂鬱及無助所困，但這些人當中正在接受專業諮商師或心理治療師心理治療，或接受醫師藥物治療的，可能少於 10%。大部分的這些人會告訴或嘗試告訴那些他們生活周遭看來可信賴且有能力的人。因此，有大量的諮商發生在短暫的事件裡、與醫師或護士的諮詢中，或在大專老師個別指導的過程中。在本書中，我稱這類為「嵌入式諮商」：諮商的角色嵌進其他執行者所履行的角色中，諮商會談也嵌進其他專業的任務裡（教學、護理、生涯指導），專業任務隨著諮商會談而實行。因此，寫這本書的第一個理由是，這主題似乎具有社會及文化的重要性；我認為如果能讓老師、護士或其他人性服務工作者自己來回應其個案的痛苦情緒，以及傾聽他們個人的故事，這將是一件好事。我們生活在一個具有熱烈渴望效率和以官僚待人之特徵的世界裡，在這樣的世界中，些許的諮商是一種人性的要素。

　　第二個激發我完成此書的原因是，我對市面上有關這議題的大部分書籍並不滿意；我不認為現有的諮商技巧文獻對於嵌入式諮商的事實是公平的。以我的觀點，諮商專業已藉由它所使用的名稱，如「諮商技巧」及「人際技巧」而從這專業領域區隔開了。我相信這已發生了，因為每當諮商專業掙扎著去建立專門知識的認可領域時，專業諮商師的興趣就會強調他們要做什麼才是專門

的，以及能有大約一小時長且沒有任何複雜因素妨礙與個案的會面。我想爭辯的是：去獲取諮商認可作為合法專業與職業的這場戰役現在已經贏了，同時，此時是對在其他專業角色中做好諮商工作的可能性給予一些嚴謹留意的時候了。我的憂慮之一是，專業諮商師與心理治療師的有效性，可能引導護士、老師、醫師及其他從業人員相信他們不能夠有效地反應情緒的需求和個人困境，此時他們能為案主做的就是將他們轉介給諮商師與心理治療師。這態度反映出一矛盾心理，其常常顯現於對護士、醫師、社工人員、老師等諮商技巧訓練的專業課程中。

本書挑戰「諮商技巧」概念，並提出這觀念不但是混亂且令人困惑的，也無法為學習者或受訓者履行人們所需做準備，而僅是提供比親切、無害但不起作用還多些的與人對談的方法給他們。以體育教練來比喻：如果我參加一門網球課，我可以獲得一些技巧，但這些都是附帶的——我真正想要的是能夠打網球。

與治療診所每次一小時的諮商相比，嵌入式諮商似乎是較困難且複雜的任務。一個人與診所或機構的諮商師約定晤談，他知道每星期將見諮商師五十分鐘，而且在那時間以外將不可能與諮商師有任何連繫。從諮商師的觀點來看，這是容易管理的：從這人到來、他們談話，接著他們離開。這段期間，諮商師有很多機會去思考及向同僚諮詢下一步要做什麼。若與以下情境比較：一個情緒苦惱的學生在早晨的咖啡時間出現在老師的研究室門口。關於在那當下能夠做什麼，以及是否稍後能找到這天的其他時候來追蹤此危機，有許多的決定需要做，況且再過十五分鐘老師將要站在另一間教室前示範教學模式。對於樂意來建立諮商面向到其他工作角色，這僅是許多挑戰之一。在這樣的情境要能有效地反應，需要一個能超越大部分主流諮商理論界限的諮商工作架構，其能在一個隱含的、私人的諮商工作模式裡被預測；本書傾向於去建立這樣的一個架構。

評論本書撰寫的方式是有幫助的；我儘量以坦率與直接的方式，於本文中引用相當少的參考文獻，來試著呈現我所必須說的。大部分章節中，重要的資

料來源已被標示於每章節末的建議閱讀的書籍，我也試著儘量強調相關的研究報告，並呈現在專欄中，希望能增加其價值。我這樣做是因為我認為許多這方面的研究報告都發表在相關的期刊上，卻很難貼近大多數的從業人員。這些研究報告對諮商技巧的了解確有幫助，而我考慮到我的角色之一如同是位作家，要找些方法去有效地「彰顯」這些報告。本書將不同的各章串連在一起成一較長敘事，包含許多故事，其中有些是短的案例小品，說明了諮商的觀點。這些故事以真實人物為基礎，但經過一些修飾與重整，以維護個人的隱私。

我想感謝許多朋友及同事，他們的想法和對話加深及維持了我對諮商的興趣：Lynne Angus、Joe Armstrong、Ronen Berger、Tim Bond、Julia Buckroyd、Siobhan Canavan、Anne Chien、Mick Cooper、Edith Cormack、Michaela Cutliffe、Robert Elliott、Stephen Goss、Anjali Goswami、Colin Kirkwood、Elke Lambers、Kate Lanka、Noreen Lillie、Mhairi Macmillan、Dave Mearns、Joanne Regan、David Rennie、Brian Rodgers、Cyndy Rodgers、Dot Weaks、William West 和 Sue Wheeler。如同往常，我最感謝的是我的太太 Julia，以及我的女兒 Kate、Emma 和 Hannah，她們的愛與支持鼓舞著我度過許多艱困時光。

導論：關於本書

本書摘要・敘事法・營造一個能盡情傾訴、暢談此事的空間・學習諮商技巧・評論性的觀點・結論・省思與討論的問題・建議閱讀的書籍

Counselling Skill

本書摘要

　　本節旨在簡要介紹本書的重要概念。本書旨在提供有意參與各項助人、處遇或催化等角色的工作人員參考，諸如教師、社工人員、衛生專業人員、神職人員、訓育工作者，以及教育訓練、人力資源和司法系統等領域人士。前述助人工作者必須熟練任何人際間不同形式的接觸，譬如資訊的溝通、資料的採訪與蒐集、決策的分享，以及諮詢服務等。這類人與人之間接觸的特別形式稱為「諮商」，此類型的人際接觸包含了探索、追尋、了解或解決個人待處理的現實議題，以及令人困擾或棘手的領域事務。諮商就是發生於當事人向他人請教生活中正面臨的問題——某種造成障礙、阻滯的衝突或兩難的困境，此困境使當事人無法如願地過他們想要的生活。

　　本書提供一種架構，使讀者能了解嵌入任何活動與角色的諮商事件。本書重點在於探討諮商過程，而不是如何成為一位諮商師。它著重於協助那些在其領域已具備專業知識和訓練的人員——例如看護或教學者，以及那些想發展更好、更有價值之諮商策略的工作人員，在晤談時能給予所服務的對象建設性且有效的回應。本書最重要的目的即在釐清上述狀況發生時能做什麼及如何去做。本書也期望能對「專職」的諮商師有所幫助，他們在諮商過程中有其獨立的運作準則，原則上與案主進行每週一小時的諮商，並且在諮商以外的時間避免任何的接觸或逾越諮商本分的角色。對專職諮商師而言，本書的重要性即在於說明這種行業基本的、重要的專業要素。當然，要成為一位受大眾認可的專業諮商師，所學的不僅僅是那些實務的技巧：專業的諮商師必須接受多年的教育訓練並累積豐富的知識技能。

　　本書認為，八到十分鐘就能進行一段有用的諮商對話。這段時間的長度，可以提供老師、醫生或主管等助人工作者一個機會，好讓當事人講出困擾自己的事。當然，也有許多情況必須多些充裕的時間；或是進行好幾次十分鐘的談話以延續晤談內容。不論如何，要體認十分鐘的對談就能有其作用，時間壓力不能成為逃避討論問題的藉口。

　　本書將尋求諮商的人稱為「當事人」（person），而將提供此項諮商服務的人稱為「諮商師」（counsellor）。"counsellor" 這個字，在本書並非指「合格

專業的諮商師」，而是指一位能在當下（at that moment）提供某種諮商服務的人，或是一位扮演諮商師角色、讓對方能討論自己所關心的問題的人。整體而言，使用「當事人」這個字會比「案主」（client）適當，因為有時一些非連續性的諮詢或嵌入式諮商，雙方並沒有正式契約，當然也就不符合 "client" 的定義（「我是一位有工作室且擁有執照的諮商師」）。本書所談到的例子涵蓋各式各樣的工作場合，這之中有許多職場不習慣將當事人稱為案主。舉例來說，接受學校及大專院校此類教育機構諮商服務的人很少被稱為案主。不過若環境適宜，「服務使用者」、「病患」和「案主」等字詞也可加以使用。

敘事法

本書採用敘事法來說明諮商如何助人。敘事法是近幾年來社會及健康科學和心理學領域中的重要方法（McLeod, 1997a, 1997b; Greenhalgh & Hurwitz, 1998）。在十九世紀和二十世紀，工程、科技和物理等科學的偉大成就，導致人們常將人類視為一種可能會故障及需要修理的結構、物體、機器或有機體。但許多人也開始了解到，儘管這種看法在某些方面有其價值，卻存在使人類喪失人性的危險，以及侵蝕、甚或喪失人類之所以為人類的基本特質。敘事法的概念提供了簡潔有力的方法，來提醒我們身為人類本具有的特質，並能在我們思考與行動時凸顯它。

敘事法與人類的說故事能力有關。人類使用故事來彼此溝通那些發生在我們日常生活中的重要事務或有紀念性的事件。在我們腦海裡，以及在我們生命中，我們活出了一個或數個故事，並且透過營造自己的生活故事、自己的傳記，來建構自己的認同感與自我概念。從文化發展的角度來看，神話、經典、文學和「新聞」等都是一群人使用敘事法來傳達信仰、價值和世界觀的方式。

敘事法同時包含個體性與社會性。故事是由個人所陳述的，但是在某方面卻取材於文化累積下來的資產，而且故事一旦說出來，就變成是一個可以重述、共享的產品。故事蘊涵了生活的一致性和改變性；雖然每個人所說的同一故事都可能有其一致的結構與內容，但每次陳述都不盡相同——每一個故事的陳述，有時會以一種隨興的方式來回應一些特定的聽眾與觀眾。每一個前後連

貫的故事都會隨著時間透露出某一事件的相關訊息,這樣的故事有其意圖與目的,並顯示出主角或故事中的重要角色與其他人之間的關係,以及傳達他們的感覺及情感。故事也含有一種評價的成分:任何事件都有其道德觀。

在諮商上,敘事法的運用在於更嚴謹且多面向的觀察,包含在敘事歷程中的人性(意圖、關係、現狀、感覺與道德)。具體而言,敘事法將注意力轉移到人們所使用的語言及言談,以建構其生活的方式;諮商領域的敘事法則在於增進求助者與助人者雙方語言溝通的敏感度。這裡有一個重要的概念:某些談話的方式會讓當事人感覺到其所關注的議題或憂慮的事,已經不可能有任何的突破;相對而言,不同的談話方式可以開啟新感覺和新行動的可能性。敘事法其實也反映了人們單純講述故事的過程所蘊涵的價值,從此一觀點來看,我們便可以了解,當人們尋求諮商時,只是在尋求一個述說故事的機會,並且希望他們的故事能被接受與認可。在現實生活中,有許多人無法說出他們重要的生命故事,因為沒有人想聽。這些人必須獨自承受與自己故事交織在一起的痛苦,且無法獲得社會的支援或他人的合作,他們也沒有什麼機會反省或從發生在他們身上的事情中學到經驗;這正是諮商介入的適當時候。

營造一個能盡情傾訴、暢談此事的空間

無論是哪一種形式的諮商,其核心概念在於「營造一個能盡情傾訴、暢談此事的空間」。這個概念就像是一個試金石貫穿於本書,並提醒我們面對人們所遭遇的困境時,諮商真正扮演的角色為何。這一句話隱含許多涵義,茲分析如下。

「『營造』一個……的空間」。在諮商專業領域中,「營造」意指一個國際通用、有意義的活動,它並非自然而然發生的,而是要刻意「營造」。這裡所謂的「營造」是一個由參與者雙方共同進行的活動。當事人在諮商師沒有意願、沒有參與感時,無法營造諮商情境;反之亦然。營造空間的概念也讓人聯想到其他相似的概念,如創造、建構和構成等;無論是哪一種,就理解此一過程而言均有其價值:諮商是一個共同創造、參與的活動歷程。這些名詞的使用也導向一個問題:在營造或建構的過程中用了哪些材料,可以幫助營造諮商空

間的個人「力量」或能力？諸如：專注力、身體的姿勢和距離、語言的運用、座位的安排、時間的掌握等。在任何諮商歷程中，我們會發展出什麼樣的諮商情境，就看在特定情境中有哪些素材。

「營造一個……暢談此事的『空間』」。一個諮商情境的「空間」所指為何呢？它是一個什麼樣的空間呢？它同時存在於想要討論問題的當事人的生活中，以及當事人與其諮商師的關係中。本書的重要課題之一，就是強調要了解他人時，要把他們放在其所屬的社會與文化範疇中，以及其所建構的個人安身之處。這個安身之處，或其個人世界，有時可能難以生存——有些會出差錯。諮商因非當事人日常生活環境的一部分，因此能夠協助當事人跳脫日常生活情境，而去思考他們希望做何改變來讓自己變得更好。一個諮商情境就好比一個泡泡、一個避難所或是一個使人情緒感到安全的地方，當事人可以暫時進入這樣的地方，也可以在有需要時回到這裡。諮商情境也是當事人和諮商師雙方關係中的一個空間，在這層關係空間裡存在著許多的面向：討論見面的時間（下週同一時間？）、其他角色、性別／年齡／道德觀的異同、諮商室外的共處經驗（例如雙方在超級市場巧遇）等等。然而，若要諮商得以開始，上述面向就需要在某個時候退居到幕後，以便展開一種不同形式的對話。這樣的空間隱含邊界的概念，亦即諮商情境的空間是有界限的；一個空間，它雖被其他事物所圍繞，但裡面卻空無一物：它就是一個空間。諮商歷程雖然會運用各種不同的架構、方法（讓我們用這種解決問題的方法來克服你所面臨的生涯抉擇難題），但諮商在本質上一開始就是一個空無一物的情境，它提供當事人談論（或不去談論）任何事情的空間。空間的概念使人思考到空間的其他本質，在這裡，有意義的個人及情緒的學習得以發生。生活中有許多情境不只在某些方面與諮商有所差異，更有其相同之處，就好像閱讀一本很棒的小說時所進入的空間、劇院舞台上的空間，或體驗行走在山丘上的情境等。

「……一個能盡情『傾訴、暢談』此事的空間」。諮商以晤談為主體，將一些想表達的事化為文字或語言，可以成為強而有力的治療經驗。語言有相當多的方式來傳達意思，文字、片語和言談反映出不同年代的人們所具有的表達意義的活動，對於同一件事一定會有不同的談論方式，而每種方法都與此人對這件事所採取的立場有關，也與可能必須完成的事有關。搜尋適當的字眼、確

立說法、進行區辨——這樣的談話成果可以把一個問題或所關心的事，帶入一個可以讓說話者與聆聽者共同加以檢視的空間，也同時創造了說話者聆聽自我對話的可能性：談話開啟自省的可能；說話者能夠觀察到聆聽者的反應，從獨白——「這個問題一直縈繞在我的腦海裡」——轉變到對談，疏離與社會的排擠就此消失，分享與支持的可能性也因此展開。交談有時會帶來歡笑聲；將某件事的許多相關片段結合在一起，會帶來連貫的感覺，進而拼湊出一個完整的故事。

「……暢談『此事』……」。在諮商歷程中，事件本身是很重要的，從精神分析學者如 Sigmund Freud 和 George Groddeck 等人的論述中提到的它／本我（it/id）的概念，一直到許多諮商師在回應當事人時所套用的引言句：「它聽起來好像……」。事件本身的重要意義在於當事人想聊的問題或關心的事往往無法明確界定，通常只是隱約感覺有事情不對勁、感覺痛苦、想要聊一聊。一般而言，諮商歷程的活動包含心智繪圖、探索或說出問題，或是找到著力點。找到正確的字眼來捕捉對「此事」的感覺，會讓人覺得如釋重負（「嗯，事情就是這麼一回事！」）。若能找到「此事」的形式和輪廓，將有助於找到處理的方法。此一過程也算是在尋找諮商對話的焦點。

「……『盡情』傾訴、暢談此事……」指的是談話要能廣泛而深入，包含問題的所有相關層面。這也意指問題有解決的可能，或因為可暢所欲言而無須再多說些什麼。每當當事人談到私人的關鍵話題時，感覺上就像是有個故事即將展開；說話的人體驗到自己好像置身於一個「軌道」上，他們知道自己接下來要說什麼：還有什麼要說出來。這些待會兒要說出的話很少是當事人預先設想的，而是在被給予談話機會時才能娓娓道來。這種能澈底暢談的感覺，就像是一種穿山越嶺後抵達另一目的地的舒暢感。

「營造一個能盡情傾訴、暢談此事的空間」勾繪出諮商的核心概念：這正是諮商的本質。它代表我們了解到諮商是將重心放在一個可以營造諮商關係的空間之中，它也強調語言、說故事、對談所扮演的角色是讓兩個人可以一起努力以期有所改變的重要媒介。

學習諮商技巧

　　本書的內容適用於輔助諮商員教育、考證照（初級）和獲取學位（進階）。在很多方面，本書都被視為一個類似於描繪出訓練課程領域範圍的地圖，因而思考發展諮商技巧時會牽涉到哪些部分是有用的。目前諮商訓練方面的課程為數不少，有關討論訓練模式的文獻也相當廣泛，也有很多專業機構出版一些實務規範以提供訓練課程的標準。迄今普遍的共識是：在訓練的環節中，必須涉及四部分內容。其一，每位提供諮商服務的人都應該以某種模式或理論架構來了解這份助人工作。其二，諮商訓練必須包含廣泛的省思練習，以便發展出在進行面對面的晤談工作時所需的方法與策略；這類「技巧」的典型訓練包含觀察專家進行諮商（不管是現場或透過錄影帶）、與一起受訓的成員練習諮商方法或將彼此當成練習的對象，以及必要時可將諮商過程加以錄影記錄，並與求助者共同討論。其三，諮商訓練包括覺察自我，因當事人與諮商師之間的關係品質會影響諮商效果；就他們本身的關係需求與型態而言，諮商師必須了解他們對諮商關係有何影響，並且就求助者偏好的諮商關係類型而言，他們給予積極回應的能力又是如何。諮商訓練時，若能精熟練習下列活動，將有助於發展自我覺察：小組討論；針對問題的工作坊，例如性行為、偏差與控制；親身經歷的諮商經驗；以及學習日誌或訓練手札等。最後，諮商訓練課程需要涵蓋專業性及道德性的議題，例如保密、接受督導或諮詢的支持等。

　　重要的是，讀者必須了解本書旨在提供認識諮商技巧的一個架構，而非技巧本身。想要扮演精熟的諮商師角色必須經過長時間的練習，並在鼓勵彼此坦誠支持且富有挑戰的環境中成長發展。儘管參與諮商課程訓練的人，通常都會感覺對個人而言是種值得且寶貴的經驗，但有時這種學習也會令人感到不愉快；例如在學習團體的人際互動過程中，有人指出某人的逃避行為和自我防衛。因此，除非自己願意對此種學習投注熱情，否則投身這種訓練是沒有意義的。

評論性的觀點

　　本書鼓勵讀者採用一些評論性的觀點。有許多議題，諸如助人歷程中諮商技巧的角色、對於諮商技巧有不同的看法價值等，都需要以一種懷疑和質問的態度來面對。然而，這種評論性的觀點並不是刻意想要表達一種無情的、破壞性的分析，到最後似乎沒有一件事是好的。真正平衡的批判式論述還要能夠對好的做法給予讚賞、肯定——這也是重要的一環。

　　這種評論性的觀點貫穿於本書，其中有四個主要議題尤其重要：

- **為專業助人者與其「案主」之間私人關係層面的價值予以辯護**：在我們所處的職業文化環境裡（例如護理、醫療和教學等），職業活動已愈來愈受到技術或官僚程序的影響，導致愈來愈少去聆聽病患、案主或學生的故事及其個人經驗。藉由採取一套與現行思維不同的價值觀，諮商專業代表對這些目前盛行的技術或官僚體制的挑戰，也是對個別從業人員的挑戰。

- **對現有諮商技巧模式的看法抱持懷疑的態度**：本書認為，迄今許多普遍傳授的諮商技巧模式的論點有些是令人質疑的，這些諮商模式常把諮商關係簡化成一套人際關係技巧。例如，諮商技巧的觀念常過度強調助人者能做的事，因而無法充分了解求助者可能的需求，也忽略了當事人與諮商師之間關係的重要性。

- **對區別「諮商」和「諮商技巧」的用處抱持懷疑的態度**：一般認為區分從業人員（如護士）所使用的諮商技巧，與專職諮商人員（如專業治療師）所提供的諮商服務，主要是因應諮商業界的需求而不是服務使用者的需要。本書提到的嵌入式諮商（embedded counselling）和精微諮商（microcounselling）就代表跳脫傳統的諮商和諮商技巧之間角力的概念。

- **重視探究與詢問的角色**：我們生活在日趨複雜的環境中，在助人、照護等服務方式廣受科技、文化和組織因素的影響下，諮商師在進行任何活動與介入時，針對服務使用者的經驗、觀點及偏好，以適當的探究與詢問來加以了解是非常重要的。少有人研究過本書所討論的短暫、片段的嵌入式諮商，而大部分做過的研究在本書中均有提及。這些討論說明了這類的努力對於了解和促進諮商領域的工作有很大的潛在助力。

以上議題都是希望讀者能自己思考：在營造一個能讓諮商進行的安全空間時會牽涉到哪些事；在各種不同的職業社群中，這種嵌入式諮商要如何融入工作環節中，如何增進這方面的討論？其重點就是將諮商技巧問題化（problematize）。只有不斷思考提供這種關係需要投入些什麼，才能讓它的價值繼續存在。諮商若是一成不變或只是植基於一些缺乏共鳴、有意義的想法，便無法使人產生熱情。

結論

本章已重點提示許多貫穿本書的主要概念，接下來的章節會有更完整與詳細的說明。本書其他章節約可分為三部分：第二章和第三章說明諮商的基本概念及探討「諮商」為何；第四章綜覽諮商的技巧模式；第五章至第十章則將諮商技巧模式拆解成不同的部分，並探討實務運用；最後，第十一章及十二章則跳脫實際進行諮商時的細節討論，從更廣泛的角度來探討有關如何長期維持良好諮商行為的做法。

省思與討論的問題

1. 你個人生命中的故事對你來說有多重要？從與你切身有關的人、事開始思考。這些發生在你身上的事情，你能夠經常與關係最親密的人談論的機會有多少？他們告訴你的機會又有多少？當他們告訴你時， 你又會有何反應？你會看哪一類的故事（例如小說、電視劇等）？這些虛構的故事對你的生命有何重要意義？如果你沒有機會閱讀或收看這些故事，你的生命會變得如何呢？

2. 在你還沒有看本書之前，你對諮商有何看法？你對諮商有何印象？你對諮商採取的立場是什麼——在此刻，你認為諮商的好處為何？你對諮商還有什麼質疑和保留的？

建議閱讀的書籍

有關諮商技巧的訓練及它所依據的發展模式的評論並不多見，在 Robb 等人編著的書中，由 Cameron 所寫的一章算是比較有實用性的，他認為目前有關溝通技巧與人際技巧方面的模式發展，並沒有充分注意到在組織機構中人我之間的實際關係（這本書的其他章節也有各種不同的評論觀點，值得讀者閱讀）。

Cameron, D. (2004) Communication culture: issues for health and social care. In M. Robb, S. Barrett, C. Komaromy and A. Rogers (eds) *Communication, Relationships and Care: A Reader*. London: Routledge.

有關敘事法運用在社會照護與其他領域的相關文獻相當多，而且持續出版中。在此，特別推薦的有下列三本書：

Angus, L. and McLeod, J. (eds) (2004) *The Handbook of Narrative and Psychotherapy: Practice, Theory and Research*. Thousand Oaks, CA: Sage.

Greenhalgh, T. and Hurwitz, B. (eds) (1998) *Narrative-based Medicine: Dialogue and Discourse in Clinical Practice*. London: BMJ Publications.

McLeod, J. (1997) Listening to stories about health and illness: applying the lessons of narrative psychology. In I. Horton et al. (eds) *Counselling and Psychology for Health Professionals*. London: Sage.

諮商的定義

引言・諮商的定義・發生諮商的地方：情境脈絡的重要性・嵌入式諮商的概念・精微諮商：短時間的不凡之處・諮商不同於其他明顯相似的活動・諮商是專家的專業角色・簡化論的限制・結論・省思與討論的問題・建議閱讀的書籍

「看看癌症護士給我的傳單。」

「好的。」

「傳單上說她在進行諮商。」

「諮商？什麼意思？」

「上面說是有關『提供病患一個談些事情的安全地方』。」

「什麼樣的事情？」

「上面說是任何困擾你的事，例如煩惱。」

「你的意思是，像是有心理困擾嗎？」

「我不是很清楚。」

「你有興趣嗎？」

「我不知道，可能吧！」

Counselling Skill

引言

　　不同的人以不同的方式了解諮商概念，諮商概念的意義受到廣泛的爭論。結果，這些對抗的觀點很難產生單一定義以滿足每一個人。「諮商」定義錯綜複雜的原因之一，是多年來諮商活動對轉移人際之間各種關係的期待之回應。諮商多面向特質的另一理由是，它可同時用在日常活動或專業性專家角色。依此觀點，諮商的概念與護理、教學的概念是相似的，在適當的環境中，我們都能夠勝任護理與教學工作；然而，我們同時能夠認定與尊敬有資格的護士、教師所擁有的訓練與專業。以相似的方式來說，諮商是我們所能從事的活動，它也是需要進階訓練與專門技術的專業角色。重要的是，學習諮商或提供諮商的每個人願意注意到諮商的紛爭觀點，以便能夠建設性地回應和不同團體人士談到諮商時，經常發生的這類混亂和迷失。

　　「提供諮詢」（giving counsel）的概念已形諸多年，進行諮詢工作者在概念、技術和知識資源上是獨立的，其作用完全在個體的利益，協助個體達到最符合他們個人目標和目的的行動決定和方向。傳統上，進行諮詢的功能局限於主宰管制社會階級的專家角色，例如法律諮詢、諮商師到最高統治者。在當代社會，幾乎每個人都難免面臨生活選擇上的困難，諮詢的需要更是普遍，「諮商師」的角色因此成為現代社會日常生活不可或缺的部分。自二十世紀中期，專業組織和訓練課程已開始出現讓人們符合資格，以成為在教育、健康、企業領域的全職諮商師。同時，開始認可每個人在「協助」或「人」的專業——護士、醫生、社會工作者、人事員、教師等的工作功能，這些角色必然包括對案主與病患某種程度的「諮商」。「諮商」於是被視為是一種嵌入於所有人類服務工作的活動中，並且建立自主性專業地位的專家角色。

　　所有這些現象在非常短的期間發生，要了解文化和社會是如何形塑諮商，可以去想像五十年前，一、兩百年前的社會。五十年前幾乎沒有任何有關諮商師的描繪，一百年前尚無諮商師——雖然有些人對心理治療有模糊的概念，而兩百年前對諮商或甚至心理治療的概念仍非常生疏。對諮商的需求已經成長得像文化和社會那樣變得更加複雜且全球化。每個人雖知識豐富卻脫離傳統的意

義，對危險敏感且缺乏確定感。從社會和歷史的觀點來看，諮商被理解為一種在破碎和複雜的工業化社會內，維持一致的認同和一套關係的行業之必要成分；諮商提供大家一起擁有生活的方法。

　　本章目的旨在提供架構以釐清「諮商」術語在當代社會多面向的用法，提供使用者導向的諮商定義作為支持討論的方法，接下來的部分則探討了解諮商的不同方法，並特別聚焦在區分「諮商」與「諮商技巧」的不同。

諮商的定義

　　本書的立場是：諮商定義的出發點必須是接受或利用諮商的當事人之觀點，理由是任何型態的諮商重要元素是在於諮商唯獨發生在求助的當事人想要發生所謂的諮商。諮商不是某個人為當事人做什麼，而是發生在彼此的互動中，因此諮商可以界定為「一種活動發生在一個困擾的人邀請和允許另一個人進入彼此獨特的關係中。」假如當事人不願意給予邀請，即使他們長期身處於專家諮商師的最佳服務，所發生的也不是諮商。任何諮商事件都開始於求助者「當事人」的渴望與意圖。

　　更完整的諮商定義可統整如後：諮商是一種活動，發生於一個困擾的人邀請、允許另一個人進入彼此的特殊關係中，此邀請是明確清楚的（例如，當某人與諮商師事先預約，前往探訪諮商師，或詢問護士：可否花幾分鐘談談我的狀況……？）或可能是含蓄的（例如，當個人顯現情緒壓力或困擾的徵兆時）。

　　當某人遭遇到「生活問題」，無法以其日常資源獲得解決，導致排除充分參與許多方面的社會生活，他必須尋求這樣的關係。尋求諮商的當事人是在找尋一個人提供時間與空間，給予他們日常生活上無法立即得到的許多要素：允許說話、尊重差異、真誠與肯定。

- **允許說話：** 是一個當事人能夠以他們自己的時間和他們的方法，敘說他們故事的地方，他們被鼓勵說出先前說不出來的經驗，包括感受與情緒的表達。

- **尊重差異**：諮商師盡其所能地不理會自己對於當事人所提出議題的立場和他們當下的需求，為了盡可能完全聚焦於協助當事人明確地說出，並表現他或她的個人價值與需求。
- **真誠**：所討論的內容必須保密，並給予關心與尊重。諮商師保證不將自己從當事人獲悉的訊息傳給當事人生活中的任何人。
- **肯定**：諮商師以一套核心價值建立人際關係——誠實、正直、關懷、相信個體的價值、投入對話和合作、反思、人際相互依賴、共同利益感。

當這些要素出現時，才能建構支持、分享、反思和學習的場域，在此場域內，當事人與諮商師開始共同運用他們擁有的資源（談話方式、概念和理論、問題解決策略、儀式、改變意識狀態），以對於促使其決定尋求諮商之最初生活上的問題，達到提升了解和解決的程度。

本質上，諮商是一種可以表達沈默之音的會談，需說什麼就說。這會談是經由當事人從一再地演練他們憂慮與擔心的自抑獨白，或卡進情緒的枷鎖，開始轉移進與他人對話。經由與別人對話，可以擴展自己的看法與概念，無論當事人面對怎樣的生活上的問題，都將有某人或某群人已發展出處理問題的有效策略，經由會談與對話開展了與擁有這知識的他人或群體建立關係的機會。諮商的潛在結果包括下列三大類：

- **解決生活基本問題**：解決能力包括：建立對問題的了解與觀點，個人對問題或困境的接納，以及採取行動、解決引發問題的情境。基本上，經由諮商，當事人可以修補已經破壞的關係或活動，並恢復先前滿意的狀態。
- **學習**：諮商使當事人獲得新的理解、技能與策略，讓他們能對未來同樣的問題有較好的處理。他們也可以更認識到他們是怎樣的人，做為一個人，或他們希望成為的人——擁有一致的個人認同感，能提供當事人足夠的安全感與他人建立有效能的人際關係。
- **社會參與融入**：諮商有潛在能力，能激起個人的活力、能力，使其成為能促進他人福利和社會利益的人。從先前的困難中，當事人像主動參與者更能充分參與社會生活——讓他們的聲音能被聽見。

多數時間，諮商的成效是使當事人變得不一樣，使人感覺有能力向前邁進。最極端的型態是，這些結果被經驗為是當事人的自我感和與他人關係的一種轉化。

基於使用者的觀點，諮商的定義提供了架構，能用來理解當代社會所發現的許多不同類型的諮商實務；諮商的定義如何應用在實務中的範例請參見專欄2.1。諮商的意義存在一些混淆是因為，諮商總是發生在社會和文化的情境脈絡之中，帶著形塑和影響諮商方式的環境觀點，以下檢視組織情境的角色對人們接受諮商類型的決定。

發生諮商的地方：情境脈絡的重要性

要了解諮商的各種不同意義，可以從進行諮商的有關脈絡加以了解，本節旨在探索發生諮商的地方。依據研究，一般而言，在主要都市地區發生諮商的地方至少有五種不同的形式：

- **私人診所：** 有些諮商師以電話簿、網站、專業使用手冊做廣告，並對案主直接收費。整體言之，這些是相當符合資格、有經驗的從業人員。人們會諮詢私人診所的諮商師，尋求解決廣泛的問題。私人診所的諮商多半限於收入豐富足以支付費用的人，雖然有些慈善團體支持案主與諮商師操作浮動的諮詢費用。許多私人診所是由一位從業人員與夥伴合作排定看診。儘管私人診所一般來說是相當方便看診的（案主僅需事先電話預約），實際上，許多人被服務費用嚇住，並對私人診所的從業人員了解不夠完整，即使發現有困擾想前往看診也難以選擇。有少數但逐漸成長的私人診所是網路服務的（Goss & Antony, 2003）。
- **一般非營利部門諮商機構：** 許多城市的諮商機構是開放給有任何問題的案主，且以慈善非營利方式經營，這些機構中的諮商師可能是義工或被支付半專業費用。這些機構多是以教會為基礎的方案開始進行，會持續接受教會團體的資助或與心理健康慈善團體結盟。案主通常被要求捐助或付費，這些提供所有諮商種類的機構可能是最容易接觸、最少受到污名化的。這些服務機構有許多座落在市內，案主可以走路到診所並做預約。因為他們

| 專欄 2.1 | 工作場所的霍桑效應研究與諮商發展 |

　　研究心理學的人都聽過霍桑效應研究，這個研究是發生在一九五〇年代美國西屋電子公司極為有名的心理實驗；為了決定增加生產力的有關因素，一群組裝電子配備的婦女被分配到不同的工作情境與安排。令他們驚訝的是，研究發現所有他們採用的處遇對增加生產力都有影響，此結果顯示：受試者因為知道自己受到注意，而影響他們的行為改變。鮮為人知的是，西屋高級主管受到這些結果激勵，開始為員工實施諮商制度。諮商師一直在員工工作的場地提供服務，每當員工有問題即可就近獲得諮商，雖然執行起來費用很昂貴，但這項創舉對員工士氣與生產力有高度正面的影響（Dickson & Roethlisberger, 1966）。在美國諮商專業萌芽階段、訓練很少的時代，公司的挑戰之一是需要同時僱用和訓練大量的諮商師。公司需要以實用、企業化的方法訓練諮商師，包括撰寫工作說明書明確說明他們希望這些諮商師做什麼。他們所提出的還被認為掌握到諮商的要素：

1. 傾聽——不說話。
2. 不爭論；不提建議。
3. 傾聽：
   (1) 當事人想要談的；
   (2) 他們不想談的：
   (3) 他們在得到幫助時才能說出來的。
4. 變得敏於表達感受，學習辨識和反思。
5. 協助當事人澄清感受和接納他們的感受，以不時地摘要出他們所說的話來做（例如：你的感受是這樣嗎？）。謹慎地處理當事人的談話，明確而不添加或不扭曲他們的意思。
6. 協助當事人做決定，不要替他們做決定。
7. 試著從當事人自己的觀點了解他們——不是從我們的立場，而是他們的立場。
8. 不要忘記你正在參與你所觀察的情境。學習辨識、接納自己的感受，不要逃避他們；學習接納他們並以技巧和理解來處理他們。
   (1) 從容
   (2) 輕鬆
   (3) 彈性
   (4) 內化這些角色建議以便與你自己一致。不必模仿他人，真實做自己。
   (5) 自然

資料來源：Dickson & Roethlisberger（1966: 42）

每年處理許多案主，此類機構在市內易被熟知並享有口耳相傳的美譽。另一方面，有人可能認為義工是非專業、素質低或不專業的——這些觀點實際上並未發現，因為多數義工機構對於諮商師的遴選、訓練、督導和品質管制，已經發展了根深蒂固的系統。

- **心理健康機構內特定角色脈絡裡所傳達的諮商工作：**臨床心理師、心理治療師、諮商心理師、照護治療師、藝術治療師和初級照護諮商師提供健康照護系統的諮商。與每一種角色有關的訓練資格和責任多少有不同，但都是提供諮商。整體上，從業人員都擁有高度的專業與地位，看診並記錄廣泛的問題。他們可能是所有諮商師中最難接觸到的，因為通常案主需要由家庭醫師（general practitioner, GP）或其他健康行業轉介——自我轉介是少有的。除此之外，特別是臨床心理師或心理治療師常有一串等待的名單。這些諮商師在心理健康體系工作，諮商必須包含某些類型的診斷衡鑑（雖然初級照護諮商師傾向反對）。

- **專業的實務領域：**許多諮商機構與服務專精在特定問題（如藥物濫用、飲食疾患），或處理生命歷程的特定問題（例如：大學、職場、失婚、喪親之後）。其中有些機構是慈善或義工團體；有些是保健或社會服務基金募款的，有些是商業營利（如職場諮商服務）。專業機構的特色與義工團體、健康服務或私人營業服務相同，但多出的要素是他們諮商時必須結合解決問題的特殊知識，例如，除了諮商知識及能夠統整這知識於實務中以外，一位學生諮商師必須擁有高等教育、青少年發展議題和研究技巧的知識。

- **嵌入其他助人角色的諮商：**儘管有上述那些不同的諮商機構存在，我們可以確信多數的諮商是發生在不同助人角色的背景中（例如，教師、護士、醫師、社工、諮詢工作者）。對於已和教師、護士、社工有良好關係的當事人而言，當個人問題出現，會很自然想要和他們進一步會談，但教師、護士、社工卻不太可能準備做諮商或心理治療的服務，以及能夠轉介給受過諮商訓練與專業的同事。有些護士或助人者回應諮商要求時缺乏信心，而且盡全力使當事人離題。大部分的專業助人者盡力回應求助者的需求，並盡其全力投入諮商會談；此諮商形式非常受歡迎，因為諮商師與當事人可享受愉悅的會談。

　　傳達諮商的各種不同方式之間所反映的相似與差異，顯示了許多重要的議題：第一，除了私人診所諮商工作，所有類型的諮商都需要考慮到組織的要素及其他知識層面，例如，在保健服務工作的諮商師需要發展策略，以因應醫療模式領域的需求與資源受限（等待名單、受限於所能提供的會談次數）。在專業取向（specialist-focus）服務工作（如藥物機構）的諮商師，必須知道藥物的效果、法律和政策，以及其他與案主有關的機構角色。第二，當事人的情境脈絡化（依據一組特殊的生活環境加以理解）或去情境脈絡化（依據個人心理症狀來了解），在程度上有很大的差異。私人診所或保健服務的諮商師對個案生活特殊世界了解不多，而專業取向的諮商師和所有嵌入式照護諮商師或教師諮商師有機會了解正在求助之當事人的生活世界，以及他的所作所為。第三，依據他們如何接近案主而有非常不同的服務。在社區內，有一些受過較佳訓練、資優的諮商師，但多數求助者不知他們的存在或不知如何找到他們。這意味著依據廣大人群的需求，高階專業的實用價值可能受到限制，而基礎技術的實用價值反而較為提高。因為在當事人需要時，可以很容易獲取，而且比較不用擔心被標籤化或污名化為精神疾病。第四，所有諮商情境的保密性與可靠性受到挑戰。到私人診所諮商的案主難以知道諮商師的責任與誠信。接受保健服務諮商的案主也許會因為公佈的申訴程序而覺得放心，但是會擔心個人資料被記錄在醫療檔案中。在上述任一種情境，求助者在他們第一次會談前，不太有機會了解諮商師個人的誠信。反而是與社工或護士談話的當事人，可能有較多機會決定他們顯露信賴的程度。

　　這裡的關鍵點在於，沒有所謂理想或完美的諮商情境——免於受到外在情境因素和挑戰之影響：考慮情境脈絡因素是必要的。

嵌入式諮商的概念

　　本書主要在關注發生諮商的所在情境，這些情境的助人者不是專業諮商師或心理治療師，但可能是醫師、護士、教師、社工或不以諮商為主要工作重點的其他工作角色。貫穿本書的嵌入式諮商指的是，諮商融入於其他角色和任務之中。

　　澄清有關嵌入式諮商概念的運用是很重要的，第一，視諮商是發生在任何情境的活動或過程，而不是專家專業角色。換句話說，諮商不是「諮商師做什麼」（what counsellors do）而是「每一個人應該能夠做什麼」（everyone should be able to do）。第二，提到嵌入式諮商時，「諮商師」一詞是指提供諮商的人，即使他們提供的諮商只有幾分鐘的簡短對話，這幾分鐘，是協助、關懷或臨床活動的融入期間所產生的「機會之窗」（請見專欄 2.2），雖然使用術語如「照護諮商師」（nurse counsellors）或「承擔諮商角色的教師」會更嚴謹精

專欄 2.2　嵌入諮商的運作：善用機會之窗

　　醫療、照護和其他專家的專業從業人員，能夠在其與案主或病患的工作中融入強有力的諮商要素。Branch 和 Mailk（1993）進行的一項研究：一群經驗豐富、極受人尊重的醫生進行二十組醫生—病患的諮詢錄音，諮詢時間從十二分鐘到二十分鐘，在醫生—病患系列的臨床晤談中，研究者能夠從病患討論他們關注的個人、情緒、家庭的議題中，認出五項事件。這些「機會之窗」（windows of opportunity）每個都持續三至七分鐘。通常，醫生會說明當前的醫療議題來開啟晤談，幾分鐘後，醫生會提出開放性問題，例如：「還發生了什麼事情嗎？」或「還發生什麼事？」病患對問題的回應，如研究者所描述，是隨著醫生方面速度的改變：醫生聆聽著、緩慢柔和地說、沉默、身體往前傾。這些醫師很熟練地結束這些諮商事件：他們表達出理解、同理心地摘述關鍵性主題並建議進一步行動（例如轉介給專業諮商師）。

　　雖然這些醫生在與病患晤談時並沒有使用諮商方法，他們在所專注的微小事件脈絡情境裡，卻能夠那麼做。Branch 和 Mailk（1993:1668）提出結論：「病患似乎很滿足於他們充分地表達他們自己。我們認為經驗豐富的臨床醫師，已學會從工作中使用簡短但有力的機會之窗，以處理病患所關注的事情，但卻保留時間的效益。」

　　本研究對嵌入其他從業人員的短期諮商會談的潛在價值提出了證據，也說明相當罕見的遭遇——即使在這專業治療者團體，儘管在多數會談中病患帶來的是心理社會議題，這種遭遇僅發生在 25% 的諮詢中。

確，但此用法是不恰當的。本書中所提供簡短的個案實例，說明得非常清晰，諮商已嵌入其他基本的職業角色中。

　　嵌入式諮商的重要觀點是強調尋求諮商者的需求與目標，從當事人觀點，他們希望或需要的是向某人說出他們正在困擾的議題。事實上，許多人們接受的諮商並非來自專業諮商師，而是來自護士、社區工作者、牧師和其他專業團體的人員，他們結合諮商時機或事件於所執行的其他任務中。假如所運用的是有效且有用的諮商，不可或缺的是發展架構以了解與其他工作角色活動並存的諮商技能。嵌入式諮商的提供挑戰了其他專業工作如照護、醫療和教學，因為對服務使用者的需求需要有高水準的回應，並且要有高層次的技巧，以能夠在主要的任務（例如達成健康照護），以及諮商任務（例如解決情緒與人際關係的議題）兩者之間來回轉移。

　　重要的是了解嵌入在其他活動和專業，或專業諮商，或以諮商是唯一目的的心理治療之間有重大的差異，例如，全職諮商師通常可以坐在辦公室會見已有意識決心來這裡的案主，時間結束就離開，下週再回來，並且除諮詢外，對諮商師一無所求。這些都不是運用在教師、社工和健康從業人員進行諮商的案例。嵌入式和專業諮商各有其優勢、劣勢、挑戰和機會，例如嵌入式諮商中，當事人是從對助人者的信任開始，而無須發展信任的關係，且助人者已了解他們生活故事和家庭環境的要點，而無須解釋。為此，比起對當事人陌生的專業諮商師，嵌入式諮商師能夠更快速、確信地探索核心議題；另一方面，與當事人沒有接觸的專業諮商師較能建立明確的保密界限，能與當事人有較多時間會談。

精微諮商：短時間的不凡之處

　　本書的基本假設是有益和有效的諮商事件發生在短時間內，許多專業諮商師和心理治療師很難接受此概念。專業諮商師和心理治療師的訓練通常認為治療需要一小時（或 50 分鐘）的會談，並且對多數求助者來說，這樣的會面需要可觀的次數，毫無疑義地，長時間的諮商幾個月或幾年，對他們才是有幫助的。然而，也有強烈的證據顯示：短期諮商會談和單一會面亦有很大的幫助。

沒有任何正嘗試處理困擾的人想要和諮商師或心理治療師有固定的會談，即使他們確信這樣的行動過程將會有效。其他人發現依照察看他們所需要做的來挑出他們目前的困難，單一的會談足以讓他們步上正確途徑。

專欄 2.2 說明，Branch 和 Mailk（1993）的研究提出短期（十或二十分鐘）健康諮詢這種有價值的諮商過程案例，Moshe Talmon（1990）的一本重要著作提出，即使人陷於情緒與人際關係困擾，被提供長時間治療時，約有 30% 的人在第一次會談後不再回來，因為他們覺得已經從一次會談中得到他們所需要的。Talmon 在美國和以色列診所行醫時，追蹤訪談一次治療會談後便不再回來的案主。他發現許多當事人描述對他們生活情境的局外人談起問題，可以協助他們認清重要的選擇，讓他們增能，知道如何獲得他們身邊的資源（如朋友和家庭成員）回到家來達成希望的改變。依據這項研究，Talmon 撰寫有用的指南提升對一次諮商會談的影響，在一項針對憂鬱患者短期諮商的角色所做的控制研究，英國心理學家 Michael Barkham 和 David Shapiro 發現兩次會談和幾個月之後的一次計畫性追蹤會談，證實和許多案主長期治療有同樣的效果（Barkham, 1989; Barkham & Shapiro, 1989, 1990）。

精微諮商意指短期、僅一次諮商會談，其目的是使當事人能暢談其議題或投入諮商任務，而不期待進一步的繼續會談。精微諮商是指一種自我滿意的諮商事件，對諮商功能融入其他角色的從業人員，如護士、醫師，當然會和求助的當事人有許多未來的會面，並有進一步機會討論到需要諮商回應的情緒和人際關係的議題。然而，因為其他專業工作的壓力，這樣的從業人員是不可能計畫進一步的諮商會談，或啟動一個前進或正式的諮商「合約」。大部分時間，他們所能做的最好方法是，在當事人有表達時，準備好回應當事人的諮商需求。

諮商不同於其他明顯相似的活動

任何諮商的定義開放了諮商與其他履行同種目的的活動間之異同問題，與多數諮商重疊的活動是心理治療。許多論文報告、書籍和論點都致力爭論諮商與心理治療的差異或確實有不同。許多評論者都同意兩種從業人員在其處理問題類型、所利用的理論與方法，以及所需要的訓練形式有極高的相似。有時兩

者的差異是組織上的——例如，對大學生服務的稱之為學生諮商，對年輕朋友提供的保健服務稱之為心理治療。有時其差異是由於文化和語言——例如，在許多歐洲國家，「心理治療」是用來指美國、加拿大或英國所稱的「諮商」。除此之外，許多觀察者同意諮商與心理治療有一些不同的特徵：(1) 心理治療一般是長期的——無疑地，稱短期、一次對話為「心理治療」是稀有的；(2) 心理治療訓練比諮商訓練廣泛；(3) 諮商通常是回應生活事件與轉變（例如喪親），而許多心理治療師則對「深度」心理問題如憂鬱較有興趣，和 (4) 相較於隱含心理疾病的「心理治療」，使用者認為諮商較少具威脅性和污名化。

除了這些差別外，諮商與心理治療的會合在許多從業人員與公眾的心中是無可否認的事實，許多人使用「治療」來指上述兩種活動，有些從業人員則使用「治療諮商」意味著兩者的融合。

許多職業術語可能與諮商混淆，臨床心理師、藝術治療師、精神病學／心理諮商護士、精神科醫師、精神病學社工、心靈導師、生活教練都可能接受諮商訓練，並在他們的工作角色中提供諮商。然而，除諮商之外，每種工作頭銜尚包含其他活動。例如，臨床心理師除了諮商與心理治療，還需要進行研究、心理衡鑑、督導和訓練工作。

有些活動被誤解為等同於諮商。過去有些機構，「諮商」已用來描述有紀律的晤談——學生或職工因為做錯事接受經理或督導的勸導；此詞彙的運用衰退，一點也不符合本書諮商之意義；其他與諮商普遍混淆的是「給予建議」和「輔導」。諮商不是給予建議，而是與當事人合作以了解和解決議題：是一個有賴主動參與當事人的過程，而不是視當事人為資訊或輔導的被動接受者。以他們自身的權利，建議與輔導是有價值的活動，但這不是諮商。例如，學生離開大學後可能對其生涯最佳抉擇不確定，他諮詢不同的老師、輔導工作者和網站並蒐集大量資訊與建議。依此，他會發現與生涯諮商師會面討論他所接受的評估輔導，並整體達成其生活目標脈絡的最佳抉擇是有幫助的。這樣的案例，諮商師是在處理建議，但也是傾聽者和催化者，而不只是建議者。

被誤解為諮商型態的其他活動，包括催眠療法、遊說／影響性的介入（例如，某些宗教「諮商」）和高結構性方案（例如，壓力管理、運動或減肥食物療法）。每一種活動對幫助人處理問題相當有效，但它們不包括諮商的重要成

分，例如關係的重要性、案主在過程中控制與抉擇的重視，以及對案主有清晰結果的承諾。因此，視這些介入為諮商形式是令人困惑的。

另有一些爭論活動最後部分關注諮商技巧與諮商方法的本質，諮商方法的概念是指運用在諮商情境的價值與態度，例如，相信個人的價值，以及個人發展與成長的能力。諮商技巧的概念已用來指非諮商角色（如護士或教師）的諮商方法。「諮商」和「諮商師」基本上與「諮商技巧的使用者」是不同的。諮商技巧與諮商之差異問題是本書探討的核心，後續章節會詳加說明。

諮商是專家的專業角色

諮商專業化的變遷有極大的轉變，專業化的結果之一是，近幾年有個趨勢認為諮商是「專業諮商師所做的事情」，有著其他人（如護士和老師）所執行的諮商形式的活動，被界定為諮商技巧或稱之為諮商方法。諮商與諮商技巧之不同，已融入在機構的專業法規，如英國諮商與心理治療學會（British Association for Counselling and Psychotherapy），並且廣泛反映在訓練課程名稱中。儘管普遍的接受諮商與諮商技巧之不同，但有些重要問題與此表述有關：

- 比較諮商師對案主諮商，與護士對病患使用諮商技巧之錄音的不同，通常在兩種案例顯示相同的助人與學習過程。
- 諮商的核心活動——生活問題被理解和解決之其中關係——能發生在各種情境，從求助者的觀點來看，諮商事件可發生在許多不同的關係。
- 「諮商技巧」概念反應出諮商專業對適當活動的企圖，適當活動最好被理解成基本的人性能力，並且為許多不同的目的而用——「主動傾聽」或「做摘述」的諮商是稀鬆平常的。
- 強調「使用諮商技巧」突顯了諮商的實務或行為面向，而沒注意到諮商的關係與道德面向。

在諮商專業內，爭論著只有具資格的諮商師才能執行諮商，以及視涉及諮商角色的人為運用「諮商技巧」，在努力於諮商為一門職業的正式國家認可裡，是必要且重要的策略。它也是在支持諮商服務使用者的安全，透過保證諮

商是受過適當訓練者所提供，是在有高度保密性而無角色衝突的情境。在健康社會照護的體系裡，每當主要的優先是建立諮商為有價值與合法的活動，諮商與諮商技巧二分法適當地提供專業的服務。

依筆者看法，依據專家專業角色界定諮商太過嚴謹，需付出排除嵌入於諮商精神的許多活動與人際關係的代價。我也認為過度嚴謹的定義大大限制提供服務者的創意，使得諮商師在緊固的界限和簽定的環境以外害怕協助人，也使得其他從業人員害怕被認為是「不合法的諮商師」，不願意探索案主的個人與情緒議題。不管是了解專家諮商師公眾、內在的專業角色，和區別有資格諮商師提供持續、密集治療和護士或社工提供多項事件、焦點、限制性諮商協助之間的不同，我們正處在令人滿意的程度。

本書中所談的「諮商」是廣義用法，意指在許多不同情境裡可能的活動和人際關係，求助者的安全與隱私，以及工作角色和進行諮商的影響，都被看待為在任何情境需要別人提供諮商關係來加以理解的議題。「諮商技巧」的單數（counselling skill）用法是指，與做好諮商的活動有關的能力及價值的組合。「諮商技巧」的複數（counselling skills）是一種術語形式，是由一種無助地想將諮商技巧化為一套部分日常工作，並因此忽略諮商關係的方法所產生。技巧觀點的限制下列章節有進一步探究。

簡化論的限制

近幾年，許多圍繞著提供諮商的不是專業、全職諮商師的著作與想法，已依據諮商技巧的使用來分析活動。將心理過程與人際行為視為技巧的概念，可回溯到一九五〇年代。二次大戰時，英國軍隊晉用心理學家要求其分析軍人與飛機空勤人員的任務如配裝或發射武器，並以如何有效與精確執行這些任務和訓練他們執行任務的最好方法為建議的目標。這些心理學家提出：將每項任務或功能分解為一組構成的技巧，可以分別學習然後組成最後完整的任務順序。技巧模式強調操作者需要完成的行動序列，以及操作員對每項運作是否有效達成預定目標給予回饋。戰後不久，證實技術概念對分析各種領域任務表現是有價值的，特別是，技巧概念被有興趣於了解人彼此互動方式的社會心理學

家，如 Michael Argyle 採用（Argyle & Kendon, 1967）。應用社會心理學在人際與社會技巧方面的重大進展，建立了技術概念有助於分析社會互動與表現的觀念。一九七〇年代，在英國臨床心理學家 Peter Trower 的領導下，Argyle 發展的社會技巧已應用在人的各種心理健康困擾上（Twentyman & McFall, 1975; Trower et al., 1978 ）。此方法的重要概念是，視心理健康問題的處遇為一種訓練的形式而非治療形式，病患能夠經由一系列學習或技巧活動獲得指導。

在美國，同時有類似的發展。諮商領域內，一九四〇年代後期和一九五〇年代初期可見心理治療的蓬勃發展，大部分是受到解決人事部門的心理健康問題所刺激。那時代大量的投資是朝案主一中心治療發展，是一九四〇年代 Carl Rogers 發展的諮商與心理治療方法，受到有效且快速訓練諮商師的壓力所激勵，Rogers 的學生與同事如 Charles Truax 和 Robert Carkhuff 有個結論是：將案主一中心治療的核心概念如非指導、同理心、無條件的積極關心當做技術是明智的。這些心理學家接著發展教導學生以及讓學生演練的一套諮商技巧訓練課程，此方法已成為眾所周知的人力資源發展（Human Resources Development）模式（Carkhuff, 1969a, 1969b; Cash, 1984）。一九六〇年代，大量的諮商與助人技巧課程是由美國諮商與心理專業界具影響的人物所發展的，例如 Gerald Goodman（1984）、Thomas Gordon（1984）、Benard Guerney（1984）、Allen Ivey（Ivey& Galvin, 1984）、Norman Kagan（1984）。這些發展之極盛是一本由 Dale Larson（1984）所編的書，其中蒐集許多重要技巧實例，如編者聲稱觀察到：

> 人類服務和更大的社會之銜接點發生重大改變。我們正目睹著大眾對心理及其他人類服務逐漸產生興趣與渴望，以及對心理的知識能與眾多人分享的專業有相當的認識。（Larson, 1984b: 1）

所有技能課程為 Truax 和 Carkhuff 所倡導，如他們原創的，將諮商活動分解為一個個能獲得的一系列組合技巧，「心理知識能為大眾所分享」的主張是 George Miller 會長對美國心理學會（America Psychology Association）在爭論「分贈心理」的時刻來到所做的演說的迴響（Miller, 1969）。易言之，如

專欄 2.3　精微技術模式

　　1970 年代 Allen Ivey 首創的精微技術模式，仍廣泛使用在晤談和諮商訓練架構中（Ivey & Ivey, 1999），此模式的重要概念有三：(1) 可以將諮商師與晤談者的任務細分為一系列小單位的行為或精微技術。(2) 這些技術有階層結構，由許多基礎單位組成許多複雜技術。(3) 目的是產生一位諮商師，他回應案主不是以隨意、直覺或一般常識基礎的方式，而是有意圖的：

> 意圖和能力感一起動作，並從許多替代行動中做決定。有意圖的人對改變生活情境的回應有較多的行動、思考和行為的選擇。有意圖的人能在既定的情境中做抉擇，並從不同的有利立場處理問題，能利用各種技巧和個人特質，並採取風格來適應不同的個人與文化。文化上有意圖的晤談者記得基本的助人規則：假如你試某事行不通，就別再做同樣的事，而是要試試不同的方法。
>
> （Ivey & Ivey, 1999: 13）

　　技術訓練的目的是在使諮商師或助人者能覺察他們正在做什麼，以及覺察他們對別人可能做的回應之全部功能，以至於他們能選擇在任何特定情境中最有生產力的介入。

　　經由三角錐的精微技術，協助受訓者的助人行為成為有意圖的；三角錐的底部是參與和傾聽的基本技巧（利用開放和封閉性的問題、鼓勵、簡述、摘要和情感反映）。往上的階層是較複雜的技術，如探問和個案觀察；然後是高階技術，如面質。精熟這些技術後，受訓者接著準備學習如何建構「優雅的助人晤談」——其由一系列技術組成：建立良好關係、結構化、界定問題、界定目標、探索替代方案、面質不一致性，以及類推到日常生活中。助人者可學得更多高階技術（面質、聚焦及意義反映）和影響性策略（解釋、重新框視、邏輯性結果、自我揭露、回饋、訊息提供、忠告與指引）。在學習過程的最後，受訓者所處的立場是考慮他們可能選擇的理論觀點價值，以提供從業人員進一步發展的架構。

　　因著精微技術的長處，在適應一些模組語言以符合改變中的情境時，能維持穩固的焦點於實務技巧上。四十年來精微技術模式已被證實很受歡迎且富有彈力，例如最近的模式版本反映出，Ivey 在多元文化主義長年的投入與對敘事方法的興趣。

Carl Rogers 及其他學者研究結果所認定，科學上證明的治療改變的原則現在可以適用在輔助性專業人員、非心理學家和同儕支持團體的成員（Boukydis, 1984; Gendlin, 1984）。

在專欄 2.3 可以發現最廣泛運用的課程所包含的技術──Ivey 的精微技術模式，此種架構仍是構成多數當代諮商技術模式和訓練課程的基礎（例如 Hill, 2004）。這些技巧方法造成了世界各地大學、校院、訓練機構已經採用的諮商訓練技術，學生或受訓練者以現場或錄影方式聆聽技術的說明，以及觀看技術展示。他們接著在小團體中練習技巧與接受回饋，Baker 等人（1990）的研究可了解這類訓練模式的功效。

堅持技術本位取向的諮商訓練，是此架構價值的強烈證明。此諮商訓練技術架構的成功可歸功諸多因素。將諮商活動分解為一組組合的技巧，讓發展具有清晰學習目標的結構課程成為可能，使得諮商技巧訓練容易地融入大學校院模組結構中，同時，展示──演練──回饋循環提供實務上系統反映的最佳管道。

然而技術觀點在諮商領域的利用引發重要的議題，最主要的困難是特定列為諮商技術的技巧如傾聽、參與、簡述和同理心反映，不僅用在諮商，而是許多或所有社會生活層面的要素，例如，電話中心的操作員、零售商的推銷員接受同理心反映技術的訓練，但並不一定從事所謂的諮商工作。這些技術或許最好視為基本的人際關係技巧，或溝通技巧，可以用在許多目的。諮商專業的作者與訓練者界定為諮商技術的這些技巧，其適合性已導致某些無異的結果。將人置於訓練課程中，期待他們再學習已經擁有的「技術」是令人困惑的。很難去承認這些技術是日常生活的一部分。此觀點強調諮商概念是特殊和珍貴的，而不是例行性活動。例如，從業人員可能猶豫回應服務使用者的諮商需求，因為他們害怕沒有足夠的諮商技術訓練以能夠掌握情境。此情境如同社會批評家 Ivan Illich 所說的非技術化，例如每日醫療照護的技術與知識適用在專業團體，結果會是一般人開始認為唯一對他們有幫助的是諮詢專業醫師或護士，而不是利用他們自己身上的資源。

技術概念運用在諮商的方式顯示在心理學技術的獲得與利用，以及這領域近來的發展缺乏理論和研究的了解。以技術概念來分析相當簡單的動力表現

序列已證明最有用，可導致清楚可觀察的結果，例如裝配武器、打高爾夫球和注射等。在一些領域中，更複雜的工作表現序列已被分析和評鑑，「能力」概念已被證明比技術概念更有用。能力概念意指較廣泛的活動領域，當事人依據其如何完成任務，而有較大程度的謹慎、彈性和選擇。例如，在諮商領域，闡述言語的回應，精確、簡潔地摘要當事人敘事（同理反映）的主題，可被視為一項技術。而進行治療性對話，讓當事人能夠探索事件與經驗的意義是一種能力。從服務使用者的觀點，所需要的是一個有能力「觸發意義探索」的人，在這能力裡面，同理反映的偏狹技術可能有或沒有幫助，端賴當事人找出最有用的會談類型而定。

技術觀點的基本問題是面臨簡化論的危險。現代科學與學術訓練已創造大量的知識結構，最終奠基在減少複雜性至最小可能的分析單位。簡化論的哲學建立在精微技術模式和諮商師介入的分類法（參閱 Hill, 2004，分類法），此哲學不同於將活動或事件、目的放在情境脈絡以了解整體圖像的整體法（holistic approach）。此外，整體法質疑試圖依因果次序分析過程的簡化主義的知識，例如積極傾聽的技術會導致提升案主情感探索嗎？嗯，有時是可以的，藉由提供諮商師一個容易投入的生動敘說，將一定有情感探索幫助諮商師傾聽得更好的時候，換言之，有一種存在於諮商師積極傾聽和案主情感探索之間，相互因果關連或相互的影響——他們是雙方面的複雜關係。

諮商中技術觀點最大的限制是對錯誤事情的注意，任何諮商技術的書籍或訓練課程無可避免地是環繞著學習行為序列——行為的小段，如摘要、簡述、質疑等所組成。然而，當諮商使用者被問及他們發現什麼是有幫助的，或當有經驗的從業人員被問到這行已學到什麼時，他們很少提到任何可被理解為技巧傳達的事，事實上，他們提到三件事：他們談到信任關係的重要，當事人能對讓他們安全、可以自在開放說話的人有信任感。他們談論被嚴肅看待、被尊重和肯定為一個當事人的經驗，以及他們提到被允許表達他們的感受與情緒相當重要，以這些主題為基礎是一種觀念，亦即真正重要的是諮商師與案主會面的意願。雖然多數運用技術架構的作者、訓練人員確實承認關係、價值和情緒的重要，但技巧模式的效果一直是強調技術活動如技巧，而將人際關係歸類為背景因素。

基於這些原因，儘管技術架構對諮商理論、研究與實務的重要貢獻，「技術」（skills 複數形）術語並不用在本書中，而是整本書用「諮商技術」（counselling skill，單數形）指諮商從業人員熟練的技能。

結論

本章意圖是界定諮商為連接性活動，它是一種需要兩位或更多參與者一起工作和互動的活動，是關係的一種型態；諮商是諮商師願意回應求助者而有的活動，本章的目的已在建立諮商活動能發生在許多不同的情境，試圖界定諮商是「諮商師所做的」，否認了人力資源的現實是在一旦案主有需要時即有諮商活動。本章及全書強調的是諮商使用者—導向觀點。為提供諮商關係，必須盡可能有清楚的概念知道案主所需要的和他們如何知覺到所提供給他們的。

討論的中心主題是在了解社會脈絡下諮商的重要。過去諮商理論與實務由提供服務的醫療私人執業模式所主宰，具有代表性地過了好一段時間，其中，自主性的案主會見自主性的治療師，治療師對服務使用者沒有接觸或不了解，其工作是朝向最終基本解決案主的問題。本書的立場是，即使這樣的執業模式曾廣泛地應用，但確實與當今缺乏關聯。對諮商更適當的定義是，了解從業人員在複雜的照護系統裡運作，以及使用者對潛在協助的多重資源能有管道和資訊。此外，在後現代的世界裡，人們已不再相信重大療法的可能性，而是視他們自己為需要諮商時的短暫消費者。諮商社會性的定義是結合沉默與融入的觀點：當事人必須與諮商師談話，因為他們經驗到當前的社會環境不允許他們有機會說話，排斥他們充分地參與社會與文化的生活。諮商所能做的是協助當事人發現他們的聲音，尋找他們遭遇障礙的出路。

下一章掌握這些原理，開始思考要達到有益的諮商關係所包含的實務步驟。

省思與討論的問題

1. 思考第 14 頁所述三項潛在諮商結果：問題解決、學習和社會融入，你所服務的人其目標符合這三項的程度如何？有其他重要的結果嗎？

2. 你的社區有什麼諮商？列出所有你覺察到的任何諮商或治療發生的不同地方。就你所知道的人和機構，什麼是主要的脈絡因素能塑造對機構的求助者有效的諮商類型？這些因素以什麼方式影響所提供的諮商（依據保密、接觸長度、 投入深度、 談論的議題等） ？

3. 嵌入式諮商在你自己的工作角色的成分程度如何？你做了多少嵌入式諮商？你在這方面的工作已接受什麼訓練與支持？你對你的諮商角色有什麼感受？

4. 確認你親自接受「精微諮商」的情境（與從業人員聚焦於諮商會談一、二十分鐘），此經驗對你如何有幫助（或無益）？從業人員做了什麼是有幫助或有阻礙的？

5. 你曾參加過「精微技術」方法的諮商訓練課程或工作坊嗎？在課程中對你最有助益的是什麼？課程的限制是什麼？對本章所提到的精微技術的批評， 你同意的程度如何？

建議閱讀的書籍

本章已探討的議題之一是何謂諮商、為何它有效，以及在何處發生的問題，有志學習更多問題的讀者可閱讀下列書籍：

Feltham, C. (1995) *What is Counselling?* London: Sage.

McLeod, J. (2003) *An Introduction to Counselling*, 3rd ed. Buckingham: Open University Press.

本章所討論的是諮商技巧方法，提供給涉入嵌入式諮商角色的人，傳統最有幫助的兩本書是：

Hill, C. E. (2004) *Helping Skills: Facilitating Exploration, Insight and Action*. 2nd edn. Washington, DC: American Psychology Association.

Tolan, J. (2003) *Skill in Person-centred Counselling and Therapy*. London: Sage.

爭論諮商（做為專家的專業活動）與諮商技術的使用（如護士和教師）之間的不同已為時甚久。這議題最佳的分析是：

Bond, T. (1989) Towards defining the role of counselling skills. *Counselling*, 69: 24-6.

嵌入式諮商的基本原理

引言·重要概念概覽·案例：嵌入支持工作者角色的諮商·哲學原理及基本假設·結論·省思與討論的問題·建議閱讀的書籍

在往醫院的公車上，交通，相同的街道。Bob 看著窗外，再幾個星期就是他七十歲生日，是大壽。他們正規劃一些事，但他們不說是什麼。幾個月來情緒不佳，很快地被轉介給一位處理憂慮的諮詢者。測驗、診斷、癌症、藥物。每幾星期，就要找癌症護士，只是「去看看進展如何」。更多測驗，就像一場夢，夢遊般地經歷這一切。「他不是處理得很好」，面對的背後，一種不一樣的痛苦。

Counselling Skill

引言

　　提供諮商關係給一位求助者，談論其個人的議題，需擔負許多責任；它不是偶爾採取的承諾。作為一位諮商師的角色通常包含得知與反應當事人生活上敏感、痛苦及困惑的部分，因此，擁有健全的諮商工作架構以及做好準備是很重要的。當對任何人提供諮商且願意真誠地表達個人反應為必要時，也很重要的是，能夠回到這諮商過程的圖像或模式，作為仔細省思發生了什麼的方法，也作為對當事人或服務使用者說明他們期待什麼及為何期待的基礎。

　　本章介紹的架構是指應用在任何偶發事件，也就是當一個人要求或邀請某人——這人和他們的生活情境是相當分隔的（換句話說，這個人是專業角色而非密友或家庭成員）——來協助他們談論個人議題時。諮商事件範圍可從嵌入其他角色與關係的短期（五分鐘）精微諮商會談（如一位病患向護士或醫生談及他的憂慮），到持續正式的諮商與心理治療（由持續幾個月或幾年以上的固定一小時會談所構成）。因為本書主要針對從業人員，他們的諮商角色嵌入在其他工作功能中，如教學、照顧或照護，因此，所使用的例子是以諮商關係為基礎，是由短期、時有時無的諮商會談所構成的；然而，此架構同樣能被應用在持續、正式或專門的諮商及心理治療場所中。本章的目的是提供一個告知嵌入式諮商工作之觀念及假設的初始概要，其後的章節則聚焦於這些原理在諮商工作的應用。

重要概念概覽

　　本書提供一個了解諮商過程的架構，其主要概念如下：

● **生活上的問題：**個人在社會中建構了私人地位，他們在其中追尋一個滿足且有意義的生活。當一個人在生活上經驗到問題——在他們生活裡的障礙、衝突或缺失等問題——是他們無法藉由使用立即可得的資源加以解決的，這時諮商事件就會被引發。諮商的主要目標之一是幫助當事人啟動他們所需的個人的、社會的及文化的資源，來解決他們目前生活上的問題：有效的諮商幫助人們更富有策略。

- **目標**。諮商事件始於個人尋求幫助。當事人對他們的目標或他們想要達成什麼將有一些感知，兩者都與他們的整體生活及目前生活問題有關。

- **合作關係**。轉向諮商而不是其他形式的協助（例如，閱讀自助手冊）——經驗到生活問題的個人首先會尋求人們的陪伴與關照。諮商師於是提供了一種關係，這關係具有樂意一起工作來解決問題的特色。

- **價值觀**。諮商師的反應是依照一套能提升價值及個人潛力與關係的價值觀，這些價值觀被反映在對求助者的關照義務有關的倫理知會立場。

- **準備**。在提供諮商關係以前，諮商師將做好所有需要的準備，包括覺察自我角色、理解諮商限制，以及安排個人的支持及督導／諮詢。

- **建構空間**。當事人與諮商師一起合作，以組成及創造一個適當安全的空間，這樣的空間能產生坦誠且有意義的討論。

- **任務**。當事人與諮商師的合作圍繞著任務的解決，其結合了達到當事人的目標，及個人地位的維持、補救或轉變，這些任務包括：
  - 開放與有意義地談論目前生活上的問題。
  - 探討意義——了解一個問題經驗。
  - 問題解決、規劃和作決策。
  - 改變行為。
  - 協商生活的轉變及發展的危機。
  - 表達／放開感覺與情緒。
  - 發現、分析和執行訊息。
  - 增強自我關照：使用個人的、文化的與社會的資源。

- **方法**。每一個任務都能用許多方式或用多種不同的方法加以完成。可能的話，諮商師與當事人在最適合的方法上達成共識，以努力達成任何特殊的任務。

- **危機反應**。如果需要轉換到其他形式的協助或處遇，諮商師的角色就包含監督諮商互動及結束諮商會談。

此架構可當作是對協助反映了一個合作任務的方法。從助人者或諮商師的觀點來看，諮商技巧具有以下兩個重要特性。第一，諮商師努力建立和維持一種關

係和空間,在其中,真實的合作會發生;第二,諮商師與當事人一起確認諮商目標和諮商任務,這些任務需要被執行,以逐步達到目標,然後,雙方同意採取最好的方法來處理這些任務。透過這過程,諮商師與求助者隨著談論事情的過程一起工作。

為了說明這架構的重要概念如何應用在諮商工作,下一節提供一個例子說明一位志工部的工作者如何統整諮商效用到一個實際的協助與支持角色,以作為符合特殊服務使用者情緒性需求的方法。

案例:嵌入支持工作者角色的諮商

Lorna 是一個支持工作者,服務於一個主要在協助有生活障礙的癲癇患者的機構。她大部分的工作包含實際的協助和照顧,範圍從當團體成員要去游泳時陪伴他們,到蒐集有關社會福利及權利的資訊。偶爾,Lorna 發現團體成員對他們生活的某些方面感到苦惱,想要談談個人的議題。Lorna 已學習對這些時刻做好準備,並完成一系列準備工作,使她能夠敏銳又有效地反應。例如,她已完成一門諮商技巧課,且對於自己有能力去反應個人的及情緒的議題,及有能力了解她自己的限制,感到相當有信心。她有一個專案辦公室及安靜的咖啡廳和公共公園的心靈圖像,在這相當舒適的環境裡有可能營造出一個私人的會談。她有一個有關諮商、心理治療、自助及可能有用的其他機構的資料檔案夾,如果問題升高,需要長期、專家諮商的話,這些機構可能有用。她也與這些其他機構的一些工作者簽訂合約,並且處在促進轉介的地位。最後,準備工作的重要部分包括:安排與另一個機構中的一位諮商師進行定期督導/諮詢,及在她自己計畫裡的定期支持團體中當一名成員。

Alan 是團體成員之一,Lorna 已對他提供了一個諮商關係。Alan 雖然在自己的工作方面是成功的,但他有時會對自己需要使用藥物而感到失去戰鬥力,對「癲癇病患」的污名化感到沮喪,並視自己為「失敗者」。Alan 的重要生活目標是發展較多的自尊或——就他所言——「維持自我」。每當 Alan 拜訪專案辦公室遇到 Lorna 時,大部分時候,Alan 發現僅與 Lorna 談論有關他日常生活所發生的情境即會有幫助。知道有人了解他的生活發生什麼與他對事情

的感受為何，以及能依賴誰來傾聽他的事——Alan 發現這些是具有支持作用的。以下三個簡短的諮商事件——超過六個月的一段時期——說明 Alan 如何運用與 Lorna 的關係，處理一些讓 Alan 整體生活目標達成的特定情緒／人際任務。

第一個任務包含明確了解一個問題經驗。Alan 已打算申請一個新工作，但當他坐下填表時，他才發現他錯過寄發個人簡歷的期限，他無法了解他怎能「忘記」這個截止日：「這工作對我來說很重要，我實在很蠢。」Lorna 問他對於探討已發生事件的最佳方法是否有任何想法，Alan 回答他不知從何開始。Lorna 隨後問是否他願意看看自己對這工作的感覺，他同意這將是有用的。然後，Lorna 邀請 Alan 慢慢地向她訴說他的回憶——收到工作的資料、打開信封及閱讀裡面的內容。在閱讀新工作時，他很快地開始想像，在新辦公室工作該有多好，然後被「差別的」對待會是什麼樣子。會談很快地轉移到討論 Alan 面對新人群的威脅會是如何，以及這新工作的展望如何增強這些恐懼。

第二個任務包含規劃、問題解決和資訊處理。Alan 並不滿意他的用藥方式，已自網際網路中蒐集大量關於副作用與劑量的資訊，然而，他無法找出任何方法對他的家庭醫師（GP）清楚解釋這些資訊：「他將視我為令人討厭的人，對提供的治療從不滿意。」Lorna 與 Alan 討論下次與家庭醫師會面時，可能展開的不同類型之劇情，並一起發展出一套計畫，與家庭醫師投入建設性的對話中。

第三個任務產生於當 Alan 提到他有許多壓力且無法入睡時，Lorna 問他是否覺得花幾分鐘來審視發生了什麼會有幫助。他們坐在專案辦公室的一間晤談室裡沉默了好幾分鐘，Lorna 詢問她是否可以提議一個方法來引出他的感覺，Alan 表示可以。她邀請他談談在他的身體裡是什麼感覺，並且給這些感覺一個名字。Alan 很快地摸著他的腹部並說「痛苦」，隨後說「無望」，之後開始哭泣。一陣子後，他開始談到對於自己的生活被「困住」感到絕望，且在有些時候他如何感到「或許不值得再活下去」。當鼓勵 Alan 持續談自己所有層面的感覺時，Lorna 花了一些時間來檢視 Alan 的「不值得再活下去」的話中是否暗示著自殺意圖，並確定如果他有進一步自殺的可能性時，他知道其他可能相當有效的協助資源。

　　這三種任務可由特別的方法來促成：重新經驗一個關鍵時刻、激發計畫來反應不同的情節，以及聚焦於一個痛苦的內在情緒經驗的感覺。其他方法可能已用在每一個情況上，每次使用的這些方法都是能使 Alan 和 Lorna 雙方都感到舒適的策略。每一個任務都反映出發生在 Alan 生活中當下立即的生活問題，但也可能看出他們如何呈現步驟來達到「維持自我」的最大目標。在每一次事件裡，Lorna 會從肯定與接納他為有價值的人、有能力對問題發展出自己的解決方法的立場來給 Alan 一致的回應。這個價值立場被 Lorna 的風格所增強——即她一直尋求如何與 Alan 在任務上共同合作的共識，而非尋求控制或指導。Lorna 也監控她與 Alan 一起工作的情況，假使危機的議題出現就應該要提出——例如，他涉及自殺的想法。

　　在身為一位支持工作者的角色裡，Lorna 對諮商的巧妙使用，顯示出合作任務模式的不同要素應如何適用於實務工作中。從這方法來看，Alan 的案例說明了生活上的問題不能被視為個人的缺點，而是當事人與形塑他們生活的世界之間的關係，所形成的壓力與困難。因此，求助者被視為是合作者或協同工作者，實行任何需要被完成的（任務）來釐清事情。敘事治療師如 White 和 Epston（1990）的名言：「人不是問題——問題才是問題。」很生動地捕捉了個人資源及社會問題本質的觀點。下一節將探討看待個人問題及困難背後的一些想法。

哲學原理及基本假設

　　本書架構與大部分諮商教科書的觀點不同。大體上，目前支配有關諮商著作的方法認為，當事人帶進諮商的問題在本質上具有心理的特徵。從心理學的觀點，問題可被視為需被修復之失功能的心理機制或「缺陷」；例如，從心理學的觀點來看，一個人可能將苦難視之為來自低自尊、不合理的想法、未處理的情緒、強迫記憶等（Gergen, 1990）。相反於這些觀念，本書採取的看法更有助於了解作為社會的一份子，人們共同建構人類的現實，在當中，他們透過互動、談論和說故事的方式而生活，同時他們也能一起工作來解決每日生活課題所產生的問題。社會觀點的優點是它強調人們之間的連結與疏離，以及他們

生活在其中的文化傳統。這裡的重點是諮商被設想在這模式中，無關去說明存在於個人裡的缺陷。諮商不是一件用來補救或修理當事人「自我」或「心靈」裡的錯誤機制的事。「問題」不在於當事人的心（mind）；諮商是與當事人一起工作以處理他們所在的真實社會世界中真實困難的事，同時從他們的世界裡找出能夠使用的資源來做改變。以下討論一些有關諮商的社會觀點之涵義。

多元論

本書所強調了解問題的方法來自後現代及存在主義（及其他）哲學的觀點，此觀點強調沒有單一對的方法能處理生活中的困難及挑戰。存在主義作家Mick Cooper 描述當代世界的特色為生活上具有多元的可能性，跟著需要一種諮商取向，就是當事人與諮商師一起工作，以考量多元的方法來處理生活的困難（Cooper, 2005）。因此，在後現代的脈絡裡，一個必要的諮商層面是它的即時創作特性。當事人和他們的諮商師創意地引出對他們有用的資源，找出一個前進的方向，而不是運用標準的解決問題公式。因為我們居住在全球化的世界，在當中共存的競爭信念系統及大量的資訊，對考量不同類型治療方法之優缺點的人們而言是有利的，因此諮商師採單一的方法及期待求助者毫無疑問地接受此方法是不夠的。有效的諮商師需要有回應和彈性，能夠和求助者一起工作，在諮商師所能提供的及當事人相信有所幫助的之間，達到最佳的適配。

生活上的問題

諮商技巧的合作任務模式強調的重要性是，視求助者為生活在一個社會脈絡裡，並積極地為他們自己開創及製造人生。在日常中，生活上連續不斷的問題將發生在任何人的人生中——這是無可避免的。這些生活上的問題圍繞著個人需要和渴望的協調而構成困境和挑戰，並產生個人議題的形式，例如人際衝突、不確定或困惑的生活選擇、恐懼或逃避人群及情境，以及喪失未來的明確性和希望感。大部分時間，一個人會使用任何一種問題解決資源來處理這樣的議題，例如從家庭成員獲取建議、到山上散步想通事情、禱告、閱讀這主題的書籍或報章雜誌等等。最常使用的非正式個人問題解決的類型是透過每日的對話、說故事和聊天，人們在其中分享他們如何處理生活中呈現的挑戰的經驗。

專欄 3.1　生活上問題的社會本質

　　一個諮商角色若將生活上的問題視為反映了當事人某些失功能的心理問題，則此諮商是沒有幫助的。而是，依生活的觀點，一個問題的假設是當事人生活的問題產生於他們與社會世界的關係。雖然心理學理論對如何助人來改變他們的行為，已經產生許多有價值的觀念，但大多心理學模式的基本假設是當事人有些不對勁。Gergen（1990）描述此種方法為利用一種「缺陷語言」——一種定義及標籤個體不足的廣泛字彙。相反地，諮商師的主要任務是站在求助者的立場；依這觀點，諮商師是站在當事人的旁邊，且和他一起工作，雙方一起明確了解社會世界，他們會在其中發現自己，並充分利用任何有效的資源，使當事人能在脈絡中創造盡可能滿意的生活。為了支持這樣的立場，那些在諮商角色裡的人能利用當代社會學家所發展的觀點是有價值的。這領域的重要作家很可能是 Anthony Giddens，他分析現代生活的環境使人們很難對於自己是誰維持穩定的認同或觀感，他也辯稱諮商專業的出現可被理解為是對這成長中的不確定性的一種文化反應。諮商成為我們從瑣碎的日常生活中退出及獲得一些了解我們是誰的地方（Giddens, 1991）。這些觀念已進一步被其他社會學作家所強調，例如，Richard Sennett（1998）研究全球經濟引起的僱用模式的改變，已導致工作者喪失安全的認同感。當人們從暫時的工作轉換到另一個工作，被安置在一個組織持續改變的團隊中或在家工作，他們就很難與同事發展深入的關係。更引人注目地，Zymunt Bauman（2004）建議全球資本主義經濟和全球資源耗竭要對大量他所謂的「荒蕪人生」負責：如移民、難民、失業者、殘障者等這些人是經濟體系需求的剩餘價值，這些人因此已不重要了。瀏覽這些社會學家對現代生活的說明，其主題是人們從完全參與一個有意義的社會生活中感到被摒除。

　　偶爾，即使透過使用手邊立即可取得的資源，也會出現問題無法解決的情形。有許多理由說明為何問題如此難駕馭；當事人可能缺少能與其一同分享問題的人或關係，或因為他們搬到新的城市，或因為他們最親近的人已經離世。取而代之的，當事人可能會接近一個社會網絡，不過因為問題的本質，而使當事人在網絡中與任何人說話會有所遲疑。如果當事人知覺到這個生活上的問題是困

窘或丟臉的，這種事就很有可能發生；例如，當事人可能發現他們的工作壓力很大，但他是在一個高成就環境中工作，在此環境中，組織隱含的「規則」使當事人很難對同事承認脆弱。另一個因素可能增進問題的產生，並使這人的朋友、家庭和其他立即資源不足，那就是當事人使用無效的自我照顧及處理的策略。如果當事人處理議題的方式是藉由「試著不去想它」，或藉由使用藥物或酒精自我醫療，他們很快會進入一個問題太大而無法談論，或太難堪而無法承認他們已讓問題達到緊要關頭的問題點。有一個例子是一個大學生得到劣等的作業評價，他擔心這門課會被當，便藉由翹課、賴床、看電視及吃巧克力來解除這些壓力。

存在的挑戰

「生活上的問題」的觀念帶出許多關於生活的假設。過好的生活至少包含三個存在挑戰的主要層面：

- 與他人處於關係中且在關照中有親密、歸屬及融入的感覺。
- 建構與維持認同或「我是誰」的感覺。
- 發現、滋養及連結有意義與效果的資源，這些資源提供一個安康、滿足及生產力的感覺。

依據謀生與「設法過活」的觀點為每天的倖存掙扎，和依據告知個人與他人關係、個人認同和目的性之立場的個人和文化的價值，過「好生活」的目標，要在這兩者之間達到一個滿意的平衡從不容易。每日生活的工具（設法過活）層面和表達（做一個人）層面之間的差異通常代表了「情緒」：如果我們所愛的人受威脅，我們會感到生氣；如果環境侵蝕我們的希望，我們會感到沮喪。表達在情緒與感受的諮商中相當重要，因為情緒是一個人經驗到存在挑戰的指標。

代理

在諮商中，「客觀化」當事人、視求助者為事件或命運的被動受害者，從來就不是一個好的觀念。人們總是能夠了解他們發生了什麼，並且可以設計解

決與生存的方法。我們全都住在一個世界中，對如何處理生活問題有著豐富多樣的策略與想法，同時，我們每個人擁有自己的理論與方法目錄，使我們能通過生活考驗。人類代理（agency）的觀念，也就是人們意圖與主動建構（與他人協力）他們生活在其中的現實之能力，是賦予本書諮商架構的基本假設之一。

發現聲音

在諮商技巧的合作任務模式中，注意尋求諮商者的社會世界是極為重要的，因為諮商的目的是要使當事人以更有效且滿足他們的方式，重新投入他們的社會世界。這模式的基本假設是，一個人會尋求諮商，是因為他們已被生活中的重大議題給「打啞」了。當事人轉而尋求專業助人者的諮商，因為較易取得的協助或「商議」資源不存在、無法傾聽，或無法了解及接納當事人所必須說的一切。諮商師的主要任務就是使當事人能夠說出未說出口的部分，剛開始是在諮商空間裡，之後再進到個人生活空間。

提升愉快滿意的價值

這類社會觀點背後的看法是我們所居住的社會世界能高度破壞人們。具體的實證是，高度負面的及生命的限制會對社會事件中的人們造成影響，例如失業、貧乏的工作條件、簡陋的住宅、教育機會不足、性別歧視、種族歧視、性騷擾和虐待、戰爭和犯罪暴力、集體屠殺、道路交通事故的傷亡、轉業，以及環境的垃圾傾倒和破壞造成中毒，所列的這些還可能擴大。此外，這些社會環境和事件的影響充分延伸超越了對人們直接的影響。很明顯地，影響能被追蹤至第二或第三代子孫，例如，一個遭受戰爭暴力而有精神創傷的人。說明社會壓迫議題的諮商技巧模式的重要層面之一，就是強調價值觀的重要；第六章提供諮商價值觀的充分討論。然而，諮商價值觀的重要性就是它們能明確地挑戰和提供替代方法來辯解社會壓迫的價值。貫穿所有型態的社會破壞例如失業和性騷擾的共同脈絡是對個人生活和關係的一種感覺，就像本質上無用和有益、體制和意識形態那樣重要。二十世紀以來，諮商的成長可以被看作是一種方法，人們用以企求反抗在現代生活裡不符合人性的潮流。心理治療師兼

社會評論家 Colin Kirkwood 就下了一個強而有力的論點，認為諮商儘管有很多不完美和限制，但可被視為一種培養人性連繫、共同社會和團結一致的方法（Kirkwood, 2003）。

個人的地位

本書從頭到尾一直出現的畫面就是一個人致力於在其所生活的社會和文化的世界裡，為自己發現一個空間、地位或家。我們所居住的全球文化非常複雜，也提供了我們很多不同的可能性和選擇。在遙遠的過去，人類社會是由相當小的、高度結構的團體所組成（例如，親族或部落），他們與自然很親近。當文字尚不存在時，知識和訊息是由歌曲和故事的形式來表達的。很多早期的生活特性現在仍跟隨我們的生活，例如，大部分人重視忠誠的重要和敘說的力量。然而，文字、機械運輸、金錢和資本本位的經濟體系，以及資訊科技革命的發展，已經助長了城市文化的存在。在城市中，很多不同的文化世界一起生存在相同的地理區域中。

建立個人的地位就至少包含了三種相連的活動。首先，藉由維持人際關係的網絡，就有了與他人連結的任務。這些關係通常包含一些混合家庭和血緣、親密或伴侶關係、友誼、工作夥伴和點頭之交。第二，個人是活在一堆他們告訴別人和別人所說關於自己的故事裡。這些故事反映和擬出文化裡可利用的故事庫，例如，神話、小說和電影。第三，個人的地位包含了對個人有意義的物質、空間和領土，例如，他們所演奏的樂器、所吃的食物、他們的寢室、他們的花園、一個從某座山頂上看到的景觀。一個非常重要的客體和空間一直是個人的物理身體，以及個人如何在這個身體裡為他們的自我創造一個家，並透過他們的身體表達出他們的認同。

對生活的安康滿意感，有賴於個人的地位在個人所經歷的故事和故事所演的關係和客體之間，反映出足夠的連貫和統整的程度。例如，如果一個人以「幸福婚姻」的故事建構個人的世界，一旦伴侶離開他們，他們就會發生問題。一個人的生活空間或地位的緊張部分可以被描述為「生活上的問題」。通常生活上的問題可以被忽略——當事人繼續他們的生活就像每件事都正常一

專欄 3.2　協助就是你找到它的地方

　　Cowen（1982）實施了一些面談，以了解髮型設計師、專門處理家庭議題的律師、工廠的督導者和酒吧的侍者們，對他們的當事人提供有關情緒或人際問題的協助。他發現所有專業人士都曾協助處理從中等到嚴重的個人問題，尤其是髮型設計師和律師。各種不同的處理協談方式被列了出來，結束發現這些非正式助人者所運用的策略和專業治療師所用的幾乎相同。在這項研究以及其他研究報告中，都顯示出髮型設計師在回應他們當事人的個人問題上特別在行（Cowen et al., 1979; Milne & Mullin, 1987）。從求助者的觀點來看這些非正式助人的價值之研究中，McLellan（1991）做了一個研究，針對過去六個月認為自己有經驗情緒或人際關係困難的大學生，比較他們對專業諮商師所提供的協助與非正式的協助來源（例如朋友）的觀感。這些學生樣本中，尋求專業諮商師幫助的同學描述他們的問題是比較嚴重的，也認為他們在情緒上比較沮喪，所以也比較可能有人際關係上的困境。情況顯示那些較受困擾的人較有可能去尋求專業協助。然而，當詢問到他們與專業諮商師或非正式的助人者之間關係的品質時，兩者在他們所接受到的時間量、助人者／諮商師的有效性，或他們感覺被了解或接受的程度之間並沒有差異。一些顯著的不同包含專業諮商師比非正式助人者被認為提供比較多的隱私、比較有能力，以及專業諮商會談有較多情緒困擾。Hart（1996）調查了專業的學生諮商師和為學生提供忠告的學業輔導教師，發現這兩組人所使用的技巧有很大程度的重複性，例如，傾聽、了解感受和提升自我價值。然而，某些教師顯然缺乏使用這些技巧的自信。這些研究的發現和針對非專業諮商型的協助角色的許多其他調查，都發現很多非正式和非專業的諮商發生在社區裡的不同角落。幾乎可確定的是，生活上的問題有相當高的比例是以非正式的方式處理，而不是去找專業諮商師或心理學家；同時，大約有35%的人口在某個時間點曾經歷過心理健康的問題，而只有3%的人尋求專業協助。

般。有時，生活的問題可自行解決（例如，伴侶改變心意）。然而，也有生活的問題持續且需要處理的時候。目標的解決或生活問題的修復需要許多方法，像抽離情境、獲得一些看待問題的觀點，及決定一個行動過程。有很多方式可

以達成這個目的，可能是一個人在走了一段長路後，可以自己把事情理清楚，或者是透過寫日記或允許他們有一段默默地個人反省的時刻。也可能是透過閱讀或從家人朋友那裡取得建議，發展出對行動的新洞察和想法。大部分時候，這些立即的資源提供了處理生活中問題的有效方法。

　　然而，總有些時候，這些立即的個人資源和家庭資源不足以處理生活中所面臨難題的挑戰。有可能是這個問題擁有太多面向或是太嚇人了，可能無法跟信任的朋友和家庭成員談。問題本身可能讓人難以啟齒或可能對所愛的人有威脅性。在任何這些情況裡，找一位有知識、值得信賴和獨立於自己的家人朋友圈的人——諮商師，是可以理解的。

資源性

　　從「以個人地位的創造和存在為基礎來解釋生活問題的起源」之觀點來看，諮商的目標可以用資源性的概念來了解；一個人的資源可以被定義為任何人用來建立生活和自我認同感的任何事物。諮商運作的方法是創造一個空間，在那裡當事人可以審視他們可用的資源，同時，審視周遭可能幫助他們建立一個更好的生活的其他資源。大部分時候，人們在諮商中所用的資源是非常普通的。例如，一個必須做決定的人可能會用每天都用得到的資源——畫圖，來畫出他們問題的不同面向。透過諮商過程，設法處理複雜關係的人會理解到，試著用幽默來應付那個一直困擾他們的人可能是有用的。幽默和畫圖是每個人隨時可得的資源，但它們與生活問題的關係可能一直要到與諮商師談完才會變得明顯。其他資源則比較複雜；一個與飲食控制奮戰的人可能會尋求其他遭受同樣問題的患者或有組織的自助團體為資源，使他們能學習新的技巧。人們也可以自己找到資源；一個剛搬到新城鎮且難以交到朋友的人，可能會透過諮商發現他們生命中的記憶時光，當時他們感到孤單且必須結交新朋友，而他們從特有的個人資源裡選答案，如他們記憶中祖母曾說過的——「她總是說，你必須有耐心，對的人就會出現」。

　　資源的概念與其他用於諮商理論中解釋諮商師應該為人們做什麼的概念有很重要的不同。近年，焦點解決（solution-focused）治療已經變成諮商中廣泛使用的方法（O'Connell, 1998）。然而，針對目前的一個特別問題，一個解

決方法只包含一個解答，而資源的觀念是指一組可能的解決方法，或潛在的解決資源，它們可以被應用到很多不同的問題中。另兩個在諮商文獻中廣泛被使用的觀念是洞察（insight）和了解（understanding）。這些觀念代表了一種當人們連結他們生活中不同部分時產生的「阿哈」（a-ha）的經驗，這讓他們可以更清楚地了解事情。再來，資源的觀念相近於了解或洞察，但在使用上更寬廣：資源的發現包含「看見」（seeing）當下，一個特殊的資源能夠有效地應用到一串的問題上。

資源的想法在諮商中很有價值，因為它鼓勵諮商師思考當事人在目前的生活空間中有什麼可得到的資源或地位（它們的強度），然後注意當事人可能在談話中提到卻沒有充分使用的資源。最重要的是，資源的概念讓諮商師站在一個強調當事人能力和潛力的立基點，而非假設當事人是不足的或在某方面是缺乏的。彈性和資源性有很大的不同。彈性假設能有創造力和有彈性地回應壓力是個人的人格特質，也就是暗示有些人可能缺乏彈性（意即他們比較弱）。而在另一方面，資源性假設有創造力和彈性地回應壓力仰賴個人和環境（資源）之間的關係，而在那關係裡，人們找到他們自己。努力加強資源性是幫助一個人在他們的生活空間中，找尋可以用來解決他們問題的資源；而一個被困住且未採足夠資源來解決生活問題的人，不能被視為弱者，而是尚未找到適合的工具來做這件事。

語言的重要性

諮商是在社交和人際空間、兩個人之間出現的活動。諮商的目的是提供當事人一個機會來反省一直困擾他們的生活面向。諮商的主要工具是語言或談話，這也是建構和維持社交與文化生活的主要媒介。

結論

本章對諮商技巧的模式做了一個大概的說明，更多的細節將在本書其他章節探討。這模式的開始是分析人們想要或需要的；這模式提出人們需要：

- 能繼續過他們的生活。
- 當他們在生活中困住時能有人可以談天。
- 有一個他們和他們所信任的人可以安全談事情的空間。
- 被視為有資源的和有價值的人類對待。
- 能掌握事情；對什麼是有益（或有害）的有他們的想法，並嚴肅地看待它。
- 一步步地處理問題。

有技巧的諮商師是一個可以很適當地回應這些需求的人。諮商師重要的能力並非是技術上的專業和能力，而是價值觀和心。如果諮商師能持續地依據那些強調個人價值和潛力的價值觀來行事，就很有可能在他們兩者間達到有用的結果。專門技術——心理學理論和治療方法的形式——若沒有正確的使用精神，最後反而會讓一個人的問題加重。

省思與討論的問題

1. 你對多元化概念的接受程度如何？你能接受不同的人可能以全然不同的方式看世界，包含以不同的觀點看什麼是有幫助的？或者你相信在所有人類經驗裡，只有一個基本事實？

2. 你自己生活中有什麼存在的挑戰嗎？這些挑戰如何影響你每天的決定？你有什麼機會和他人討論你所面對的挑戰？如果你有這樣的機會，它們在哪一方面對你有幫助呢？

3. 當你和別人說話時，你會用什麼聲音？在你腦海中，什麼聲音是你自己有察覺的？這些聲音是從哪裡來的？

4. 拿一張紙和一些色筆，畫出你個人的地位。透過這個方式，你對自己有什麼了解？哪些你生活的空間或地位是最令你煩惱的部分？哪些部分代表了你個人力量的來源？哪個部分的地位你可能會讓諮商師知道？而哪一些仍然會被隱藏？

建議閱讀的書籍

在瑞士心理治療師 Juerg Willi 的著作中提到個人地位的概念：

Willi, J. (1999) *Ecological Psychotherapy: Developing by Shaping the Personal Niche*. Seattle, WA: Hogreve & Huber.

以下著作清楚說明了聲音的觀念對於了解個人經驗的複雜性的重要

Honos-Webb, L. and Stiles, W. B. (1998) Reformulation of assimilation analysis in terms of voices. *Psychotherapy*, 35: 23-33.

本章所呈現的觀念以不太一樣的方式在我過去幾年的著作中被探討：

McLeod, J. (1999) Counselling as a social process. *Counselling*, 10: 217-22.

McLeod, J. (2004) The significance of narrative and storytelling in postpsychological counseling and psychotherapy. In A. Lieblich, D. McAdams and R. Josselson (eds) *Healing Plots: The Narrative Basis of Psychotherapy*. Washington, DC: American Psychological Association.

McLeod, J. (2005) Counseling and psychotherapy as cultural work. In L. T. Hoshmand (ed.) *Culture, Psychotherapy and Counseling: Critical and Integrative Perspectives*. Thousand Oaks, CA: Sage.

4
CHAPTER

諮商選單：
目標、任務和方法

引言 • 確認當事人的目標 • 諮商任務 • 方法 • 對於方法的省思 • 使用諮商選單的訣竅：分享決策 • 目標、方法和任務的實務案例：Joey 的情緒之旅 • 警覺錯誤 • 結論 • 省思與討論的問題 • 建議閱讀的書籍

你問我諮商是什麼？基本上，它就是一個讓你將任何可能困擾你的事情說出來的機會。有些時候，和你有同樣情形的人們擔心在他們身上會發生什麼事，或者發現他們家人看待他們的方式改變了，或者被每週都要去醫院報到的壓力壓得喘不過氣來，更甚至他們可能對於某些醫生的態度感到憤怒；它可能是這些事中任何之一或是其他完全不同的事。有些人似乎不需要向我訴說這些，有些人則需要，每個人都有不同的做法。而我試著做的，就是不論你需要的是什麼，都保持彈性對待。像是它有可能就只是用來檢視某些事，也有可能你需要更多的時間來談談。有時候，我對那些感興趣的人們所做的事之一，就是建議他們閱讀一些和他們有相同問題的人們所撰寫的書和讀物或是網站。有些人只是把我當成一個哭泣時可以依靠的肩膀——這也完全沒有問題。它可以是任何可以幫助你度過難關的形式。我絕對不會強迫你，要不要使用諮商，決定權在你。

Counselling Skill

引言

　　在這本書當中，人們被認為可以積極地面對生活所呈現的挑戰。一個求助者──在他們的世界中──會是一個積極的代理人、建設者或創造者（在與他人的合作關係中），以及一個擁有選擇與承擔責任的人。當發生的事件明顯超出一個人的控制或覺察時，諮商師總是視個人為有能力決定他們對這些事件的反應，以及形塑他們如何將這些事件融入個人功能及生活空間當中；人們被認為可以用他們所知道的文化、社會及自然的豐富性與複雜性來開展他們的日常生活。諸如前些章節所討論，求助者以及諮商師可能的文化來源（例如想法、信念、策略、例行公事、故事、思考，及感覺和決策工具的形式）都形成了任何諮商關係的基礎。因此，諮商技巧必備的元素就包含了找出對於每個個體的適當方法。個體之間依據他們需要什麼或他們發現什麼有益有極大的差異。例如，有些人藉由表達他們的感受及情緒來解決問題，有些人則偏好用理性的方式；有些人尋求助人者來引導他們，有些人則認為在諮商關係中，對於個人控制的感受是最重要的。

　　思考如何將所有可能性融入諮商關係的一個有效方法，就是諮商選單（counselling menu）概念的使用。我們都很熟悉餐廳列出各式各樣佳餚和飲料的菜單；然而，那樣的選單意味著一種順序或結構──前菜，接著主餐，接著甜點──典型的對於套餐的期待（即使有些人可能決定只要單點）。相較之下，這類嵌入於其他工作角色中的精微諮商就必須更有彈性、時間限制及改善力，通常比較像是點心而非全餐。因此，一個對於嵌入式諮商較適當的選單形式，則像是個人電腦或網路經常使用的下拉式選單（drop-down menu）──顯示一組選項，沒有任何特定順序，當點選其中一個選項時，可能會顯示出其他一組次選項等等。在本章中，虛構諮商下拉式選單提出了包含三個決策的層級。首先，求助者及諮商師對於共同工作之方針與目標達到共識；再者，他們對於最終渴求的終點與目標有共識，並確認現在所能做的以求進展達成目標（任務）；最後，他們必須決定達成任務的最好方法。

　　明瞭目標、任務及方法在嵌入式諮商情境中是特別重要的。一個專家諮商師可能有機會透過幾週的會談與案主相處，並且透過初次晤談，逐漸形成目

專欄 4.1　目標及任務概念在諮商理論與實務中的發展

　　首先注意到可能可以透過目標和任務來了解諮商的理論家之一是 Ed Bordin。在一篇經典文章中，Bordin（1979）企圖建立兩個要點：第一，根據常用的治療關係模式，他辯證對各種形式的諮商和心理治療賦予意義是有可能的，範圍則從精神分析取向到行為取向治療；第二，他提出在任何諮商和心理治療中，治療關係的品質和效率可以根據兩者在治療關係中對於諮商目標與任務的協議程度，以及兩者在情感和人際連結的強度來定義。因為 Bordin 辯證的主要焦點在於關係的重要性，所以在文章中他並沒有清楚定義他所指的目標和任務。之後由 Les Greenberg（Greenberg, 1992; Greenberg et al., 1993）進行的理論和研究的著述，則對於明瞭諮商的目標和任務的意義，以及證明這些概念如何引導實務，有極重要的貢獻。Greenberg 提出，求助者的目標可以簡單定義為「案主希望在治療中處理的問題……治療師試圖了解案主對於目標和問題的觀點，並且接受案主的目標而不強加目標於案主身上」（Greenberg et al., 1993: 109-10）。受到專家用來執行解決問題任務於某些活動，像西洋棋遊戲的策略研究所影響，Greenberg 辯證可以將同樣的架構應用於治療中：案主和治療師進行與案主治療目標相關的解決問題任務。而一方面，治療和西洋棋之類的活動最主要的不同，則是後者的任務著重於認知或理性，而前者則著重於情感和意思的表達與處理。在 Greenberg 的研究中，任務包含了開始、中期和結束等一連串的行動。Greenberg 認為，諮商師有可能去確認當事人所談論的重點及他們談話的態度，這將會指出特別任務的需要，然後能確認有效解決及完成任務的訊息。Greenberg 也相信，透過實務上的反省及系統的研究，為任何特別任務的解決方法定義最理想的一連串活動是有可能的：換句話說，總會有一個達成任務「最佳的」方法。

　　本書中所使用的處遇策略受 Greenberg（1992; Greenberg et al., 1993）所發展的任務模式所影響。然而，它和 Greenberg 的模式還是有三方面的不同：第一，諮商技術模式假設任何特別任務都可以透過許多不同的方法來實行。很重要的是，當閱讀 Greenberg 的著述時，要領會他致力建立自己的治療模式的效用，即所知的歷程經驗取向治療（process-experiential therapy），而非嘗試公式化一個可能包含所有可能處遇的通用模式。第二，諮商技術模式提出，描述不同形式的任務解決作為組成替代的方法是有用的，而且所使用的方法範圍只受限

專欄 4.1　目標及任務概念在諮商理論與實務中的發展（續）

於人們的智能和創造力的限度。第三，諮商技術模式提出一個比 Greenberg 等人（1993）所提出的還更廣的諮商任務。儘管如此，對於從業人員「理不清」求助者真正需要做什麼以向前進的複雜問題裡，如何有效協助當事人各種方法以避開危險，Greenberg 和他的同事所提出的任務架構充當了一個必要的墊石。

標、任務及方法的共識。這樣的諮商師也可能有足夠的時間指導案主使用在理論取向中特別偏愛的方法。相反地，在精微諮商中，沒有足夠的時間拖延不切題的目標、任務或無生產性的方法，然後協議出一個更有效的工作方式。而且，最重要的是，重大的倫理議題關係到決定何種目標和任務對精微諮商是適切的，而在這樣的關係中去嘗試可能太冒險。有些問題或治療目標比那些附加於其他助人角色所提供的諮商需要更多的時間及更專業的技術，那些諮商嵌入於其他專業角色的從業人員會因此而無法提供一個典型的「選單」。

諮商選單之目的是增加諮商會談中適切焦點的可能性至最大程度，以提供當事人充分的機會談論他們需要談論的事情，這在某種程度上是對他們最有效的方法。一個附帶的目的則是開創一個空間，討論可能不適合諮商或是目前真實諮商關係的目標、任務和方法，以及探究從哪裡或如何來追求這些渴望的問題。

接下來，我們將舉例說明一些諮商選單方法應用於實務上的例子。

例證　Sandro 非常害怕接受牙齒治療。而在那次手術中，其中一個護士曾經接受過些許處理恐懼病人的訓練，所以在 Sandro 排定的治療前幾天安排了一次看診。一開始護士問 Sandro 想達成什麼。他說他不確定。「嗯哼，」她回答，「有些擔心看牙醫的人相信這對他們來說是很重大的事；比如說，他們可能會害怕其他類似的情境，像是去看醫生。所以他們會要求檢視在這個情境中發生在他們身上的任何事。另外有些人就會去尋找可以幫助他們克服看牙醫的恐懼的策略。」Sandro 說他只是在找可以處理他坐

在牙醫的椅子上時感到害怕的方法。護士接著問他是不是已經有任何可以幫助他的方法。「有啊，我想基本上我需要學著怎麼放鬆，我讓自己太緊張了。」護士接下來把有助於管理恐懼和焦慮的方法列出來，包括用錄音帶呈現的放鬆技術、認知重新框架訓練及 diazepam 處方藥。最後，他們一起討論什麼方法對他會是最好的。

Agnes 是一位社會工作者，她在一個提供支持給家庭的中心工作。Inez 是有三個年幼小孩的單親媽媽，她一直與一大堆關於控制她小孩行為的問題奮戰著，同時還有不斷的財務問題。Inez 前來委託 Agnes，同時詢問她們是否能有一些兩人的時間來談一些她想「讓它們從胸腔出來的東西」。當她們碰面開始交談後，Inez 失控了，開始以一種令人困惑的方式談她小時候被性虐待的經驗，以及看到她的小孩時，「一切記憶就會被拉回來」，然後「讓我癱瘓」。當她們在談時，Agnes 感覺到 Inez 已經準備好面對這些記憶，並且找方法來超越它們。她給了意見：「我想妳現在說的事已經影響妳一段時間了，但現在妳想認真看待這些事，然後把這些事放下。」Inez 同意：「我要把它們理清楚，然後讓我的生活有不同的軌道。」Agnes 解釋說，她不認為由她來與 Inez 談這事會很恰當：「我還沒有受過正確的訓練來給予你需要的。同時，妳也知道就我自己的工作分量來說，我很難保證我們還可以像這樣有足夠的固定碰面機會。」針對長程的治療，她們探索其他對 Inez 可能有用的資源，特別是專業的諮商服務和一個由女性共同合作提供的性虐待倖存者團體。她們兩人也同意 Agnes 可以幫忙的地方，例如，幫忙預約其中一種服務，和「檢視治療如何改變妳和小孩相處的方式」。

在這些例子中所描述的並不是一個正式的評估和訂契約，而是一種處理方式，是諮商師注意到求助者對於他們的需求有自己的想法，同時也了解有很多能達到他們需求的方法。對於無論誰提供嵌入於其他角色的諮商，很重要的是，意識到促進一個關於目標、任務和方式的討論，並不需要有很多的訓練和理論的知識，而只要依賴一種對生命一般性的基本了解即可。舉例來說，在 Inez 的例子中，這位社會工作者並未接受很多諮商或心理治療的訓練，但可

以運用她本能的反應來回應她的案主,這顯示於她所說的「這對我來說很難勝任」。她也能夠意識到,在 Inez 所描繪的很廣的生活目標中(「讓我的生活有不同的軌道」),有一個很清楚的次級任務是在她能力範圍內可以做的(「檢視這在小孩身上的效果」)。至於 Sandro 的例子,相反地,這個回應他對治療牙齒的恐懼的護士已經接受了關於這類問題的特殊訓練,且已準備好來探索一張複雜選單,其中裝滿著她在面對病患時可以做的次級任務和一些其他可選擇的方法。

本章其餘部分提供了一個諮商選單的基礎架構,可以應用在很多的諮商場合。若要擁有在任何特定的諮商環境的精確選單,就要視諮商師和他們所奠基的組織環境而定了。

確認當事人的目標

進入諮商關係不可或缺的是,要了解每一個求助者都有一個目的或目標。諮商的目標可以被定義為求助者和他們的諮商師都同意為它努力的一種讓人喜愛的事件或結果的狀態。總是會有當事人想要或渴望的事物、一些生活中他們想要改變的不舒服部分帶他們來到諮商情境。在當事人開始談他們的麻煩時,「為什麼是現在?」的問題是諮商師要留意的最有用的潛在事項。同樣地,在當事人解決了問題,也接受了他所要或需要的,並足以達到他的目標時,他就知道已經做了足夠的諮商,也是該停止諮商的時候了。

目標的觀念可用來指包含所有的或相當特殊的目的或目標。生活的目標是對當事人的生活賦予形態之包羅萬象的議題或存在的問題。這類生活目標的例子如下:

- 我可以離開小時受虐的記憶,到達我相信自己身為人的價值的境界嗎?
- 我必須做什麼來證明我夠好,足以滿足我的父母?
- 我爸媽是虔誠的錫克教徒,但我在英國長大,我該如何定義自己?

生活的目標反映了貫穿一個人的生活或社會位置的所有議題。例如,「離開受虐的記憶」就可能和在親密關係與工作關係、在獨處的能力、在為未來計

畫的能力裡的困難和焦慮有關。相反地，特殊的目標代表一種比較受限的狀況或情形；這樣的例子可能包含：

- 我如何在面談中感覺較不焦慮？
- 我可以做什麼來告訴醫生我不需要再繼續服用藥物了？
- 我在想要退休和感覺必須持續養家之間不知如何抉擇？我該如何做決定？

對於諮商功能嵌入其他工作角色和責任裡的從業人員，有效率地回應特殊目標會比回應更大的問題更容易。後者傾向於處理一個個人大範圍的信仰、兩難和顧慮等議題，這些都需要時間去發掘。要以一種令人滿意的方式處理生活議題需要很多時間，相較於實務工作嵌入其他專業角色的諮商師，心理治療師和專門的諮商機構有更好的立場來處理這些議題。另一方面，特殊或情境的目標可能可以在一兩個簡單的會談中很有效地被提及。要記住，並非所有尋求諮商的人都要處理「生活目標」層級的問題；已經確認特殊目標的當事人可能比較希望能專注在那個議題上，而不是被期待要去打開他們生活中的所有面向，就像在心理治療裡發生的一樣。然而，當處理特殊目標的狀況時，必須記住特殊目標最終總可以被理解為反映較大的生活目標，以及窩居在這些較大的目標裡。例如，當事人開始要談關於「告訴我的醫生，我不要藥物治療」時，終會理解這樣的目標代表了個人議題的較廣部分，而這部分就是「離開小時受虐的記憶，到達一個我可以相信我自己身為人的價值的境界，然後在我認為是有影響力和主導的人面前，挺身來捍衛自己」。

另一方面，釐清目標的概念和問題的相似概念之間的不同是重要的。個人的目標總是以一種主動的（active）和正向的（positive）方式表達，反而是沉重與不適當的語言問題交談。目標可以被認為近似於個人的追求——當事人設法探索和回答的問題。因此，諮商師在與當事人談到他的目標時，試著用主動正向的語言來強化當事人的長處可能是有用的，所以諮商的目標並非代表失敗的意涵，而是發展和連結的機會。例如，Sheila 參與了一個用來幫助婦女在小孩長大後重回工作崗位的計畫。她描述自己因為恐懼面試而感覺像殘廢了似的，以至於無法告訴面試她的人有關她的經歷和特質。在與一位專案輔導教師做諮詢期間，Sheila 被問到她想談什麼。她回說：「我對面試有很大的問題，

我神經緊繃，從頭到尾就是都很緊張。」輔導教師以問問題來回應，「這是我們可以更仔細看的問題嗎？從妳告訴我的事，我在想妳希望做的是確定妳能給這些面談者充分的機會去知道妳的經驗和特質，然而，緊張卻壞了事。妳覺得這樣描述我們想要一起達到的目標是否合理？」如果輔導教師就接受了 Sheila 最初對這議題的表述，例如「我一定有什麼問題且需要被調整」，他就會強化 Sheila 是有缺陷的和消極的闡述方式。藉由採用主動和正向的語言來重新闡述這個議題，讓 Sheila 想要達到的正面效果被看到了（「要讓面試者知道妳好的特質」），焦慮的狀態從一個完全無能的（「集體化」）實體，變成一件只是「阻礙」的事。輔導教師的語言使用使其在和 Sheila 的會談中，立即打開了一個能讓不同事物發生的空間。

在目標和症狀（symptoms）之間也有一個很重要的區別。因為我們住在一個將個人議題和社會議題醫療化的文化裡，這類的說法是很普遍和充斥的，我們很容易「聽到」一個人的問題就像是反應了一堆症狀。例如，Sunita 是在英國長大的年輕女孩，但她住在一個虔誠的錫克社區裡。她開始懷疑自己的文化認同，同時也以一種可能被視為「憂鬱」的方式展現出來——低能量、與他人隔絕、失眠、缺乏希望。確實，Sunita 在自己的說話方式裡就是使用這類術語，而且常常用「憂鬱」來描述自己；然而，從諮商的觀點，以症狀的術語來看問題是沒有幫助的。這有三個原因。首先，症狀的語言傾向集體化：它意味一個人的整體可以以一種疾病（例如「憂鬱」）來象徵；以這種方式來設想和談論當事人，可能會導致無法辨識和了解當事人並非「憂鬱的」其他生活面向。第二，症狀的語言展現出一個人是被動的物體：憂鬱是你「有」的，而不是你「做」的。第三，使用像「憂鬱」這樣常見的術語，一個人就沒辦法利用他想像和創造的能力。例如，Sunita 有自己獨特的語言——「那是一種什麼都不是的感覺」——這非常生動地描述了「憂鬱」對她的感受，同時，也比較容易交織進入反集體化的會談中（「是啊！有時候我感覺身在某處！」），且將她定位為她自己現實的主動共同建構者（「我是如何進入死胡同的？我經過一個房門，上面寫著『不要理我』，就是這樣開始的……」）。

在一些心理治療和專業諮商的形式中，治療師可能會花相當多的時間和案主溝通出一個包含目標或治療目的之契約。在嵌入式精微諮商情境中很少需要

或可能做這種正式契約。有助益的是邀請當事人來談他的目標。在諮商會談期間，必須做的是注意當事人可能說的任何關於他所希望的目標是什麼，同時回饋和檢視諮商師所掌握的是否正確。

有許多方法可激發關於目標的會談，一些可能有用的諮商師陳述包含：

> 「就我聽到你所說的……然而，在理想的狀況下，如果每一件事如你想要的那樣，它會如何不同呢？你會希望事情是怎樣呢？」
> 「你可以說出從跟我談關於……裡，你希望獲得什麼嗎？」
> 「你已經描述了你的問題。你可以告訴我你希望當我們把事情釐清後，會發生什麼事嗎？你希望的目標是什麼？」
> （在諮商會談的結尾）：「我在想——你是否已經從我們的討論中得到你要的呢？有什麼其他你需要的嗎？」

然而，大部分時候，當事人可能有的特殊目標是隱藏在他談論求助問題的方式中。這時就靠諮商師「傾聽目標」，然後檢視他們所聽到的，而不只是注意到問題。

必須知道的是，人們尋求諮商時可能很難清晰地說出他們的目標是什麼。在感受上或直覺的層面上，他們可能會知道他們要什麼，但他們可能尚未準備好用言語說出這些感受。至少有三個原因導致如此。首先，目標或目的可能會和一種模糊的感覺相連——「我就是任何時候都很疲累，而且我就是不知道為何會這樣」，或者「我的內在，有一個很大的空虛感」。在這些例子裡，宛如當事人的身體有一個目的和方向感般，藉著使用累或一種空虛感來指出事情不對勁了。在這些情況下，當事人所能做的就是跟隨他的身體所帶領的方向：而這終點實在很不清楚。第二，有些人對於談論他們想要的事物有困難，是因為他們知道目標是什麼，但卻害怕或不好意思承認。例如，Danny 很清楚知道他需要幫忙來談他的性向及「出櫃」為同性戀，但一直到他確信所選的「諮商師」（對他來說，是一個當地社區中心的年輕工作者）以一種非批評式和了解的態度來回應他，他才將它說出來。當 Danny 對諮商師有安全的感受時，他才能夠將他的目標說出來。第三，一些人對表達他們諮商的目標有困難，是因為他

們可能從未有機會來反省他們所要的，以至於他們只能傳達出一種令人困惑、沒有規律可循的理由。回到早先在本章所提到的例子；Sunita 有一種她從未能屬於或融合進去的感覺，但一直到她參加諮商技巧的夜間班及參與了個人成長的練習，這種模糊的覺察才漸漸具體成為一種去探索和定義她的文化認同的熱切盼望。

　　在當事人難以清楚說出目標時，諮商師願意和當事人一起就兩人之間的了解找出他們可能的目標是重要的，而不是等到闡明一個完全具體的目標陳述。重要的是求助者和提供諮商者雙方都應該要有充足程度的共識，他們的目標是在「相同的波長」上。

　　總結：目標這個觀念在諮商中是重要的，因為它提供了一個方式來建構和組織在諮商會談中所發生的；無論在諮商裡發生什麼，它都是最終參考點。求助者會將諮商中所討論到的任何事與這個標準做比較，來決定他們是否與目標更近了。目標的觀念同時也提供了一個方式讓求助者在尋求諮商的立即理由（「我必須和某人談一下我跟爸爸吵架的事」、「大部分時間我都感覺很沮喪」）和更廣泛的生活方向（「我可以用自己的方式接受自己為一個人嗎？」）間做一個連結：特定的目標總是和意義、目的和認同等更廣泛存在的問題有關，即使這些較大的問題在多數的精微諮商裡傾向於牢固地隱身幕後。當事人的目標的意圖就像在提醒諮商空間的存在是有目的的：它是一種暫停，能使當事人修復他自己的位置。同時也提醒了求助者是生活裡的主動參與者、一個擁有目標而非擁有問題和症狀的人。

諮商任務

　　儘管對目標的共識，是確定當事人和諮商師都朝向相同的終點邁進的必要方法，但要做某些事情直接影響目標是一件很難的事，需要做的反而是去確認特定的任務，然後隨著這些任務的完成，可以讓當事人離他的目標更近。

　　本書所建議的諮商模式採取一個過程：一個在某方面因為其人際關係或生活空間而煩惱的人，想要做一些事來改變它（目標），於是，找了諮商師一起溝通出一個安全空間架構，在那空間裡，他們可以澈底暢談問題。但再來呢？

「徹底暢談」在實行上的意義是什麼？在諮商技巧模式中，這個特定的諮商工作可被理解為是奠基於一套不同的諮商任務的參與和完成。諮商任務可以被定義為一連串被當事人與諮商師合作所做出的行為，目的是讓當事人的生活上軌道。任務有時是當事人和諮商師一起做的事；對於任何特定的諮商任務而言，可以應用很多潛在無限的不同方法來完成它們，最安全和最有幫助的方法，出現於當事人和他的諮商師一起決定他們要致力完成的任務，並對他們將要用什麼方法來面對這個任務有共識。

任務和方法的概念是本書所介紹的諮商實行架構的重心。在接下來的章節裡討論了基本諮商任務的範圍，包含：

- 把議題談完整以更加了解事情。
- 理解一個令人困惑和感覺有問題的事件或經驗。
- 解決問題、計畫和做決定。
- 改變態度。
- 處理複雜的感覺和情緒。
- 找出、分析和回應訊息。
- 停止自我批評，增強自我關心。
- 協商出生活過渡期。
- 處理困難和痛苦的關係。

加諸這些任務的標籤和定義，不可避免地都相當武斷；有經驗的諮商師提出了他們自己描述任務的方法。在實行上，一段諮商可能專注在其中一個任務的一個面向（例如，專注在了解改變的障礙，而不是一連串態度的改變）。有時，一段諮商可能會涵蓋兩個或三個在同一時間要追尋的相關任務（例如，探索我的感覺和一個生命過渡期的關係）。

能夠達成這些任務代表提供諮商關係的任何人的一組基礎能力，這些任務反映了深植於一個每天的、處理生活的常識能力。我們都能夠掌握有意義的會談、理解對情境困惑的反應、解決問題等等。身為好的諮商師，包含願意去檢視個人的優缺點來了解是否能執行這些任務、發展彈性和敏感度來讓其他人參與這些任務，以及能夠為了所決定的任務而在學習新方法和策略上保持開放的

態度。好的諮商師知道在諮商實行過程所產生的各種任務的「進出」方法,同時可以改用或發明適合與他們一起工作的個人完成任務的方法。

專欄 4.2　任務模型的例子:癡呆的諮商

　　過去十年來,處理早期癡呆症狀的新方法和可以延緩阿茲海默氏症發展的藥物治療,意味著有愈來愈多被診斷有癡呆現象的人,可能期望在功能相當良好的程度和他們的家人一起居住許多年。癡呆的診斷引起強烈的感受和產生強力的負面形象,不僅發生在患有癡呆的人身上,同時也發生在他們的家庭和社區中。此外,處理與此疾病有關的記憶逐漸喪失可能是困難的。因為這些原因,愈來愈多的注意放在診斷出患病時,諮商可扮演的潛在角色,以幫助癡呆患者和他的家人面對這個事件。Weaks 等人(2006)的研究,訪談了癡呆患者和他們的家人關於他們對診斷出癡呆的經驗,和他們在診斷後的六個月被迫面對的議題。這些訪談分析引出一套心理治療任務的認定,而這些似乎與在此情境裡的人特別有關係:

- 探索如正常般生活的可能性。
- 評量不同管道訊息的可用性。
- 了解在家中和更廣的社會網絡裡轉變的角色。
- 了解和處理情緒的過程。
- 談論深入的哲學問題,例如認同喪失的可能性。
- 擁抱和面對社會的污名。
- 創造一個新的且不同的認同。
- 陳述和重述他們的故事。
- 透過健康系統找到一個方式。

　　這些任務可以透過不同的方法達成,包含正式/專業的諮商;醫生、社區護士和神職人員的嵌入式諮商;參與自助團體以及閱讀。這些任務的認定讓設計合適的照護體系、訓練和督導職員,以及使病患和他們的家人能知道期待什麼成為可能。

方法

　　任何諮商任務都可以運用許多不同的方法來實行。人們可以運用不同的方法學習、改變或重建他們個人的地位，這與他們的成長環境、文化背景、性格，以及他們對他們世界裡改變的資源和方法的了解有關。諮商理論、心理治療和心理學、宗教教導和修行、自助書籍，以及常識都提供了處理生活問題方式的巨大儲存槽。在任何諮商情境，均仰賴當事人和諮商師一起決定他們要如何做以完成任務。

　　雖然人類發明和創造的結果，使得任務解決方法的範圍潛力無窮且持續不斷地擴展，大部分諮商師使用的方法工具箱仍可以依五種大範圍定義的形式來分類：

- **會談**。諮商師和求助者談論議題或任務，同時允許解決方法和新的理解從他們的對話中產生。這個方法仰賴的是語言的巨大豐富性，以及它對重新敘述和建構事件的潛力。會談或「只是談談」幾乎可以確定是在任何諮商關係中最常被使用的方法。回到本章之前所運用的軟體選單的比喻，會談可說是諮商關係裡的「內定值」。

- **結構性焦點問題的活動**。無論諮商師或求助者，可能都會建議或開發出可以用來解決議題的活動或慣例。在諮商領域中，認知行為治療特別代表了一個很豐富的活動資源，例如放鬆訓練、家庭作業、對於較好的行為予以獎勵、確認和挑戰非理性的信念等等。

- **藝術本位的創造活動**。很多諮商任務可以透過畫圖、作畫、富有想像的寫作和法規來達成。例如，一個人面臨困難和痛苦情緒的掙扎，可能會發現藉由圖片或寫信給他們感覺憤怒的人來表達情緒是有幫助的。

- **文化資源**。第四種任務解決方法是利用當事人的文化世界裡日常被用來表達感受、維持平衡和維持個人認同感的方法。舉例來說，很多文化資源有潛力改變一個可能沮喪和缺乏希望和目的的人，包含運動（如慢跑）、當義工、在鄉間散步、類似靜坐和禱告的靈修活動，以及看電影或戲劇。關於這些方法，諮商師的角色並不是要在諮商期間執行它們，而是幫助當事人發掘和發現對個人來說最有意義的文化資源，以在開始要參與的階段提

供支持和輔導，然後——如果需要——依他們初始生活問題的改變，幫助當事人由他們所從事的文化活動中得到最大的價值。

● **諮商師的個人資源**。所有其他資源的基礎就是諮商師運用自身生活經驗以及個人成就和學習，來處理求助者需求的能力。

以下將更詳細地討論這些方法。

會談為一種方法

就如稍早所提的，帶領治療性的會談是諮商的「內定模式」。「談天」可被視為一種任務和方法；例如，當求助者剛開始見諮商師的時候，幾乎總是需要鼓勵當事人來「談一會兒」，以了解他們對問題的看法和對他們的目標是什麼有點概念。然而，即使諮商目標的共識已經達成，往目標邁進的重要任務可能是談談特定方面的議題。「談」可以有宣洩和放掉的效果：「能將那說出來真讓我感覺放鬆」。有時求助者正持有祕密，而將它告訴別人的舉動，對於減輕罪惡、難堪和羞愧，以及開始把自己看成正常或可接受的會是重要的一步。談話和訴說是尋求社會支持的基礎成分，同時也是重要的諮商任務。然而，談話也可被看成能運用來處理其他任務的方法，例如做決定、處理情緒或強化自我關心。因為當事人對議題談得愈多時，愈可能在理解此議題或針對此議題做不同的事方面，產生新的意義和可能性。此外，具治療性的談話也包含了聽者（諮商師）的參與，他對於回應方法相當有技巧，所以能加速意義和可能性產生。談話的角色在諮商裡是如此重要，所以本書有專章討論（見第八章）。

結構性焦點問題的活動

結構性的活動可以被視為用來增進個人學習的練習或技巧，有很多原因使這些活動在諮商裡可能是有效且有幫助的。首先，它們提供了求助者可以做且會改變所面臨問題的一些清晰準則；第二，它們代表諮商師和求助者之間合作活動的焦點，提供了建立分享目標和關係的觀念；第三，它們帶給諮商一個「可以做」的態度和希望感。即使結構性的活動並未全然成功地完成諮商任務，它仍會產生一些正向效果。結構性活動作為諮商方法的缺點是——諮商師

過度依賴「技巧」，所以可能會讓求助者感覺諮商師是以「專家角色」提供一堆公式化的練習，而不願意以真實的人際關係來與他們會面。因此，這危險就在於結構性的活動可能會產生距離感，同時威脅非常重要的治療同盟或關係。

雖然結構性的活動已發展在許多不同的諮商取向中，這方式與所知的認知行為治療取向有很大的關聯。認知行為治療（cognitive behavioural therapy, CBT）是心理治療的方法，廣泛使用在國家健康服務（National Health Service），例如診所的心理學家和護理治療師。它起源於科學／學術心理學，剛開始是 B. F. Skinner 的行為理論，近來愈來愈多的想法來自認知心理學。認知行為治療發展中的重要人物有 Donald Meichenbaum、Albert Ellis、Windy Dryden 和 Aaron Beck。有大量文獻記載認知行為治療的訓練、研究和實務，其中有用的入門書包含 Trower（1988）、Wills（1997）、McLeod（2003），以及 Neenan 和 Dryden（2005）。坊間也有許多自助手冊，例如 Greenberger 和 Padesky（1995），這些都可以讓案主在沒有專業協助下，學習和運用認知行為治療技巧。

認知行為治療取向的諮商重要觀念有：

- 當事人有問題是由於學習的結果——當事人學到用已變得失功能的方式來回應世界。這種增強的觀念對於了解學習的過程是必需的：最終，當事人的行為改變是因為新的行為模式受酬賞和增強，而舊行為模式被撤退或切斷。
- 覺察非理性、誇張或負面的想法（認知）對於維持問題所扮演的角色，然後和當事人一起努力挑戰和改變他思考事情的方式。
- 使用簡單的技巧促進改變——例如，系統減敏法和思考中斷法。
- 使用「家庭作業」的方法來確定在諮商室裡所學到的已經轉移到真實世界了。
- 諮商師作為教師或教練的角色形象，是從旁協助當事人學習以及運用新的行為和技巧。

結構性的活動廣泛用在認知行為治療裡的例子就是系統減敏法。這個活動用來幫助人們克服在一些特定情境下害怕和焦慮的反應，例如懼高。其基本

的理論是，因為某些原因，當事人學習到將焦慮或害怕的反應和特定的刺激物或情境連在一起（例如，高的地方或爬階梯）。避免這情境的行為透過因避免而產生的穩定感得到了增強；相反地，任何引發害怕的暴露情境都是很有壓力的或甚至是嚇人的。系統減敏法是藉由逐漸將對標的物害怕／逃避的反應以另一種回應來代替（在本例中，是一個放鬆的反應），於是當事人先被教導一套系統性的放鬆技巧，使用慢慢呼吸、肌肉收緊放鬆來達到平靜的心理狀態。然後，一旦當事人遇到害怕的情境，諮商師就邀請他練習放鬆技巧。首先，請當事人一直使用他們的放鬆技巧，並想像引發害怕的場景或看著照片，一旦當事人可以在想像的情境下保持放鬆，他們就繼續體驗真實生活的例子——高度、梯子、樓梯井、橋或任何他們害怕的東西，也是逐漸從比較不令人害怕的到比較令人害怕的情境。經過這個過程，當事人對成功、滿意和達到的感覺，以及他們從別人那裡得到的讚美，會有增強新行為模式的效果。系統減敏法代表由認知行為治療師所設計的結構性活動，這對因恐慌而求助者來說很有意義。儘管這個方法需要很多治療單元才可以完成，它仍然擁有許多可以完美有效地使用在精微諮商中的成分。例如，帶領一個極度焦慮的人練習一些放鬆的技巧，或談談如何以一級級、一步步的方式來面對恐懼，或進行包含系統減敏法過程中的一些步驟的家庭活動，都可能相當有幫助。

在認知行為治療裡和在其他諮商取向的脈絡下，已發展出很多其他的結構性諮商活動。其中一些被廣泛使用的活動包含：

- 當當事人試著改變他們的習慣時，例如吃東西、抽菸或喝酒，可能會建議他們在日記裡寫下這問題行為的發生頻率、引發情境，以及行為後的立即影響和結果。寫這樣的日記本身就很有幫助，因為它能讓當事人更加明白他所做的事，而且對於以後要改變不要的行為模式時，提供了很有價值的資訊。

- 當當事人對另一個人有未解決的情緒「事務」，而且無法直接面對這人時（例如，在這人已經亡故的情境下），建議他用一種盡可能誠實和表達性的方法，寫一封或一系列的信給這人可能會很有幫助。這些信可在與諮商師會面時大聲讀出來，或者以舉辦儀式的方式把它燒掉、埋葬或保存起

來。寫信的方式可以幫助當事人藉由表達他們最深的想法和感受，而達到某種程度的揭露，同時也允許他隨著讀出他所寫的信，反省自己對於所發生的事可以學到什麼。

- 當當事人正在深思一些他們生活中的過渡階段時——例如決定是否要搬到新城市、接受新工作，或結婚或離婚等，記錄做夢的內容可能會很有幫助。從最古老傳統的文化到心理分析師如 Freud 和 Jung 的著述，夢都被視為在某種程度上能傳達一個人在正常理智的狀態下可能難以承認的「真實」。雖然夢的解析有很多不同的準則，最簡單的方法就是在醒過來時儘快將這些夢寫下，然後想像夢境試圖傳達的事情。對夢的仔細聆聽通常足以喚起有意義的自我反省。諮商師在這裡的角色並不是要當「夢的專家」，而是去鼓勵當事人運用他的夢，並且在這過程中陪伴著他。

這些僅僅只是數百個已經被寫在專業文獻裡的結構性諮商活動中的一些例子。這些任務有些是很複雜的，其他的則相當簡單。有些若要很有效地被應用，需要有相當程度的訓練和監督；然而有些是自我解釋型的，在讀到或聽到同事描述的基礎下，就可以實行了。Seiser 和 Wastell（2002）的著作中包含關於結構性方法觀點的有用資源。

使用藝術本位的表達方法

傳統上，諮商是由當事人和諮商師的會談所組成，在其中，人們談他所關心的事物，同時藉由與諮商師的對話達到新的理解、做選擇等等。傳統與這主流平行，是利用非言語、以藝術為本位的各種治療取向，以協助當事人用創意的方式來探索議題。這些藝術本位的治療包含藝術治療、戲劇治療、心理戲劇和社會戲劇、舞蹈治療、音樂治療和相片的治療性使用；此外，還有利用語言創意的詩詞治療。主要說來，這些治療方法已經以不同的專業運作著，每一個方法都有不同的專門機構；同時，也有傾向將這些方法用於被認為很難接觸到的案主，例如小孩、長期有心智健康議題的人和有學習困難的人，主要是因為這些人可能比較無法或比較不願意透過單純語言的方法來溝通他們的問題。

然而，近年來，對於藝術本位諮商方法的一種不同看法已經變得很有影響力了。這個看法認為有創意的方式，在諮商和心理治療裡是很有價值的部分，同時，可以被整合到本質上以說話為主的工作方式裡。這種變遷的其中一個部分就是所謂的表達性治療（expressive therapy）；表達性治療的一個重要人物是 Natalie Rogers，她是 Carl Rogers 的女兒（見 Rogers, 2000）。受過表達性治療訓練的諮商師使用許多有創意的技巧來幫助案主表達他們的感覺，除了這個特定的方式外，也有很多諮商師選擇將藝術活動整合進他們與人的工作模式中。近來的一個調查顯示，大約有一半的諮商師經常在他們的諮商工作裡使用藝術技巧（例如畫畫），儘管他們很少或沒有接受過任何藝術本位治療的正式訓練；這代表很多諮商師和他們的案主發現，表達性的方法附加在一般的口頭諮商過程中是很有價值的。

諮商師可能會在日常一對一的實務工作中使用的藝術本位方法有：

- 邀請當事人畫一張圖或一幅畫來代表他們全部的生活、他們的人際關係或他們此刻的感受。
- 使用身邊的物品——鈕釦、石頭、浮木、玩具，當事人拿起來並握住，同時將它們排放在桌上來敘述他們跟生命裡其他人的關係。
- 建議當事人帶來他們生命中重要關鍵點或重要人物的照片（Berman, 1993; Weiser, 1999）。
- 建議當事人帶來對他們來說有特別意義的物品或圖像。
- 使用音樂或拿得到的發聲物體，或小孩的塑型黏土，當事人可用來表達他們的情緒。
- 邀請當事人帶來對他們來說有意義的一段音樂。

這些方法在諮商中有許多潛在的優點：

- 當當事人在談一個問題時，他們幾乎總是會依據他們所說的話對諮商師的影響而監督他們所說的（「如果我這麼說，她會怎麼認為我？」）。相反地，創造性的活動有讓當事人參與任務的潛力，以至於他們可能會「忘了自己」。

- 說話有時可能會以固定的或黑白的態度來定義一個議題；然而，在藝術裡總有某種程度的模糊地帶——一個圖像可以有不同的詮釋方式。
- 圖像和其他藝術物品提供了很好的方式來擷取議題的全面性、複雜性或相互連結性，然而話語限制一個人一次只能說一件事。
- 對當事人來說，做某事的行動（而不只是談），可能是有趣且令人振奮的。
- 藝術本位的方法利用當事人的想像力和創造力。
- 一個物體（例如圖畫或雕刻）是一個發生在諮商會談中永遠的學習提醒物，可以被帶回家然後保留（「放在那裡的照片是在我得知我有多生氣時畫的……」）。
- 藝術活動可以開啟當事人和諮商師以不同方式連結的可能性。他們可以併肩坐著一起看一樣東西，而不是一個人直接對另一個人說話。這樣可以加強一起運作和合作的精神。

　　了解使用藝術本位的諮商方法也有一些不利的因素或可能的陷阱是重要的；例如，那些說他們自己「在學校藝術課總是不及格」者也許會認為藝術練習是考試或焦慮的來源，所以可能會發現很難去進行。解決這些焦慮總是重要的，即使這些焦慮並沒有即刻顯示出來。另一個不利點就是藝術本位的方法可能會需要時間和設備，所以可能很難適用於一個沒有規劃、簡短的諮商會談，或諮商師很難控制的碰面場所（例如，護士在病房中回應病患的情緒困擾）。

　　當諮商師介紹藝術本位的活動時，以清楚的方式讓當事人知道這活動在那時候和諮商會談有關是很重要的（「你一直在談你的家人……我在想使用這些鈕釦來顯示他們是誰以及他們和你的關係，或許會有幫助，這樣做可以讓我較容易掌握他們彼此的關係……」）。在使用藝術活動之前，擁有個人使用的經驗是必需的——先以案主或學習者的角色和同事或訓練課程裡的會員一起練習。

　　兩個在諮商中使用藝術方法的重要準則是：

- **在碰觸之前先得到允許**。此藝術物品是屬於當事人的，而且是他們的一部分。

- **不要詮釋**。有時當事人可以從他們所提供的物品中，透過默默反省發現意義，但可能不想要談論它。通常提供物品的過程會激發想要談它的欲望。當這發生時，目標是要和當事人一起努力來探索這物品對他們的意義。諮商師可能很想要提供自己的詮釋，但通常這會阻撓當事人自己發現意義的過程。

　　有一些有用的書探討這種表達方法廣泛使用於一般的諮商情境裡（Warren, 1993; Silverstone, 1997; Wiener, 2001; Malchiodi, 2004）。

使用文化資源

　　所有的諮商都牽涉到社會和文化資源的調動和使用是個重要觀念；諮商師和諮商機構可以被視為在社區裡提供給需要談生活上個人問題的人的一種資源。諮商和心理治療的理論（例如 Carl Rogers 的個人中心取向或溝通分析）都是文化資源，任何人透過上書店或上網就可以得到。然而，這裡所要談的是一個比較特定的文化資源的意涵，是指諮商師幫助當事人尋找和運用社區內可得到的協助資源，以解決生活上的問題。

　　有很多不同形式的文化資源可以使用在諮商裡。對很多人來說，一個重要的文化資源可以在自助書本和支持團體方面找到。有很豐富的書面自助文學作品可利用，還有愈來愈多的自助網站。自助資源可以包含引導一個人經過行為改變程序的手冊、一些描述過一個令人滿意的生活守則的書，和描述一個人如何克服或經歷特定問題的勵志小說和電影。在任何時候，非小說類暢銷書單裡總會有許多自助的書名——自助對於出版業來講是一筆大生意。在這領域裡的其中一個困難就是——有這麼多可利用的自助書籍，以至於諮商師很難知道要建議當事人讀什麼，或對當事人自己要閱讀的書的可能價值給予任何意見。在這樣的狀況下，值得參考兩本出版品，其提供檢視自助資源的有用功能：Norcross 等人（2003）和 L'Abate（2004）；Grohol（2004）則檢視了線上的自助資料。

　　自助的支持團體和網路社群已經成長到幾乎包含所有生活上想像得到的問題。自助團體可以被定義為支持或具治療性的團體，由遭受某一特定問題的

個人所帶領，或特別為這些遭受特定困難的人所成立。雖然這樣的團體有時可能會依賴專業的專家，但它們最終是屬於成員所管控。這些資源網絡中，有些是當地的，然而有些（例如，匿名酒癮者）是全國性或甚至是國際性的組織。自助團體所從事的活動範圍很廣——從人們可以分享其經驗的會面，到教育講習（學習如何處理）、實際的幫助、政治運動和提倡研究。

諮商角色嵌入其他專業角色的從業人員，若能從相關的不同自助資源裡找出相對較有利的資源，積極地協助求助者，是比較有利的立場。這是因為護士、老師、社會工作者和其他人類服務專家通常都與特定的案主群工作，所以很快就知道有哪些當地的自助團體資源可利用，以及知道已被證實最有用的自助書籍和網站。相反地，服務於如私立機構的諮商師和心理治療師，就比較可能碰到問題範圍較大的案主，也比較不可能有機會得到有關於特定問題的自助資源的深度知識。

自助資源只代表文化資源的一種形式。自助總是因某個特定問題而組織起來的，有很多其他形式的文化資源是有可能被用到所有的或大部分的問題上的。例如，有研究證據顯示，以下的活動能夠在克服生活上的問題扮演正面的角色：宗教的奉行、靈性、體育和運動、政治的參與、義工、對自然的享受和養寵物。為何這些社會的和文化的活動可能對遭遇生活上困難的人們有幫助，理由如下：

- 可以得到社會支持。
- 發展出一種目的感，和達成某事的經驗。
- 學習可以用在解決問題和達到生活目標的新行為。
- 參與新活動使自己有較少的時間沉溺於問題裡。
- 體能上的挑戰會讓人有精神，可以抵制憂鬱。

社會和文化資源提供人們與生活上的問題搏鬥的重要性和潛力，已經成為崛起中的社區心理學術領域的重要主題。Orford（1992）以及 Prilleltensky 和 Nelson（2005）對這領域的工作提供了卓越的介紹。

諮商師的個人資源

　　最後一種諮商方法很難描述但終究非常地重要。總括來說，當人們在接受諮商訓練時，他們通常被教導要如何促進治療性的會談、如何利用結構性的活動、如何維持適當的專業界限，以及如何與他們嘗試要幫助的人建立治療性的同盟或關係。但在訓練中很少包含的是能力和意願，這能力和意願能夠超越這些專業能力，並且如果需要，當諮商任務無法以個人知識為基礎的技巧和能力加以處理時，能夠找到執行諮商任務所需的個人資源。有一些諮商任務需要的技巧是來自於有特性的個人知識。

　　我們每個人都有自己的歷史，其包含很多不同情境和人際關係裡的經驗。在我們生命的演進中，我們獲得洞見和技能，這些都是我們所獨有的，並且不能直接納入專業知識基礎或理論的模式裡。在諮商脈絡中，個人的知識顯得相當重要的部分是有關人際關係、生命抉擇和處理挑戰方面。有很多其他形式的個人資源可以被運用到諮商裡。

　　例證　Alistair 是一個在住宅區為有問題的青少年服務的社會關懷工作者。要與這區域裡的許多年輕人建構關係是很困難的，他們很多都曾經被成人虐待，所以充滿憤怒和不信任。Alistair 來自於一個傳統的漁業社區，還記得被老一輩的漁夫教導如何掌握在危險海域中划行的船隻，例如，如何迎頭風斜斜地航行和如何在暴風中讓船緊緊靠著岸邊。當他試著和案主談困難議題時，他經常運用這些記憶，他從過去的學習明白，從一點到另一點的最好方式很少是一直線的。因此他用來促進治療性會談的方法，是建構在病患準備好接受似乎航向錯誤方向的許多互動方式；同時間，隨時注意可能有一些進展的時刻。

　　Maria 在一個信仰希臘正教的家庭中長大，那樣的環境非常重視每個可能的理由來慶祝日子的重要性——不僅是生日，還有宗教節日、緬懷先人的日子、記錄季節更迭的日子。身為一個護士，要看護大量不同階段的腎臟疾病病患，她利用了她對重要日子的敏銳度來維持深度的人際關係，甚至是與

那些她無法固定看到的病患們。她總是在她初次為新病患評估時，找到機會就蒐集關於他們的「日子」的資料。她總是會給他們一張卡片、打電話，或如果她可以拜訪的話，就帶一些花過去。當病患跟她談他們的疾病對他們生活的影響時，「日子」就提供了她一個起點來進入病患的世界。

　　諮商師所使用的個人資源，有助於定義他們個人身為助人者的獨特風格。某些諮商師對於語言有高度的敏感度，其他的對於理性的、一步步解決問題的步驟感覺習慣，另一些則習慣於身體移動、姿勢、聲音品質或能量強弱。這些都是生活經驗方面的例子，對於諮商師全面可利用的方法有其貢獻。

　　在諮商和心理治療的理論和研究文獻中，很多的注意力和努力已被投注於分析諮商師自我揭露，或諮商師與案主分享個人訊息時的治療價值。證據似乎顯示諮商師的自我揭露有時是非常有效的，但有時也相當沒有幫助。有用的時候是時機正確，且鞏固了當事人和諮商師間的連結，同時提供了對當事人有用的資訊或訊息。沒有幫助的時候是當分享的方式變成是在處理諮商師個人的不悅，或者導致當事人感覺他的諮商師已經用掉了原本是要談他們自己的困難的整個會談時間。然而，當自我揭露被視為諮商師可以使用個人資源（在這個例子裡，分享個人訊息）的一種方式時，很重要的是能辨識，相較於其他在本章中已經討論過的個人資源，把自我揭露當作策略是相當受限的。

對於方法的省思

　　諮商方法永遠是諮商師所做的和當事人所做的一種合作。有一些方法可能是諮商師建議或開始的，而有些則是求助者。有些方法中諮商師會帶頭並做大部分的談話，有些則是求助者會帶領且做大部分的談話。對於諮商師來說，重要的議題就是當應用特定的方法來完成諮商任務時，要清楚這方法需要他們自己做什麼和需要案主做什麼。在執行任務期間，維持諮商師和案主互補角色間相互影響的觀察通常是諮商師的工作，而不是求助者。例如，如果諮商師建議結構性的活動（例如，學習和應用放鬆的技巧），求助者也認為可能是有幫助的，這時需要做什麼就靠諮商師給當事人的解釋。相反地，如果當事人建議一

專欄 4.3　試金石：個人知識的重要來源

Mearns 和 Cooper（2005）使用「試金石」一詞來指一種個人的知識，這知識對於提供諮商關係能力是很重要的。個人的或存在的試金石是記憶，對一個人有深刻的重要性，並來自於人們學到有關身為人類的意義的重要部分。Mearns 和 Cooper 定義試金石為「事件和自我經驗，從中我們得到很大的力量，同時幫助奠定我們在人際關係的基礎，也讓我們對於不同的關係更加開放而且感覺自在」（p. 137）。他們提供諮商師 Lesley 的例子；她認為以下所提到的是從她自己生活裡得到的試金石：

> 我最早的記憶之一是坐在祖父的膝上。每次當我見到他，他總是有光芒四射的笑容，然後他會把我放在他的膝上。我從這裡得到的是很龐大的——是一個全然無條件的愛的經驗。那是我內在真正感覺安全的部分，這部分讓我感覺「很自在」，即便是在困難的情境……
>
> 在小學時，我常因瘦小而被嘲笑。每年最令我感覺沮喪的時刻，就是當我們正式地要在全部體育班前量體重時。老師用一種炫耀的方式——這方式除了展示她自己的重要性外，沒有展示什麼——宣布：「小心 Lesley 不要掉進地板的裂縫中」。我從這經驗得到的力量是感覺我自己的憤怒。在那一刻，我幾乎流下淚來，但我堅持不要讓她稱心如意，所以我只感到純然的憤怒。令人驚奇的是，那種強烈、清楚的感受經常是我與我的案主在一起時的力量來源。我可以進入到那個「生氣的女孩」，然後從我的案主的憤怒得到一種強烈的感受。我認為如果那時或現在我哭的話，情況都會更糟。
>
> （Mearns & Cooper, 2005: 138）

Mearns 和 Cooper 建議藉由這樣的個人經驗以及從中所得到的學習，諮商師能夠與求助者投入深度關係的互動。隨著心理治療理論和文化活動（例如，藝術、體育或閱讀）的概念和方法的發展，諮商師的存在的試金石對於任何試著解決生活上煩惱的人，代表一個高度重要的資源。

個方法——例如使用文化資源（「我要開始每週再去教堂，與人碰面，同時讓我的週末更有意義」），諮商師必須去檢視自己與這活動相關的角色——例如，事先說明關於去教堂的期待會有用嗎？或者同意在其他時間會面時，再來看看發生了什麼和這個試驗是否成功。因此協調所使用的方法包含檢視和討論角色，以及諮商師和當事人在任務執行期間相互的期待。

確實有很大範圍的方法能夠在諮商中被使用來完成不同的任務。將這些方法歸類為五大類——會談、結構性的活動、表達性的活動、文化資源和諮商師的個人資源——不可避免地相當獨斷；有許多方法在界限上都是重疊的。例如，使用自助書籍者（文化資源）可能會發現這本書建議去做認知行為治療型的任務（結構性的活動）或使用創意寫作（表達性的活動）。這個使用自助書籍的人可能希望和諮商師談談他自己從書本上學到的（會談），然後發現諮商師是熱衷的（或相反），因為他們本身已經在自助書中、在他們自己的生活裡（諮商師的個人資源）找到益處（或尚未）。將這些方法做這樣分類的價值，主要是提醒諮商師有很多不同的策略可能對人有幫助，同時在探索所有可能的資源中保持創造力也是很重要的。

任何諮商師的重要專業發展任務之一就是利用訓練、經驗和學院的網絡來建立他們個人的方法儲藏室或工具箱。顯然地，沒有哪個諮商師可以聲稱已經能駕馭所有現存的方法。會做每一件事並不是必需的——但讓諮商師能選擇他們所用的方法，以及允許求助者一些選擇的空間卻是重要的。也必須要記得的是，最好的方法來源是當事人：有用的方法將是那些對他們來說最有意義的方法。

使用諮商選單的訣竅：分享決策

描述過了目標、任務和方法的特性，以及與這些諮商活動類型中的每一項相關的各種可能性，這時，簡短地審視關於支持這取向的諮商和助人方面的基本假設也許是值得做的。

- 求助者已經積極地想要試著解決他們的問題。

- 不管諮商師做什麼，求助者會修正和適應所提供給他們的，以符合他們的需求——當事人絕不是被動接受「專家幫助」的人。
- 在學習和改變上，並沒有單一的過程或學習機制是對每個人都正確的——有多重潛在有助益的學習／改變過程，而每一個求助者會有他們自己比較喜歡的方式。
- 世界上並沒有一個諮商師能夠使用現存的所有可能的治療方法和策略——每一個從業人員都有他們自己的知識基礎和優缺點。

因此，任何諮商情境的現實是在雙方間有多種的可能性。有很多東西是求助者確定要的、確定不要的，和或許願意去嘗試的，也有一些其他東西是諮商師能夠提供或不能提供的；在這兩套可能性之間調解是諮商師的工作。諮商選單的想法代表在最短的可能時間內達到做什麼和從哪裡做起的一種決定方法。

因此任何諮商師的重要能力，是能夠創造機會來討論關於可以提供的選擇的範圍。這個能力是基於諮商師自我覺察的兩個重要領域：首先，覺察執行中所告知的價值（在第六章討論）；其二，覺察語言的使用（在第八章及本書其他地方討論）。

協商目標、任務和方法的價值觀面向與以下行為有關：將當事人放在一個有價值的位置，且認為當事人知道什麼對他們自己是最好的，同時他們的想法是值得知道的。每個諮商師所製造來邀請當事人說他們要什麼的機會，是在確立這些價值觀，同時，也表達了諮商師對當事人所抱持的真誠的興趣、關心和好奇。相反地，當諮商師每一次先發制人地下了關於諮商應該如何進行的決定時，不論他是如何敏感和「美好」地做了這件事，他們都把自己放在一個「我最清楚」的位置上，這樣，就否定了這些價值觀。

在某種層級上，諮商師所用的語言並無關緊要，只要這些言詞反映了諮商的核心價值觀和精神。在另一種層級，所用的言詞就有關係了，因為太容易就會溜進使用「專家」的語言，特別是當求助者可能感到脆弱和不確定時。以下是一些有助於分享決策的語言使用的例子：

- 解釋你身為諮商師的工作。例如，「我很想談一下，身為諮商師，我的工作是什麼？我不想打斷任何你可能正想說的話。現在談可以嗎？對我來說，主要的事就是我們兩個是在相同的波長上，我們兩人一起決定你要從諮商得到什麼，以及什麼方式是能讓你得到你想要的最好方法。這樣聽起來可以嗎？因此，我有時需要做的就是必須跟你確認我們兩人都了解在那時我們正在做的事，這樣可以嗎？」

- 解釋基本的規則。例如，「就我當諮商師的經驗，我發現不同的人需要從我這得到不同的東西。有些人要我聆聽，其他人則要我給他們回饋等等。對我來說，量身訂做的諮商是非常重要的。任何時候，如果你覺得我們所正在做的對你沒有幫助，我希望你能讓我知道，這樣我們可以改變我們正在做的，然後讓事情符合你的需求。」

- 問當事人他如何看待目標、任務和方法。例如，「你已經告訴我一些你的問題。我很想問你，你希望從諮商裡得到什麼？你的目的或目標是什麼？」或「我覺得關於你想從諮商得到的東西，我有一個相當不錯的想法。要到達那裡，我們必須一步步來做。在此，你有感覺需要先做什麼嗎？」或「你已經談了許多關於生氣的感覺。你覺得那會是我們現在可以花一些時間來檢視的嗎？我想有很多我們可以看待這件事情的不同方式。你想要大叫出來，或打那個抱枕或其他東西嗎？你覺得什麼是我們現在來處理它的最好方法呢？」

- 確認當事人對目標、任務或方法的敘述已經了解了。例如，「我可以確認一下嗎？你剛剛是說你現在要做的是……」

- 邀請當事人指出過去對他們有用的方式。例如，「當你以前覺得被生氣的感覺困住時，有任何事情能幫助你處理這樣的情緒嗎？是不是有任何事物與我們現在可能要做的方法有關呢？」

- 完成任務後，檢查一下所發生的事情是不是有幫助的。例如，「我們現在已經花了幾分鐘討論關於與人親近的議題。我們似乎已經達到我們所要的終點了，至少在此時是如此。在我們繼續探討一些你早先所提到的其他議題時，我想要問一下，我們剛剛所用的方法是不是有幫助呢？有任何會讓它更有幫助的事是我應該做而沒做，或你該做而沒做的嗎？」

這些策略可以使諮商會談的持續流動凸顯出簡短的機會，讓求助者和諮商師可以針對當事人的目標重新定位他們自己，然後保持在軌道上。以上例子中的句子和語言不應該被視為所有諮商師所用的固定腳本：就像諮商裡的任何其他事情一樣，很重要的是，讓從業人員發展出一種風格，其準則和能力被整合到自己個人的和文化的認同中。

目標、方法和任務的實務案例：
Joey 的情緒之旅

　　Joey 是一個因為暴力搶劫而長期監禁的犯人，現已接近他服刑的末期了。Joey 在獄中的這段期間，經歷過幾次醫護人員稱為沮喪的事件，且已經嘗試過自殺很多次。他目前所在的監獄裡，有一個信譽卓著的同儕諮商服務，在那裡犯人被訓練來提供情緒性的支持給其他人。Joey 已經和其中一位同儕助人者建立了很好的關係，他已經花了好幾個小時來聽 Joey 小時候缺乏愛、關心和穩定的故事。對 Joey 來說，知道有人能夠接納他和喜歡他，甚至當他們知道他以前所做的事時也是如此，是很重要的。儘管 Joey 和他的同儕諮商師從未明確地同意他們工作上的目標，他們彼此都知道 Joey 要的是知道他仍然可以以身為一個人的方式被接納，特別是關於他的情緒和感受。在經過許多次聚會後，助人者觀察到 Joey 似乎以一種「充滿痛苦」的方式在說他的事。Joey 最後打破冗長的沉默，承認他隨時都感受到情緒上的痛苦，但他相信這並非是「一個男人」應該承認的，或甚至更糟的是將它表達出來：「我沒辦法承受失去控制——看看我一旦失去控制會發生什麼事就知道了。」助人者回答說：「這是我們必須去的地方——我在想這痛苦是不是我們下一個應該檢視的。」下一次聚會時，Joey 和他的助人者一起努力找出一些 Joey 可以在他們的諮商會談裡表達痛苦的方法。一旦他們在這方面有進展時，Joey 宣稱說他發現必須想出一個辦法來讓他太太知道他的痛苦：「她知道有問題，但我從未告訴她那是什麼。因為這樣，所以我們很疏遠。當她來看我時，有時我只是坐在那裡不說話，因為我不能說。誰知道她會認為到底發生什麼事？」這為下次會談開啟了一個新的焦點：Joey 應該如何和他的太太溝通，同時他如何以不同

的方式來達成目的。

決定了「痛苦」是他們要一起檢視的事之後，Joey 和他的助人者談到要如何設定這困難和棘手的任務。首先，Joey 完全想不出他可以如何表達他的感覺。他的助人者列出一列他自己做過的和一些他已讀過的活動給他，包含：找出這種感覺是在身體的哪一部分、畫一張圖、寫一首詩、利用自助書籍整理情緒、寫一本情緒日記，或「就把它說出來」。Joey 很擔心任何要把事情寫下來的活動，因為他不認為自己可以把寫好的紙保管好；他很擔心任何外顯的情緒可能會導致他被送進精神病院。他說他會在會談的空檔想想這些建議。下一次和他的助人者會面時，他帶了一張紙和筆，然後開始安靜地寫下他的痛苦：「我在裡面。我崩潰了……」在他們的會面結束時，他小心翼翼地把紙撕成碎片。在下一次的會面時，他談了他在監獄體育館運動時如何控制住痛苦的感覺。幾週後，他報名了一個藝術班，然後做了一個代表痛苦的泥土雕像。逐漸地，他找到他自己的方式來做他需要做的事。

這個例子強調了諮商的立即性。Joey 和他的同儕助人者如果以有利於他們的隱私程度來說，並不在一個理想的環境中運作。此外，同儕助人者了解他沒有足夠的訓練和經驗來處理 Joey 所呈現的這類議題。然而，他們能夠談他們可以做什麼，然後找出一條路繼續前進；因此，這個案例也說明了人們基本的資源。對 Joey 而言，他所得到的諮商改變了他的生命（同時有可能是救了他的命），儘管他的諮商師受過的訓練和經驗有限：他和諮商師有一個夠堅固的關係足以讓他們可以一起努力，直到他們發現一個對他們來說可行的方法。

這個例子說明了兩個特定的諮商任務──處理感覺和情緒，以及改變行為，在後面的章節，我們會有更多的討論，同時，這個例子也描述用來達到這些任務的一系列不同方法。Joey 所做的每項任務都包含了使用諮商關係所提供的安全空間，來處理個人的社會地位或生活空間裡的困難所產生的議題。例如，Joey 所處的世界讓他對於許多情緒都保持沉默，而這些情緒就是他所形容的痛苦。他所學到和太太溝通的方式，已經不再反映他想要在家庭生活中所擁護的價值觀了。他和助人諮商師的討論給了他一個機會，來反省關於這些議題在他的生活中發生了什麼事，同時也發展出策略，以便將來可以用不同的方式做事情。

警覺錯誤

在一個理想的諮商會談中（事實上，理想的會談很少發生），當事人會藉由諮商師的幫助探索一個議題，然後達到一個新的理解或行動的計畫，也會學到一些對他們自己有用的東西，然後很快樂地離開；但有可能發生許多事情來打斷這個理想的腳本。例如，諮商關係有可能崩潰、破裂或失敗。當事人可能會想自殺或對他人造成危險，當事人可能會有一個恐慌的攻擊或任何其他可能會產生的狀況，而中斷了任何要在基礎的諮商任務中有進展的嘗試。因此，在任何諮商狀況中，一個很重要的能力就包含了有規律地「監視」什麼事正在發生，然後當危機發生時，知道要如何做。在此時，諮商師可能需要中斷諮商會談的進行，例如，檢查一下案主安全的議題。因此，諮商中持續進行的任務包含了監視互動和會談，以至於能察覺任何可能對諮商空間的完整性產生威脅的人事物。如果感覺到任何這樣的威脅存在，當事人和諮商師就必須一起回顧狀況，然後決定必須採取什麼行動來改變、加強或修復這個空間，或者可能要求在諮商關係以外找尋協助的資源。這些議題在第十一章有進一步的討論。

結論

本章所描述的諮商目標、任務和方法的模式，對於諮商工作嵌入其他從業人員角色者特別合適。在那種情況的諮商下，助人者和當事人可能只有一段很短的時間來談一個問題。如果從業人員只能夠提供十或二十分鐘給當事人，仍然非常可能可以完成諮商任務，或在任務上有很明顯的進展。同時，如果只有一段很簡短的接觸，當事人同意或「簽定」從事一個特定任務（「讓我們看看這些感覺想要告訴你什麼」、「你覺得設法了解這所有與這議題相關的訊息對做決定有用嗎？」），會比設法從事與主要生命目標相關的討論更安全。

在諮商會談期間，確認和同意目標、任務和方法的過程提供了諮商師和求助者一系列的對話和聯合做決定的機會。本章的立意絕不是暗示諮商師在診斷和指定他們認為適合案主的目標、任務和方法時，應該採取專家的姿態，而是盡可能讓求助者帶領。諮商師的關鍵技巧在於能夠「按下暫停鈕」，在適

當的時刻暫緩案主正在說的，使目標、任務和方法能被討論和同意，並且在於擁有一個充分寬廣的全面方法（同時了解它們如何能被應用在特定的諮商任務中），以提供案主最大程度的選擇。同時必須記住這所有都是在諮商師和一起工作的對象的關係脈絡中進行。諮商關係和諮商任務必須被視為硬幣的兩面。例如，定義諮商師和當事人關係的強度和品質，端賴於他們彼此能夠針對目標、任務和方法做有效率地溝通；他們有能力對於所要追求的目標、任務和方法達成共識；以及他們有共同資源和創造力來想像會有幫助的可能方法。

接下來的章節發掘了一些最常發生的諮商任務的本質，同時建議一些可被用來解決這些任務的方法。在讀這些章節時，很重要的是記住這些被討論的方法只是用來作為什麼是可能的例子，而不是聲明這代表了一張所有可能被想像過的諮商方法的完整列表。諮商選單的想法意指彈性和多元性：有多少諮商師就有多少不同的選單，同時選單上的項目可依據所得到的食材和客人的要求而改變。

省思與討論的問題

1. 你的選單上有什麼：身為諮商師，你可以提供什麼？列出一個你熟悉且到目前為止你的諮商師生涯曾有過經驗的諮商目標、任務和方法。這張表可以包含你在諮商角色裡使用過的，以及當你自己尋求協助時遇到的目標、任務和方法。 在你的選單上，有哪些「特別的」項目：你對於哪一個目標、任務和方法感覺最自在？你選單上的缺口是什麼？哪些目標、任務和方法是你想再多了解的？

2. 在你的機構裡以及你與之一起工作的各類人物中， 哪些諮商目標是人們最有可能提出的？設計出一張可能和每一個目標相關的任務及方法的列表。

3. 你如何在實務中運用這些諮商技巧模式？回想一個曾經向你尋求諮商的求助者。當事人的目標（或多個目標）是什麼？什麼是達成當事人目標的逐步任務？什麼是能被使用來完成這些任務的可能方法？你做了什麼讓當事人能夠決定追求某種任務和方法成為可能？

4. 回想你曾經以諮商師的角色幫助過的人。這些人可能是在你的工作場合或你在技巧練習時的同學／受訓者。你對你正在幫助的人說了什麼，讓他們得以決定適合他們的目標、任務和方法？你用了什麼樣的話語和措辭？這些敘述如何有效率地傳達你身為諮商師的核心價值觀？

建議閱讀的書籍

本章所推薦的一般諮商方法，強烈受到美國心理治療師 Art Bohart 著作裡的「積極案主」形象所影響。在一系列重要的文章中，Bohart（Bohart & Tallman, 1996; Bohart, 2000, 2006）主張重要的事是，辨識求助者是高度有目的的和積極的決定他們從諮商會談裡想要什麼，以及他們常常會對諮商師用來帶引他們進入他們想發生的諮商界限，所提出的建議或活動，進行偷偷地重新解釋。重要的資源有：

Bohart, A. C. and Tallman, K. (1999) *How Clients Make Therapy Work: The Process of Active Selfhealing*. Washington, DC: American Psychological Association.

另一套有價值的觀念，關於如何採取適合求助者信任的態度來執行諮商將對他們最有幫助，或是找出之前對他們有效的，在於治療理論家、訓練者、研究者「一般因素」的著作中，如 Scott Miller, Barry Duncan 和 Mark Hubble。與本章特別有關的是他們使用「案主改變理論」的方法，作為共同決定使用哪種方法於個別案例中的基礎。有關這方法的進一步資料可在他們的網頁（www.talkingcure.com）或在這些作者所著的一系列書籍中找到，其中最充分的是：

Hubble, M. A., Duncan, B. C. and Miller, S. D. (eds) (1999) *The Heart and Soul of Change: What Works in Therapy*. Washington, DC: American Psychological Association.

本章的中心觀點是諮商師需要建立方法工具箱，使他們能對求助者可能的需要做出彈性、當事人中心的反應。一些非常有經驗的諮商師已經寫下有關他們自己組裝多年、有特性的工具箱。特別有價值的是：

Carrell, S. E. (2001) *The Therapist's Toolbox*. Thousand Oaks, CA: Sage.
King, A. (2001) *Demystifying the Counseling Process: A Self-help Handbook for Counselors*. Needham Heights, MA: Allyn & Bacon.
Yalom, I. (2002) *The Gift of Therapy: Reflections on Being a Therapist*. London: Piatkus.

5

佈景：提供諮商關係之準備

引言・個人準備就緒・組織的基礎・建立個人和專業的支持網絡・發展資源
資料庫・結論・省思與討論的問題・建議閱讀的書籍

Sally 坐在擁擠的辦公室裡，看見她十幾歲的兒子送給她的四十歲生日卡片仍
在那裡。「癌症護士」——這真是一個特別的工作啊！這工作總是有太多的事
情要做。處理這工作的唯一方法就是把要做的事列出來，等事情做完後再一一
劃掉。待會兒的四十五分鐘是要做「諮商工作的準備」：檢查一下印刷品的存
量沒有問題，包含單位諮商師、心理服務、社區心理衛生團隊、社會服務、
Maggie 中心、CRUSE 喪親關懷、教堂、網站列表、各種不同的健康宣傳小冊
子；日記，還有要給中風診所的 Helen 一封關於同儕督導聚會建議的電子郵
件。很快地看過訓練課程傳單的檔案。好像沒什麼資料了。花個十分鐘在線上
圖書館，寄出幾篇文章。面紙的供應也沒問題。最後仍有二十分鐘撥給最困難
的事：將報告更新，這是一定要做的。空白的頁面將上週的人、故事還有痛苦
都一一帶回記憶裡。不過，至少寫了下來就讓人比較感覺事情是在掌握之中。

Counselling Skill

引言

　　就像生命中其他的領域一樣，諮商會談的成功仰賴有效的準備工作。準備工作在諮商中尤其重要有兩個原因。首先，諮商師的主要任務是將注意力投注在求助者身上，盡可能仔細聆聽與聽懂案主的問題。諮商師若愈被其他事情所分心（「距下一個預約我還有多少時間？」、「這是最好的座位安排方式嗎？」），他們就愈少有空間來做純粹的傾聽。其次，當當事人有需求要來做諮商時，通常都是處在擔憂、生氣、寂寞、困惑等等的混亂情緒中。他們所要找尋的諮商師是專心、穩定，而且已經準備好面對任何可能出現的問題。當諮商師準備得愈充分，他們就會顯現出愈安定、愈穩重的情緒。諮商師若有「萬一這事情發生我該如何……」等等的焦慮，便很容易把這樣的焦慮傳遞到求助者的身上。這種情況對諮商絕不可能有幫助，而且會減低當事人對諮商師的信心；甚至這樣的情況會加強當事人對自己的否定感：「我一定沒希望了──因為才一開始談我的問題，諮商師看起來就如此的憂慮。」相反地，若諮商師看起來準備相當充分，就會傳達出一種關心與貼心的感覺。

　　就某種程度而言，提供諮商關係的準備是一個訓練的問題。任何好的諮商技巧訓練課程都會提供很多機會來練習和做角色扮演情境等，這些訓練讓受訓者能預演在當事人要談問題時他們可以如何回應。然而，準備不僅是單純的訓練而已。對於任何想要提供諮商關係的人，準備包含心裡清楚他們自己想要成為怎樣的諮商師。有很多不同形式的諮商，同時任何做諮商的人必須選擇並採取一個符合他們是誰的方法──他們個人的信仰或已經在他們的人生經驗中習得解決問題的方法──並且這些都必須與他們所工作的機構和一起工作的對象之需求與期待一致。諮商準備也包含確定這種幫助或關懷的環境是被適當地安排的，例如是否允許有私人的空間等等。

　　本章強調諮商師準備的兩個主要領域。諮商師準備的一個重要面向是，助人者心裡要清楚他們所要達成的目標。這個準備就緒面向會在個人準備就緒的主題中來討論。而另一項重要的準備面向是指諮商所進行的社會及組織脈絡，包含的議題範圍從組織中對諮商的印象及期待，到有舒適的座位安排的可能性等等。

個人準備就緒

　　大部分時間，諮商會談都是在一對一的關係中進行的。諮商師必須單獨面對，而且準備好來處理任何發生的問題。有時出現的問題對諮商師而言可能是很難處理的：因為大部分時候，當人們尋求外在對他們生活問題的協助時，都是問題已經大到深深影響到他們的日常生活了。求助者都不希望看到他的諮商師是混亂的，或對於他們聽到的事情顯得手足無措，或缺乏決心——儘管諮商師可能是善意的。諮商師的反思——自我檢視及考慮到自己發現了什麼的能力——代表成為一位優秀諮商師所應擁有的重要面向。與個人準備就緒及自我反思的發展有關之準備活動包括：運用個人的經驗及自我覺察；對協助與改變的信念敏感；發展對文化的敏感度與好奇心；了解諮商關係；發展一個架構來執行和反思諮商關係；價值的澄清；以及滋養希望的來源。

運用個人經驗及自我覺察

　　準備就緒來承擔一個諮商的角色，需要足夠程度的自我覺察發展才行。為何自我覺察在諮商上如此重要，有以下三個主要的原因：

- 有助於諮商師的能力與求助者的經驗連結。當事人或許正經歷一些人生的困難，例如失落、失去控制、失去希望、絕望、無力感和困惑等。如果諮商師已經先探索過自己在這些議題上的經驗，也熟悉當事人正面臨的問題，就比較能提供一個圓滿的人性回應。

- 自我覺察讓諮商師對自己脆弱的部分提供了評估。當諮商師讓自己全心地傾聽另一個人的困難時，他們必然會對當事人的痛苦開放以待。此時，若諮商師熟悉於他們的生活裡那些敏感或脆弱的地方，也運用了方法來解決這些弱點，會比他們在實際會談期間再去發現這些議題來得有用。

- 自我覺察幫助諮商師了解自己和求助者之間相似與相異之處。唯有透過不斷地細緻地了解自己的反應和模式，諮商師才能避免掉入認為其他人的想法和感覺都跟自己一樣的陷阱裡。

有很多方式可以幫助這類自我覺察的養成,例如寫日記、寫自傳、參與經驗學習團體或接受個人諮商。諸如此類的活動所涵蓋的共同作用就是系統性、持續性地對個人經驗的省思。對於諮商師的角色而言,能擁有豐富的人生經驗是有幫助的,然而單單這樣還不足以度過困難的時候,諮商師必須能使用這些情況來告知一個諮商反應,因此有需要至少經歷一些方法把這樣的經驗用言語說出來,而且讓這樣的經驗有意義。諮商師不僅僅是一個角色楷模——已經經歷過相同危機且其行為值得作為從中學習的範例——而是最好能被視為一個共同工作的夥伴。當藉由談話來了解並尋求方法來解決求助者生活中的問題時,諮商師最好已經事先在他們的生活中省思或探索過相同的經驗了。

> **例證** Harbrinder 是一位老師,她的工作是促進學校所採用的一個反霸凌政策。她已經參與了一些青少年團體對霸凌議題的基礎訓練,然而,她發現很難讓小學生對這個反霸凌計畫產生認同並認真執行。在一次為反霸凌的協調者所舉辦的宿舍訓練工作坊中,Harbrinder 被邀請參與一連串作業或自傳的寫作任務,讓她檢視自己被他人欺凌及她自己是一位欺凌者的情況。她經驗的這些任務和活動讓她感覺非常沮喪,但當她隔週回去工作時,她如此報告著:「我接觸我的角色的整體方式跟以往不同——我可以更了解那些我要幫助的學生之經驗與感受,我對他們的想法更開放包容,所以我們談天時似乎也較容易談到更深入的層面。」

自我覺察的概念涵蓋非常廣泛的自我探索方面的潛在話題。發展出諮商師個人的生命故事主軸經歷或重要人生事件的覺察(例如,校園中被欺凌的經驗等)是相當有價值的,因當相似的情境被求助者所陳述時,能讓諮商師更敏銳地面對這樣的主題和事件。另外,也有一些有用的自我覺察部分充斥在諮商師如何依據簡單的活動,例如微笑、眼神接觸與相似性來回應當事人的細微的時刻。

關於協助與改變的信念差異之敏感度

對存在於學習、改變與「治療」的廣泛信念擁有敏感度,對於諮商角色的

準備是一個重要因素。在任何諮商情境下，其目的就是要提供當事人機會來談他們生活上的問題。這活動的主要假設是談出問題是有幫助的。諮商師可能要做的進一步假設是如何談問題，例如大多數諮商師相信談問題時，承認與表達感覺及專注在與這問題有關的個人角色和責任上，會比採取一種抽象和有距離的關係及為每件錯誤責備他人的態度來得有效。這些假設能被理解為反映諮商師對學習與改變的信念。反映這些信念的本質與差異是一項要進入諮商師角色前需要完成的重要準備工作。關於學習和改變的信念在諮商中為何重要，有兩個基本的理由。首先，身為諮商師，發展出與其核心信念一致的諮商風格或方法是很必要的。若諮商師企圖使用一個他們自己都不相信的方法，這樣的信服力缺乏就會轉移到求助者身上，之後就會破壞諮商工作。舉例來說，有些諮商師相信現在的問題總是根源於小時候的經驗，因此假設人們有辦法藉由連結現在困擾他們的問題與小時候發生的相似經驗，來解決目前生活遭遇到的困境。另外的一些諮商師就持相反意見，認為當事人要解決目前困境的最好方式，就是停止擔憂過去的事件，並設定未來要達成的目標。因此，在當事人想要探索有關問題的早期記憶之情境裡，未來取向的諮商師可能會不耐煩，認為這樣談過去的行為是浪費寶貴的諮商時間。同樣地，諮商師若敏感於當事人和其個人歷史的關係，當當事人想要探討未來的藍圖時，這位諮商師可能就會變得沒耐心了。

關於學習與改變的信念為何在諮商中很重要的第二個理由，是求助者對於他們的問題如何發展以及他們需要做什麼來把困難釐清，通常不可避免地有一套他們自己的想法。繼續用以上有關時間取向信念的例子來說明，一位擅長以計畫行動與設定目標解決問題而且從不往後看的當事人，面對一位諮商師不停地問：「這有沒有提醒你任何以前發生的事？」或「你能想一下這件事第一次發生的時候嗎？」可能會感到沮喪而失去繼續談的興致，除非諮商師可以提供很清楚且具說服力的理由，來解釋為何檢視過去對制定有效的未來計畫是必需的。

關於學習與改變的信念是以複雜的方式與統計學因素相連結，例如性別、種族和社會階級。對當事人「協助信念系統」的敏銳度，就在於能有效地處理差異情境的核心能力。

身為一家基層照護診所的心臟病患健康照護顧問，Manjit 的主要責任是與病患一起處理戒菸、肥胖等問題，藉由凝聚病患有關何為有用的信念，找出能影響他們長久以來所養成的不健康行為模式的方法。故當他與病患會面並達成承諾改變的共識時，他會問病患：「不知你過去有沒有試著戒菸或減重？有嗎？你可以告訴我之前對你有效的方法嗎？」之後的每次會面，他總是會問病患是否認為現在所採行的方法有效、可以如何改進，是否有任何他可以改變做法的地方，好讓病患感覺更有效。

Ian 是社區的精神科護士，他認為透過藥物便可以讓這樣的疾病獲得最佳的治療，他的工作就是讓病患了解這點，然後與病患一起找出適合病患的藥物劑量，並發展出策略來處理副作用。他的病患之一 Donald——是心理健康使用者團體的成員，該團體以社會團結與政治行動為基礎，支持與提倡倖存和復原的哲學。Ian 對於 Donald 只在危急時刻才會用藥感覺很沮喪，而 Donald 的沮喪則是因為認為 Ian 並未認真聽取他的意見，所以盡可能減低會面的頻率。

Eva 是家庭支持工作者，她對於她所服務的人為了解決自身的問題而能找到不同策略，感覺到相當震懾。她的工作主要是協助家庭裡的學齡兒童，他們有行為問題（如過動與攻擊的行為等），且很難管理在家庭或在學校的生活行為。Eva 相信「不同的方法適用於不同的人——這些家庭原本就有些自己的認知，故若一個方法對他們來說是沒意義的，他們也就不會去做」。其中一個家庭於是發展出以戶外活動為主的例行工作，例如爬山和騎馬；另一家庭則投入很長的時間來實行他們自己的方法——持續不斷地獎勵小孩的某類行為；而另一個家庭則是強調飲食控制。

關於學習與改變的信念告知不少諮商會遇到的情況。然而，僅少數人很清楚他們在這部分的信念，主要是因為通常很少被要求來思考這些日常生活進程中的問題。故充實一個諮商角色的準備，包含發展出對問題及問題如何被解決之信念的敏感度，同時擬出策略來讓人們明確地表達這些假設。

專欄 5.1　有時人們因不同的諮商方法而受益——但對他們最好的方法，不一定是他們認為他們需要的方法

　　Margaret Stroebe、Henk Schut 和他們在荷蘭 Utrecht 大學的同事完成有關於哀傷以及諮商角色對協助人們克服失落的影響之重要研究。整體來說，其中一個發現是男性和女性傾向用不同的方式處理哀傷。一般而言，男性試著從認知角度去理解所發生的事情；而女性對失落較可能的反應是藉由與他人談天與接觸的方式，來表達她們的情感。在一個由 Schut 等人（1997）發表的研究中，發現人們之所以尋求諮商，是因為他們所偏愛的策略不管什麼理由都沒有效果。他們發現儘管不論男性或女性皆由鼓勵情緒宣洩的情緒取向諮商形式，以及聚焦在為未來做計畫和處理壓力的認知取向治療方式得到助益，但對這些陷在悲傷中的人而言，最有幫助的方法是藉由提供他們一個替代的處理方法，協助他們拓展對於學習與改變之信念。所以對許多男性而言，焦點情緒取向的諮商策略對他較有幫助。相反地，對多數女性而言，認知取向的諮商方式對她們最有利。

發展文化敏感度與好奇心

　　關於提供諮商關係環繞發展個人準備就緒的所有諮商準備工作，應透過欣賞文化差異的重要性來做。人們對於應如何過生活，還有遇到不如意時做什麼會有幫助等等的想法，都深受他們的「文化認同」所影響。我們居住在一個擁有驚人的文化多樣性的世界。然而，在過去，人們或許可以在一個文化同質的團體裡過完一生。但是，現今任何從事諮商的人都無可避免地要面對來自不同文化和種族背景的案主，接受了解案主的世界觀與經驗所形成的挑戰。要了解所有文化和生活型態的細節是不可能的——因為這差異性的範圍實在太大了。更何況在任何特定的文化團體中，也會存在著重要的差異性——並非所有愛爾蘭人、回教族或同性戀者都有相同的觀點。此外，有許多人的家庭或個人歷史已導致他們對不同的文化持觀望或擁抱的態度。

　　當我們遇見某人時，我們會立即開始解讀所有與他們的文化背景相關的線索——從社會階級、性別、民族、種族、宗教、性別傾向、政治聯盟等等。同

時，對方也對我們做相同的事。在諮商時，諮商師必須知道他們自己文化認同的種種，這樣可以幫助諮商師：

- 了解他們可能對另一人產生的影響。
- 體會他們正在使用的學習與改變的假設中的文化根源。
- 對另一人的文化認同是敏感的與好奇的。
- 當文化的差異與諮商關係相關時，可以談談文化的差異。
- 了解社會階層、宗教和其他文化因素對案主生活產生的影響。
- 消除他們自己對其他文化的疑慮。

有相當多的證據顯示，文化弱勢團體的成員會對顯著來自主流文化團體的專家產生疑慮，並且發現一旦他們知覺到某人是不了解他們的，就很難對這人談出他們的問題。此外，不同的文化對於權力不平衡、性別關係及時間取向等的看法有著很大的差異（例如，Hofstede, 2003）。Hofstede 等人（2002）提供了一個有用的激勵練習，其著重在文化差異的覺察。

對任何諮商師而言，為不同文化的人提供諮商關係的準備包含主動培養一種文化的好奇感：一種承認文化差異及問問題的意願。採取與求助者一起談文化的潛在差異和誤解的步驟，至少諮商師是以開放的立場來找出克服文化差異影響的方法。相反地，若諮商師對文化差異保持沉默，他不是將說明文化差異的責任推給求助者（每次當他們有更多緊迫的事要談時），就是把它歸為不可說和不說的範圍（Cardemil & Battle, 2003）。在諮商情境中，對意圖提供諮商關係的人而言，邀請或帶頭探索文化和種族的議題及差異是一個很重要的能力。

了解諮商關係

在很多已經出版的諮商文獻中，特別強調的觀念是諮商的核心就是諮商師和求助者之間的關係。但這在實務上代表什麼意思？當然，很明顯的，當事人和他的諮商師之間有一個關係存在？並不真是那麼簡單。在諮商裡，「關係」的觀念是被用在特別的地方，用來指一些何謂諮商的重要想法。當諮商師或諮商作者使用「關係」這個字時，他們是用它來簡稱一連串基礎的準則。當準備要進入諮商角色時，掌握這些想法並作為與人有效工作的事前預備是很重要的。

　　任何兩人間的關係是複雜的和多面性的。在諮商的會談裡，這術語因此會令人想起當事人和諮商師之間互動的潛在豐富性和深度，以及減少複雜性而變成單一面向是不可能的事。對於許多諮商師而言，這個用法具有扮演提示的優勢，了解他們與當事人的關係總有其他可能相關或需要注意的面向。事實上，「關係」從來無法被澈底定位或完全定義，就代表了任何特定關係必須以它自己的用語來被理解。另一方面，關係概念的開放式本質造成的重要缺點是，諮商師可能會感到模糊和無法聚焦於他們如何了解自己與來訪者之間的關係，同時不清楚自己希望建立何種關係。

　　關係的概念在諮商中也被用來當作是一個技巧或方法觀念的對比。很多書籍、研究報告和諮商的訓練課程都以許多特殊的方法、技巧或介入來架構主題，或許有某些的理解認為，這些技巧和技術的成效有賴於當事人和諮商師之間存在良好的關係。很多時候，當想到或寫到關於諮商時，使用具技巧和方法的語言會比使用關係的語言來得容易。這是因為為了傳達如「情感反映」或「挑戰非理性信念」的技巧所需要的行動，是相當容易描述和觀察的；然而，關係的因素是複雜和不明確的。因為要描述方法和技巧是比較容易的，所以讓方法和技巧來統治訓練和練習可能是相當誘惑人的。當這種情況愈常發生，諮商就愈遠離人們所真實需要的：一段安全的關係是在人們可以談出他們的困難裡。

　　另一個檢視諮商的關係概念的方法，是考慮人們在諮商中所尋求的是憐憫、敏感性和人性。整體而言，人們並非要找尋心理技術員。

　　關係的概念帶來的了解是任何關係都有兩方人。若一段關係要有意義的話，雙方參與者的投資和承諾都是需要的。相反地，一段關係可能會被其中一方的行為所破壞或妨害。這樣的理解強調諮商最有力的核心原則是合作。求助者與諮商師一起行動來建立他們的關係：他們共同建構這關係。這種關係並非諮商師所提供的——如同從架子上拿下一件溫暖的套衫，然後遞給求助者一樣。

　　藉由使用關係的表達方式，諮商師打開了一個空間來進行責任歸屬的談話。當當事人與諮商師的關係是基於信任時，就有可能會將他們的祕密和脆弱信託給諮商師。在任何關係裡，都會有關於誠實、應有的關心之期待，以及關

於誰要為什麼負責和對彼此的義務議題；這些都是諮商中重要的議題，且最終與存在於當事人和諮商師之間的契約或協議的這類觀念連結。

因此，由此可見，諮商關係的概念是重要的，因為這概念扮演了強調這種工作的三種重要原則的提示：採用一種人性的、個人的方法，而不是做一個有距離的技術員；一種對合作的承諾；以及對道德議題的理解。提供諮商關係的準備需要注意和計畫三個部分：如何成為人性的、個人的；如何合作；以及如何談論價值、道德和責任的議題。

發展出一套諮商實務與省思的架構

諮商是一種在許多不同的層面（認知、情緒、行為和精神層面）回應他人的複雜活動。此外，求助者呈現的問題也常常是一片混亂，並且難以理解。所以，提供諮商的從業人員能掌握某種他們正試圖要做的事之「心理地圖」就很重要。對大部分從業人員而言，建構這樣的心理地圖或諮商實務架構的任務從來不是完整的——因為總是有更多要學習的，或新的想法要吸收。

在諮商實務裡，有效且具生產力的省思包含能夠仔細地思考一個人在觀念和運作模式上試圖做什麼。與同事之間有效地溝通，及利用同事和督導者作為省思的回響板，也都需要一種能力來使用其經驗可以被分類的概念性語言。

許多從業人員發現他們建造諮商實務架構的磚頭是在諮商和心理治療的主流理論裡：心理動力學、認知行為、個人中心和敘說。然而，能理解和使用其他資源的架構也是很重要的。有教育、健康照護、管理或其他專業方面的訓練及經驗的從業人員，就比較能夠利用來自這些領域的概念和模式。同時，每一個人都有他們自己「辛苦得到的真理」，這是他們從個人經驗中所獲得的。這些可以代表諮商實務架構中特別的重要成分，因為對從業人員而言，它們都是非常具意義且強而有力的。

澄清價值觀

在第二章裡主要介紹的觀念就是諮商可被理解為一種邀請或機會，讓當事人用不同的方式來評估他們生活中的面向。諮商的核心代表一種提倡和應用一套關於尊重他人、接納差異、人類價值、人際聯繫和關係的價值觀的方法。嚴

格說來，任何助人的人若不知道這套價值觀，他就會被認為是在進行影響或說服的活動，而不是一個合作探索和做決定的過程。因此，對任何提供諮商關係者而言，能針對諮商價值觀，以及諮商所支持的美好生活圖像，他們站在何處就顯得很重要。這個主題在下一章會更仔細地探討。

滋養希望的資源

諮商的一個重要過程可以被形容為注入希望的過程。當當事人在生活上遭遇難題，已用盡了他們目前的資源，可以說是已到達一個士氣低落點的那刻，當他決定尋求專業資源的協助時，可被視為是希望的行動，就像是踏出「再教化」之旅的第一步。這樣的決定喚起希望，因為它建立在一個尚有其他方法，而且事情會變好的信念上。故諮商師回應當事人的問題時，必須能夠以提升希望及凝聚當事人動力和動機的方式，來達到滿意的理解和解決他們的問題。為了達成這個目標，諮商師本身就必須是一個充滿希望的人，與他們自己生活中希望的資源協調。換句話說，諮商師本身就知道什麼是希望，且了解不真實的希望（例如，再保證和陳腔濫調）與真誠鼓舞或信心之間的差別。

關於個人準備就緒以提供諮商關係，我們已經討論到從自我覺察到希望等種種面向的程度。這些因素一起構織出一個重要的「個人準備就緒」議程。在著手提供諮商角色以前，實際了解有多少這種個人的發展工作是很重要的。若缺乏任何這些方面的準備就緒，就很可能代表諮商師無法完全發揮功能——這似乎是合理的假設。另一方面，關乎這些議題的一個完整或最終的準備就緒是從未達成的——總是有更多要學習的。這就是為何持續的督導、諮詢、訓練和持續的專業與個人發展在諮商專業中如此受重視的原因。

再來我們要超越諮商師個人而轉向準備範圍的探討：依據組織因素和支持網絡佈置諮商場景。

組織的基礎

對於任何諮商工作嵌入其他工作角色的從業人員來說——例如護士或社會工作者，諮商的準備需要處理組織因素，它要不是促進就是阻礙有效諮商的可

能性。總括來說，提供嵌入式諮商的從業人員可能會發現求助者已經認識且信任他們，這可能會是一個重要的有利點，特別是和那些「孤軍奮鬥」的專業諮商師做比較時——通常案主與這些專業諮商師是到第一次會談開始才會見面。諮商嵌入其他角色的另一個有利點就是諮商師可以很容易地接近求助者——例如，社區護士可能有規律地去拜訪患者，每週兩次或三次。

雖然如此，當諮商是在其他活動中執行時，如果希望有一個具安全性和生產性的諮商關係，就有很多組織或環境的議題必須事先提出來。這些議題包括：

- **時間**：諮商時間有多長及多久有一次諮商？
- **空間**：可以找到一個合適、舒適的私人空間嗎？
- **保密**：誰會知道當事人所談的？保密的限度是什麼？
- **自由表達情緒**：如果當事人開始哭泣或憤怒地大叫時要如何處理？
- **自願**：當事人使用諮商被知會到什麼限度？他們知道提供給他們的有什麼嗎？他們如何知道？他們可以自由地拒絕諮商的提供嗎？
- **諮商的態度**：服務使用者、同事和經理認為和覺得諮商是什麼？他們了解或認可諮商嗎？或諮商對他們來說，是一種偷偷摸摸的活動呢？

這裡的每一個因素對提供諮商關係的能力有很重要的影響。此外，也有一些組織因素關乎到當事人在支持的基礎下有效執行工作之能力：

- **諮商師所能得到的支持程度**：督導、諮詢和同儕支持的安排都適當嗎？在一個困難的諮商會談後找一個同事來支持的接受程度如何？
- **把有需要的人們轉介給其他從業人員和服務機構的程序**：在諮商會談期間，如果發現當事人被另一個可以提供大量時間或支持的專業人士或機構服務會比較好時，那會如何？轉介的網絡適當嗎？案主對於替代的協助資源有可得的資訊嗎？如果當事人在諮商會談期間提到自殺的意圖時，該怎麼做？

這些列出的組織因素指出了在其他助人角色裡提供諮商之前，小心計畫是必要的。專門的諮商機構和診所就只提供諮商沒有其他的服務，傾向於投注很多的

關心和注意在發展能說明這些議題的協議。一般而言，諮商嵌入其他工作角色裡的從業人員通常都很少有時間或被鼓勵來思考這些議題，以及執行這類的準備工作。然而，未做好組織基礎準備工作對於求助者和諮商師的損失都可能是很大的。

當諮商嵌入其他工作角色時，發展出一套機制來告訴案主或服務使用者以下兩點是必需的：亦即從業人員是以開放的態度來談生活上的問題和感受；而且在一些情形下，會推薦心理的或其他有幫助的專業資源給他們。有很多方式可以做好這兩種工作，包含書面資料（如傳單、海報和網路）、面對面接觸，和利用其他服務使用者（例如，同儕支持團體）為媒介。以上這些就是希望求助諮商的人能被告知這類的服務，了解他們本身要什麼及如何得到。

建立個人和專業的支持網絡

許多諮商技巧教科書和訓練課程的主要限制，就是沒有充分注意到提供嵌入其他組織角色與責任的諮商之系統性層面。系統理論建議在任何社會團體裡，例如家庭或組織單位，個人的行為是交互連結於一個平衡的狀態，任何連結模式的改變都可能使整個系統呈現不平衡。為了防止這樣的情形發生，系統發展出一套機制來抵抗或抑制會威脅現狀的一些改變。這些觀念對於在其他工作角色裡提供嵌入式諮商的從業人員而言，格外重要；因為這樣的觀念提醒嵌入的諮商師，要能有效地運作並非只是能敏銳地回應諮商求助者的需求，而是額外地需要建立起一套情緒關懷的系統。

例證　Alison 是一位護士，她一直對諮商工作有興趣，且已經完成了可觀的諮商師訓練。她被指派洗腎中心的資深護士職務，為經歷過腎衰竭的病患提供服務。知道與腎臟疾病共處的病患會有的巨大問題和壓力，她預期自己能夠在新工作上表現她的諮商技巧。在從事這工作的前幾個月，Alison 與幾位病患發展出一個諮商關係，同時也對能幫助其中幾位面對解決困難的人生議題感到滿足。漸漸地，單位裡的其他職員了解了 Alison 的技巧，就會介紹其他有情緒或人際困難的病患到她這裡。她開始感覺過度負荷

了。當她請求在她這方面的工作有不受打擾的時間和經費來支付諮商督導者的費用時，她被指控說是「自視甚高」和「對病患承諾一個我們無法履行的服務」。她愈來愈感覺在這單位被孤立了，所以就開始尋找另外的工作。

　　Henry 是其中一位被 Alison 幫助過的病患。他的疾病導致他失去工作，軀體的改變也使他感覺身體無吸引力和無生氣，沒多久，因為他太太受到要扮演一個照護者角色的要求愈來愈多，兩人之間的關係嚴重惡化。Henry 感覺 Alison 了解發生在他身上的事，並以一種中立的態度協助他把問題談出來，同時指出他從哪裡開始能夠發展出比較有幫助和建設性的態度來面對他的狀況。當 Alison 告訴他，她可能無法再持續他們之間偶爾半小時的「談天」時，Henry「極為震驚」。但對於他或許能去看一個臨床心理師的建議，他暫時受到鼓勵，然而，他一聽到要在等待者名單中等九個月，他用「心煩意亂」來描述自己。

這一個護士的例子，說明了當從業人員開始回應服務使用者的諮商需求時，沒有進行充分的計畫和組織的基礎，可能會產生一些議題。在這個醫學單位，有一個組織良好的系統，這系統是以身體的照護為優先，然後對於病患的情緒和心理需求給予有限的時間。諮商的引進（對情緒和個人的議題有更多的注意）讓這個系統產生不平衡。同事同時感覺感激但又嫉妒那正在發生的諮商狀況；病患的期望也開始改變，將需要寄託在全體職員身上。這系統不是得改變（就是把諮商當作護士服務不可缺少的部分），就是這個「試驗」必須停止，來讓這整個系統恢復它先前平衡的狀態。

　　要產生嵌入式諮商工作，需要支持的網絡包含三個主要成分：

- **管理的：**是諮商角色管理層面的一種了解，需要資源（時間、金錢、空間）以能夠提供高品質的諮商協助和保密的特質（例如，不期待每一個諮商會談的細節都被記錄到案例筆記中）。

- **組織的：**同事對於諮商如何運作和可以達到什麼、時間和空間的潛在需要，以及所能提供的範圍（不期待「諮商師」可以處理每件事）的接受程度。

● **外在的：**適當地安排督導和諮詢，並對於需要更多特殊服務的人有適當的轉介管道。

可能需要相當多時間和資源的投資，來建造一個個人的和專業的支持網絡。比起一個人單獨努力試圖達到這樣的網絡，更有效率的是找到一群同事能分享機構裡諮商發展的興趣，共同朝這些目標努力。

專欄 5.2　準備好：對家庭暴力受害婦女的諮商

家庭暴力在大部分的社會中是主要的社會問題。證據顯示，特別是醫護人員通常都無法有效地發現家庭暴力，關於如何回應這類問題也缺乏處理的能力和信心。從受害婦女的角色來看，要向醫生或護士說出她們到急診室或意外中心尋求協助的真正受傷原因總有許多障礙。Rodriguez 等人（1996）為了解婦女對於從醫護人員那裡接受治療的感受，找來五十一位有家暴歷史的婦女進行焦點團體訪談。這些婦女描述出受暴婦女與其他社會成員（包含醫護人員）間的「不說的協定」，就是不要透露或提到她們所遭受到的暴力。一個婦女描述說：「我被踢，然後折斷了兩根肋骨……然後醫生問我怎麼發生的，我告訴他我從樓梯上摔了下來。」而幫助她們「打破沉默」說出真相的醫護人員的特質包含支持的和中立的、花時間傾聽的，以及透過眼神接觸、面部表情及聲音的語調顯示出同情和關心的。大部分婦女認為醫護人員若直接詢問關於受虐的問題會有幫助──但是，她們發現許多醫護人員似乎比較傾向迴避這類的話題。

反應 Rodriguez 等人（1996）的研究以及其他相同主題的研究文章，不同團體的醫護人員已投注相當多的注意在他們如何能將自己準備到最好，來提供一個有效的諮商關係給遭受家暴的男性或女性。例如，Glowa 等人（2002）已發展出一個訓練課程，能讓醫院的醫生在回應可能遭受家暴的受害者時感覺更舒適。Dienemann 等人（2002）也發展出一項工具來評量受到親密伴侶施暴的婦女之需要，這項工具是一頁檢核表，有一連串要勾選的問題（例如，事件發生的原因、關係的選擇、支持的有效性、受傷的醫療照護），這些問題需要被了解及說明，以便醫護人員能全面地回應求助者，從業人員在結束與當事人的會談時完成表

格。在從業人員對遭受這問題的當事人進行前線的嵌入式諮商時，表格上的項目擔任了良好諮商工作原則的提示。這個工具亦可作為計畫督導、諮詢和進一步訓練的基礎，以及作為現有資訊（轉介資源、自助網絡等等）的提示。

發展資源資料庫

　　嵌入式諮商的倫理工作（就像其他領域的專業活動一樣）意謂著必須了解個人能力的限制。當醫護或教育從業人員只能提供有限或間斷性的時間在尋求諮商者身上，或僅接受有限的訓練來回應生活上的問題時，準備好在需要時轉介求助者到專業服務機構是很必需的。要能很有效率地做這件事，就需要將當地所有的服務、它們提供什麼和如何接近它們的訊息整理好。此外，一些參與其護士或老師的嵌入式諮商而受益的人，可能也會從與這個諮商關係同時發生的一些額外活動中受益。有很廣泛的活動是求助者潛在的治療資源：自助團體和網站、閱讀、教會團體、社區活動團體、環境團體、參與學習和教育、義工等等。很重要的是記住，有效的諮商並非指當事人的問題可僅藉由與諮商師的會談或關係獲得解決；很多時候，有效的諮商可以包含支持當事人在他們的社區或個人的地位上，去找到其他可能有幫助的資源。一個好的嵌入式諮商師知道什麼是對他所一起工作的這群人有效，以及何時適合充當通往這些資源的管道。

結論

　　本章已經就做好諮商準備來提供諮商關係給求助者討論了一些任務與議題。這些因素有些在訓練課程中有涵蓋到，但許多並沒有。做好充分的準備是有效諮商極為重要的成分，因為透過小心的準備，一個提供諮商的諮商師可以

在情緒上和道德上感覺到充分的安全感。這是重要的——畢竟，誰要跟一個似乎不確定他們自己立場的人分享他們的問題呢？

省思與討論的問題

1. 花一些時間寫下你在諮商實務上的各種個人架構。你的想法的主要來源是什麼：諮商理論、在另一個職業或個人經驗裡的專業訓練？在這些不同組的觀念中，有衝突和緊張的部分嗎？例如，你主要的職業訓練與你現在所習得的諮商內容有任何衝突嗎？如果你知道任何這樣的衝突，你可以做什麼來解決這個緊張關係呢？

2. 本章已經探討了當準備要提供諮商關係時的一些需要考慮的因素。依據你自己的工作情境，你在這每一個領域中，準備得有多充分呢？在一個理想的世界中，你可以改變什麼來讓自己能夠提供更多有生產性的諮商關係給你的案主呢？

建議閱讀的書籍

關於準備好自己以從事諮商角色要具備什麼，最有深刻見解的討論是在：

Mearns, D. and Cooper, M. (2005) *Working at Relational Depth in Counselling and Psychotherapy*. London: Sage, chs 7 and 8.

在引用嵌入式諮商時，會出現包含法律因素之有用的討論議題，可參考：

Stokes, A. (2001) Settings. In S. Aldridge and S. Rigby, S. (eds) *Counselling Skills in Context*. London: Hodder & Stoughton.

有許多書籍是以從業人員在機構裡提供諮商的經驗故事為基礎。特別推薦：

Etherington, K. (ed.) (2001) *Counsellors in Health Settings*. London: Jessica Kingsley.

Reid, M. (ed.) (2004) *Counselling in Different Settings: The Reality of Practice*. London: Palgrave.

在以下兩份文獻的特殊議題中可以發現諮商脈絡的進一步討論：

Linda Machin and John McLeod (ed.) (1998) *British Journal of Guidance and Counselling*.

McLeod, J. (2003) *An Introduction to Counselling*, 3rd edn. Buckingham: Open University Press, ch. 16.

The Open University Press 發表非常珍貴的系列書籍，是關於諮商技巧在多種場所裡的使用——神職人員、緊急服務、社會工作等等。這些書對出現在不同組織場所的這類議題提供了介紹。

討論諮商中的文化差異議題的書籍有：

Lago, C. and Thompson, J. (1996) *Race, Culture and Counselling*. Buckingham: Open University Press.

Palmer, S. (ed.) (2001) *Multicultural Counselling: A Reader*. London: Sage.

Pedersen, S. (2000) *A Handbook for Developing Multicultural Awareness*, 3rd edn. Alexandria, VA: American Counseling Association.

一個從業人員探究自己的文化認同的精采陳述是在：

McGoldrick, M. (1998) Belonging and liberation: finding a place called "home". In M. McGoldrick (ed.) *Re-visioning Family Therapy: Race, Culture and Gender in Clinical Practice*. New York: Guilford Press.

6

創造會面空間

引言‧諮商空間‧價值觀‧信任和保密‧打開空間——回應同理的機會‧
對諮商空間設定實際的限制：時間和空間‧雙重關係的議題‧提供諮商空
間：從業人員的檢核清單‧關掉空間‧結論‧省思與討論的問題‧建議閱讀
的書籍

　　她的房間像什麼？嗯，它有點擠，而且小。很多東西散落在四周。她家人的照
　　片。她有十幾歲的孩子。一些生日卡。我們坐在舒服的椅子上。一般的國家健
　　康服務的規範。有些破舊，不過是舒服的。花瓶裡總有花。總有一盒面紙。她
　　對於我在那裡時不接電話或不許有人打擾的事很堅持——有一次，她直接責罵
　　學生，因為學生敲門打擾。感覺不錯。跟在醫院很不一樣。

Counselling Skill

引言

　　了解諮商會談不同於一般其他種類的對話是必需的。諮商關係之所以有幫助，是因它使當事人能在日常生活的行為裡，退一步來省思那個行為，之後，或許能重新決定以不同的方式來做事情。在戲劇裡，有時候主角會離開舞台中心，站到旁邊，然後省思地、誠實地和個人地與觀眾說話；這時主要舞台是不打光的，可能就只有一點聚光打在這位人物身上。一個好的諮商亦有一些這樣的效果。它發生在一個虛幻或特殊的場合，遠離實際的演出。在那個空間裡，當事人可以用不同於平常表現的方式說話或表現。

　　一個諮商空間需要兩種主要特徵：

- 一個界限——何時進入、誰可以進入，以及何時可以退出這空間，都必須很清楚。
- 什麼事可以在這空間發生的規則。

　　在專業諮商和心理治療中心，很多關於界限和規則的準備工作，在案主抵達前就完成了。案主可能會收到一張解釋諮商中心如何運作、對於諮商可以有何期盼，以及具保密性的傳單。案主會被給予一張預約時刻表，清楚說明諮商何時開始與何時結束。當諮商關係在不同機構裡（如醫院或案主家）產生時，界限和規則都必須被清楚地溝通來以現有的資源創造最佳可能的空間。回到戲劇的比喻，這跟街頭劇團也有相似處，這些劇團可以在各種不同的情境上演令人動容的劇碼。然而，即便是在一個正式諮商或心理治療機構或診所，諮商師絕不應在一開始就視案主或病患將充分了解諮商「契約」為理所當然——讓案主有機會問問題或重複要點總是好的諮商練習，尤其是當當事人以前從未接受過治療時。

　　一些受過專業訓練的諮商師和心理治療師相信治療空間或「框架」是有效諮商工作的重要因素，以至於他們只願意在一個標準化的環境做諮商，例如相同的治療室、相同的擺設，還有每週相同時刻的會面時間。這些諮商師不認為在很多因素都超過治療者控制的其他場合，有可能創立一個充分健全的諮商界限，例如在當事人家裡或病房。他們認為諮商關係應該在一個空間裡發生；在

這空間裡，當事人可以表達強烈的情緒和開始體驗以前被壓抑的行為模式，但因這些行為模式過往被壓抑住，故以一種有點失去控制的方式出現。他們認為一份好的合約和清楚的界限可以讓當事人（與諮商師）在強烈情緒和「行動」發生時感覺安全；這裡所描述的景象可說是慈祥但堅定的父母在幫助不受教的小孩或青少年控制他們行為的狀況。

　　本書所持的觀點是諮商在制式和契約式的情境中可以有效果，而在其他場合也可以是有效用的。敏感於個人的需要是很重要的。對於一位找到勇氣來探索他們小時受性虐待的經驗，及多年後這些經驗如何影響他們的生活的人來說，每週在諮商師辦公室會面的安全性就提供了一個可預期的架構，在這裡，議題和記憶可以一步步地被重新拜訪和提及。相較之下，當一位腎臟病患希望與他的醫生或護士談談他們因為生病而影響到他們在家中的角色時，他們就會想要在那個地點和那個時候與特定專業醫護人員有個對話的可能。

專欄 6.1　諮商可以在最不可能的地方發生：治療性的場域

　　若認為一個裝修美麗的房間、裡頭有兩張扶手椅，這就是唯一且一定是提供諮商最好的環境，那就錯了。在一本深刻且具教育性的書中，Sonja Linden 和 Jenny Grut（2002）描述由受虐待醫護基金會所贊助，在倫敦實施的心理治療工作，這組工作人員在超過二十年的時間，已與數十個逃離家園且受過令人難以想像的殘酷虐待的家庭工作過。對於坐在一個房間、向一個來自不同文化的治療師談他們的經驗，對他們大部分人而言，在諸多理由上都可能是個很困難的經驗。相反地，醫護基金會運用分配照顧園區的方法。在這些空間中，被驅逐出家園的這些人與他們的家人一起清理土壤、種植物——其中一些植物是從他們家鄉來的，而另一些是從英國來的。這些參與者一起創造了一個記憶的花園，來記憶他們那些無法逃出來的朋友、同事和家人。隨著他們在田園裡工作，諮商師也會與他們一起工作，並且找尋時間來談論他們過去被破壞的生活和逐漸成長的新生活。這樣的園藝經驗結合活動（如整地、播種、保養護欄、季節、陽光和黑暗、植根、死亡等等），讓和平、反省及豐富的隱喻時刻產生。這方式顯示出諮商的空間可建立到另一個活動中，其可以加深關係、連結和創造意義的可能性。

本章考慮了創造一個可供諮商的空間所包含的內容。這是以第五章所討論的諮商前的準備工作為基礎，包含諮商師個人準備就緒，以及諮商師在所屬的組織環境中，為讓諮商關係成為可能而所做的一切事情。

諮商空間

諮商技巧的合作任務模式指出，在當事人遭遇了生活上的問題，而他們無法利用立即可得的資源來協助他們解決時，他們就會尋找一個他們可以退離那問題並省思如何能以最佳方式解決的空間。這樣的空間可能有很多種形式：在鄉間散步、進入小說和心理書籍的敘說世界，或找到信仰所在。諮商關係所代表的正是這種在現代文化中可得的「治療」或「省思」空間。但這是一種怎樣的空間？還有，是如何創造出來的呢？

當想到諮商空間時，有四個面向是一定要考慮到的：

- 空間的目的——要做什麼？
- 這空間裡存在的個人關係。
- 建立場景——這空間裡物質環境的品質。
- 價值——這空間裡道德的重要性。

諮商空間是設計來讓特別的會談產生的，在這樣的會談裡，諮商師和當事人各有一個從不同的觀點看「問題」的立場。

在實務上，諮商空間讓當事人所感覺的，是與一個諮商師角色相處的時間。當事人對他們的諮商空間的記憶通常是諮商師的形象、聲音、他們所說的話、外表，以及他們會面的地方。他們之後回想起這段諮商插曲，可能會結合他們對諮商的目標和與諮商師之間的關係一起陳述。例如，「那就是我與 Jack 談論到我的悲傷的時刻。」因此，諮商空間的成功與否與當事人和諮商師之間的關係強度有很大的關係；這主題的諮商關係在第五章有較完整的探討。

有技巧的諮商師一定盡可能在與當事人會面前做好所有可能的準備工作。因為這樣的準備工作並非是針對當事人的特性，所以擁有一份轉介信或同事告知「某某先生現在是沮喪的」的消息，並不特別有任何幫助。因為那樣的

訊息能在當事人不管怎樣都要傳達他們本身的訊息時獲得。故所謂諮商師的準備工作，是在能聚焦當事人所說的觀念之下，準備好接待；同時，在諮商結束後能有支持、諮詢和監督的方法。任何執行諮商角色的人都必須為他們的當事人可能需要表達強烈情緒，或重述悲劇或痛苦故事做好準備。見證到強烈情緒和嚇人故事，不可避免地會對諮商師或助人者產生影響。在諮商師心情好時，要聽這些悲傷事都令人難過了，更何況，若聽的人知道他們將保留住這些因故事所產生的情緒而沒有任何支持，他們可能一開始就會避免進入這樣的領域裡。故諮商關係的準備工作是與諮商事件發生的所在組織環境相關的，專業諮商或心理治療機構設立的目的，就是盡可能提供讓諮商關係可以發展的理想環

專欄 6.2 ┃ **找到一個空間來創造那靜止的時刻**

　　執行諮商角色的人，試圖要對當事人所提出的問題找到解決方案或答案，這是可以理解的傾向。然而，把諮商當成是一個空間的想法，反映出一個假設：或許有時讓當事人進入一個空間，在那裡沒有一定要做什麼或達成什麼的壓力會是有幫助的。Ronna Jevne（1987）將這種時刻描述為「寧靜點」（stillpoints），同時也寫出這樣的時刻在她與罹癌患者一起工作的經驗裡的重要性。她描述她作為一個諮商師的目標，就是要讓當事人可以在威脅中「經驗一種平靜和力量的感受」（p.1）。在那樣的狀態下，病患明瞭他們的資源並且「有力量來處理任何需要做的事」（p.12）。Jevne 建議一些問題，可以幫助當事人確認他們擁有找到那寧靜點的潛力。這些問題包含：「你能回想出一段你曾經感覺一種內在強烈寧靜的時候嗎？」；及「在將來，你若想擁有這樣的寧靜時刻，有哪些因素對你而言是必需的？」她又補充，在她的經驗裡，「這樣的過程主要是仰賴這名協助者本身達到這樣一個寧靜點的能力」（p.8）。Jevne 認為，寧靜點的創造基本上是無理性的活動。這樣的活動讓當事人與藝術、文學、精神與自然連結。在另一篇稍後發表的文章中，Jevne 等人（1998）也描述了在對癌症病患的諮商階段裡，那些「平靜和力量」的時刻可能會有幫助。然而，這種寧靜點對所有形式的諮商，在顯示出諮商空間的重要功能時都有含意。有可能大部分使用諮商的人都要一些協助來維持內心的寧靜，而這樣的時刻就是他們在諮商中所要找尋或需要的。

境：有時間、一個安靜舒服的房間、來自諮商師的支持和監督、明確的保密界限，以及情緒表達的接納等等。在其他的組織場合中，例如醫院、學校和社區中心裡，願意回應案主諮商需求的工作者必須事先設立一個他們可以運作的界限，以及幾乎能創造一個適合那樣場景下的諮商模式。

在任何形式的諮商中最有幫助的面向，是它提供了當事人一個安全的空間，在那裡，他可以說任何想說的話，同時是與一般生活的日常慣例、規則和期許分離的。當事人進入諮商空間的目的，是要省思每天生活中所發生的事。當諮商關係發生在專門的諮商中心以外時，諮商師或助人者的主要工作就是要建立場景——也就是組裝一個讓有意義的諮商會談可以進行的地方。這任務的部分工作包含：第一，口頭上確認雙方都同意離開他們所參與的任何其他任務，現在彼此都要專注在探索當事人所提出的生活問題上；第二，是注意這實質會談進行的物質空間，例如，其他人是否會聽到？創造空間的第三個任務是全力以赴以建構一個界限，包含同意保密的限制、諮商的長度、進一步會面的可能性，以及助人者的角色。製造一個空間的能力也包含知道如何在會談的結尾關掉這個空間。

價值觀

諮商空間的一個重要面向與價值觀這個議題有關。諮商的一個基礎技巧就是要能夠創造出短暫的道德場所，在那裡，當事人可以用不同的面向來評價自己。當諮商空間可被定義為一些具體的因素，例如一個特定的時間和地點，以及諮商師和求助者之間的關係，了解這空間也需要有一些較少具體的組成：包含一套獨特的精神特質也很重要。這很重要的主要理由就是在大部分的情境下，求助者就是被責備和批評（來自於自己和其他人）所包圍。而為了要解決這個問題，當事人必須有一個機會來離開這個一直滲透在他們的問題討論裡的負面道德歸因，而以一種新的觀點來看它。就效能來看，在諮商空間裡，諮商師就是要試圖進行一個以當事人正向能力裡的核心信念為特色的會談，以找出及實行解決方法，讓人可以擁有美好的生活，而不是一個以個人的缺點和弱點之信念為前提的生活。

一些諮商的核心價值觀包含：

- **對當事人的深深尊敬**：每個人都是有趣、有價值和可愛的。當事人是能認知的，而且是值得認識的。這種道德觀點可以用這樣的說法來表達：「上帝在每個人的內在」、「每個人的生命就像一本小說」和「每個人都是英雄」。

- **肯定和真實**：每一個人都努力在他們發現自我的所在情境中做到最好。當事人所做或所談的每件事都是必要的：這就是他們需要的方式來處理事件或情境以保持自己的完整。在一切事情的背後，人們總是試著在他們的生命中實現自己，然後盡他們最大的努力來為他人著想。每個人都在追求發現他們自己的「真理」和「美麗」。

- **包容性**：諮商並非是在認為當事人是有問題的前提下運作的。當事人不被視為是不同或不正常的「外人」；人與人之間總會努力找尋共通的人性聯繫。貼標籤（例如，在精神病學裡所使用的）和成見（在社會範疇裡所使用的）都與諮商價值觀相衝突。

- **人們是關係性的生物**：身為人就代表生活在與他人關係的網絡中；每個人都需要被他人接受、尊重和愛。若沒有他人的支持我們無法過活；我們是彼此互相依賴的。任何生活上的問題都有很強的人際關係成分。

- **人們會成長**：我們是誰及將來會成為什麼是一個發展的過程。隨著我們愈來愈老，生命會有不同的挑戰和任務；不論這些挑戰被認為是構成一系列可預測或「正常」的階段，或者是比較個人的，這些挑戰都必須被提出和處理。任何生活上的問題都有成長的面向：幫助人們處理這個轉換過程是諮商工作的重要部分。過程的觀念也是在一個時刻接著一個時刻的基礎上運作的：當事人在剎那說了或感覺了什麼，都只是這成長過程的一部分而已——他們的想法和感覺將不可避免地會改變。

- **人是反思的**：我們是自我詮釋的生物，擁有查看自己和監控自己行為和意圖的能力。

- **所有人在自己的生命裡都是專家**：這個價值觀聲明是來自於之前提到的對人們的深深尊敬，同時也與一種和他人關係的態度相關；這種態度認為使用人際的控制、強制和說服等手段，是破壞大眾利益的。

- **現實是被建構的**：人們用不同的方式知覺和了解一些相似的事件。在人類的事件中，沒有所謂的「客觀」、固定的事實存在。任何諮商師的主要任務之一就是「進入」另一個人所知覺的存在事實，並具同理心地參與那如同當事人經驗的他們的世界。個人或社會兩者的現實或世界都是經由說話和語言所建構出來的。因此由諮商師建造關於他們的假設觀點而言，諮商師必須敏銳於當事人「建構」他們生活中所遭遇的問題的方式。總有看問題的不同方法：其中有些方法或許有化解問題的效果。故要體會一個人如何對事件做理解，根據此人的生活來了解這事件的脈絡是必需的。

- **人們是具動力的**：外在的社會、經濟和物質的環境，以及我們的基因／生物系統，定義和限制了開放在我們面前的可能性。雖然如此，在同時總有選擇及改變的可能性；身為一個人便包含了做選擇和負責任。

- **人們是表達的**：意義是藉由感受和情緒被傳達出來。感受和情緒是身體的訊號系統，用來告訴一個人外在世界的人和事對自己有多重要。情緒指出此人正導向怎樣的行為（例如，愛指向更親近，而害怕表示更遠離）。諮商絕不可能是完全理性的活動，問題解決的方式是：它總牽涉到參與某種情緒過程。

- **身為人就要在存在的兩難間掙扎**：我們生活中所有基本的問題是我們努力地要與一些人類經驗（例如關心、愛、目的、真實、責任、信念、時間和死亡）之基礎面向的意義做接軌，換句話說，我們被我們所致力的「更大的意義」或「更大的形象」所指引，而不是物質上的酬賞。

藉由思考人們所居住的及產生生活問題的每日世界中的某一些現實面向，就會比較清楚地了解這套價值觀的重要性。首先，必須了解現代工業社會中大部分的人們與以前的人不一樣，已經不再完全存在於一種特定的信念系統或思想體系的常規和教義裡，如基督的、回教的或共產的。即便一個人將自己主要定位於這信念系統中的其中一個，也幾乎不太可能避免被其他價值觀或規則所影響。傳統的文化在單一、全含的信念系統中運作，提供解決生活問題的方法，這些方法已被併入宗教的儀式和實行中，例如禱告、懺悔和精神上的引領等等。相反地，以擁有多元價值系統為特性的現代文化，必須提供能解決這

專欄 6.3   表達肯定的價值於助人中:「天賦」的語言

　　要在專業角色的諮商實務裡顯示價值觀,有一種很實際的方法,就是透過對語言使用的注意。社會哲學家 Kenneth Gergen(1990)寫了關於許多醫護人員採用「不足的言語」—— 一種傾向將他們對案主的了解,或和這些案主談天時會用一種描述他們的語言,就像他們有什麼地方不對勁似的,如同他們是一個需要被修理的壞掉的機器般。他們使用像「邊緣人」、「失功能的」或「上癮的」等字眼,這些詮釋全都貶低被談論者的價值,這些話語將人描繪成缺乏力量和資源,並暗示著僅對他們的缺陷方面有興趣。一個由加拿大大不列顛哥倫比亞省的公共健康護士所進行的計畫中,說明了一個更具鼓勵性質的價值態度如何經由故意改變語言的方式取得。這些護士決定要將一種「天賦的語言」併入他們工作中的所有層面。Kinman 和 Finck(2004: 234-5)將這種方法定義如下:

　　(我們)進入每一種情境都帶著一種態度和精神,那就是接受人們或團體,把他們當作懷有天賦的實體。即便是當人們或團體在會談中被缺陷和問題所充斥時,從業人員還是將她的工作視為一種凸顯豐富並接受那豐富為提供營養和治療的天賦之果實。……任何形式的「人性服務」中,都包含了社區和從業人員間的合作,也包含了一連串的天賦交換的循環。

　　其中一個護士描述了她如何因為採用「天賦的語言」,使她對一個曾在藥物濫用中掙扎的年輕女子所用的方法有了重大的不同。

　　我去看一個媽媽。她所有的小孩到那時為止都在政府的照料下,但她剛剛才帶了一個她的新寶寶回家。她對於自己有這個小孩感覺無比的驕傲。那幾乎是一年前了——現在是因為她剛搬回了這個區域,所以我又跟她連絡上了。然而,當我去看她時,我坐在車裡,發現自己有缺陷的思考。當我進入她的房子時,我了解——不行,我要做的就是進去那裡,期待了解她,然後聽她過去一年來的故事。畢竟,過去這幾個月,我並沒跟她連繫過。所以,相反地,我就以只因我想明白她的想法進去,然後,我發現她有這麼多精彩的事情告訴我。當我進到這個家時,我見到這九月大的嬰兒在公寓裡到處走動,

┌───┐
│ **專欄** **表達肯定的價值於助人中：「天賦」的語言（續）**
│ **6.3**
│
│ 幾乎對什麼都感興趣；所以我指出我注意到的一些事——他的好奇、他的
│ 腳步很穩，還有他對世界的好奇。她說：「喔，是啊，他確實對世界很有興
│ 趣，因為我從未將他放進小孩的遊戲籃裡，我知道他必須認識他的世界，我
│ 就是這樣感覺的。」這是一個因為毒品問題而失去她所有其他孩子的媽媽，
│ 但她現在感覺她的寶寶必須知道他的世界。我是說——這真的很美。所以我
│ 接著說：「喔！那是妳發現的一件很棒的事。現在看他只有九個月大，但他
│ 已經可以走了……是妳做到的！」我知道我若以與在車中相同的缺陷想法進
│ 到前門，我們絕無法達到那情境。我將不可能聽到像「我做到的」和「他必
│ 須去發現他的世界」一類的事情，或所有她告訴我的事了。我感覺充滿能量
│ 地離開了。
│ 　　　　　　　　　　　　　　　　　　　　　（Kinman & Finck, 2004: 235-6）
│
│ 　　Kinman 和 Finck 透過立法、機構的階級形式、形式和責任程序的設計，以
│ 及每天的例行公事，討論出缺陷語言進入醫護、教育和社福專業人員的實務中的
│ 許多方式，他們認為對天賦語言的託付是不容易的事，並由於一些存在於工作中
│ 的根本假設，需要批判性思考。
└───┘

非單一的思想體系或信念系統所引起的生活問題的可能性。然而，生活在一個
多元的價值系統裡，可能會引發對於道德議題選擇上的不確定和困惑。諮商提
供了一個空間，使個人每天生活議題中的某些道德難題至少能得到解決。諮商
之所以能做到這樣，是利用談天的方式來談論一些議題，而這些議題是一直奠
基於一些對人性的美好和潛力的簡單假設上。諮商可以被視為一種「應用道德
哲學」，這哲學跟永遠的真理（例如，上帝真的存在嗎？）無關，但與每天實
際地做決定有關（在這樣的情境下，什麼是我該做的？）。

　　這組價值重要性的第二個面向，是很多人發現諮商價值觀被揭露是一種自
在、令人振奮的經驗。回頭讀以上所列的價值觀，並認出流行在我們文化中的
替代價值陳述是容易的，例如「有些人是不值得認識的」、「我們的生命受到
超越我們所能控制的力量所決定」，以及「人性本惡」。儘管這些（和其他）

替代的價值態度是流行的一部分，但是它們運作起來就像一個牢籠，讓人無法擁有真誠和尊敬的關係。

這裡所描述的價值觀可以用一種廣泛地「人性的」普世價值來了解。人性的價值觀在西方社會過去兩百年裡已代表了一個道德思考的核心面向。若將人性價值簡單地與人性心理學領域中，如 Abraham Maslow、Carl Rogers、Charlotte Buhler 和其他人所描述的人性心理畫上等號，就會是個錯誤。人道精神是一個更廣的哲學和道德觀點，這觀點在文學、藝術和政治都可找到。人道主義本質上就是奠基於對人類的內在價值的尊重。了解其他文化背景的人也許不能分享這些價值觀是重要的；同時，也必須了解到其他存在於西方社會本身的道德價值系統。例如，以上所列的價值觀與物質／消費的價值觀、科學／理性的價值觀，或激進的宗教價值觀的許多面向都是相衝突的——對某些人來說，它們全都是重要的，是要過一個好的生活的指引。

人性道德的準則在諮商中被表達出來會導致「道德場合」的建構，這與一般日常生活相當不同。對於很多使用諮商的人來說，諮商空間中最強有力的面向是來自於傳統的道德判斷和責備的懸浮，這些可能在其他時候控制著他們的生活。少數諮商師會願意和尋求他們諮商的當事人進行一場抽象的道德辯論。然而，大部分諮商師會對當事人可能做的敘述裡的用語（如「必須」、「應該」或「需要」）有高度的敏感度；因為這些字眼說明了當事人是以一組固定規則來定義自己，而不認為個人的行為是可以溝通和共同建構的。有效的治療性會談提供了一個地方讓責備終止，因此允許所發生的事情、當事人的意圖、感覺和希望的錯綜複雜事件，都能夠細緻地被探索出來——責備讓探索變得不可能。

諮商的價值觀藉由諮商的組成方式傳達出來：自願性的、保密性的、會談的時間、求助者對會談的主控權；這些架構對當事人的價值在於自己有能力發展改變等等的信念上發出了強烈的道德訊息。價值觀也由諮商師所說的傳達，例如，諮商師努力地了解當事人及發展分享的語言，持續強化了「你是很重要的」、「我尊重你自己找到解答的能力」、「你是一個專家」等的觀念。

很有可能那些在諮商師的角色中感覺很自在和有效的人，就是那些在他們自己的生活中，找到人性價值的意義和展現的人。從諮商師的觀點來看，諮

商價值觀的重要面向就是接納另一個人的能力。對諮商師而言，當他們擁護的宗教信仰是譴責某類的行為，例如婚外情、同性戀或自殺等等，接納就有可能是困難的。假如諮商師擁有這樣的信念，卻與一個假設是同性戀的人做諮商服務，這時要提供一個安全、沒有責備的諮商空間可能就很困難。很多會從事諮商工作的人本身就曾經在他們的生命中經歷過道德重新評估的過程，所以會對價值觀議題擁有敏感度，且堅信他們所理解的無指責和強化生命的關係是非常有用的。

信任和保密

　　大部分時間，上一小節所討論到的道德議題，在諮商裡，都是在遙遠的隱蔽之處。人們來諮商通常不是來談論哲學的，他們是要徹頭徹尾地把事情談出來然後做歸納；因此諮商的道德層面之覺察大部分是諮商師的事。例如，在諮商訓練裡，記錄和寫下扮演諮商師角色的對話，然後將對話讀出，來找出每一個參與者所信奉的道德立場，會是相當有用的。至於尋求諮商的人，最在乎的價值議題就是信任和保密。信任是一種只能藉由運作真誠和一致的立場而建立的特質。而保密，則是在諮商空間一開始被建立時（或甚至之前，例如，當從業人員正提供傳單或其他關於他們諮商角色的資訊給案主時），就要被提出公開明講的。求助者需要知道他們說出來的訊息將會被如何處理，他們也必須知道保密的限度——例如，當有危機時，諮商師有義務做什麼。

打開空間——回應同理的機會

　　對於諮商角色嵌入於對案主或病患的專業責任裡的從業人員來說，最敏感的議題之一，就是要知道何時或是否他們服務的對象正處於要談生活問題的狀態。就如第五章所說的，做好嵌入式諮商的必需要素就是要全然的準備，所謂的準備可能包含提供資訊給當事人——不管是口頭上或是以傳單形式，以告知提供諮商的可能性，這麼做會讓當事人採取主動且明確地要求一些時間把事情談出來；這是對於在專業角色裡從事諮商工作而要協議出一個諮商空間，最令

人感到滿意的方法，因為這樣的做法使諮商是當事人確實想要的可能性達到最大限度，同時確保諮商的參與是完全自願的。然而，在許多情境裡，當當事人與從業人員間的接觸主要為實際的照護或學習任務時，或許在時間的壓力下，會有很多因素阻礙當事人公然地請求諮商服務。當這樣明確的諮商要求不在當事人身上時，諮商師需要了解在他們之間的例行性互動中，這樣的機會何時出現，或故意去製造這樣的機會。

在關於求助者與提供服務的從業人員（老師、護士、社工）的討論課程裡，很有可能會有一個顯著的重點放在一組專業任務裡，例如在學生作業上寫評語、開處方，或檢視社會福利權利。然而，在這討論裡，有時可能會有人以口頭或非口頭方式表達情緒、避開某種話題，或講出實際上與任務無關的個人資訊；這些時刻都可以被視為諮商會談的潛在機會。把這樣的事件視為是同理的機會可能會是有用的。在效果上，當事人已經表達了某事，這能讓從業人員多獲得一些進入權進入當事人的私生活或他所關注的區域。為了要維繫同理的機會，以一種承認這件事對當事人重要性的方式，來回應已被傳達出來的訊息可能有用（「我注意到當你在談這件事的時候，你的眼睛充滿淚水。我感覺到你對發生的事情感覺很糟……」）。假如這樣同理的回應被當事人接受作為一個有幫助的介入（「是，這是很糟的！」），之後就有可能前進一步並詢問當事人是否希望能談他們所擔憂的事（「若我們談一下你現在的感受，你會覺得有幫助嗎？」）。

另一個引導產生諮商空間的策略，就是特定詢問關於個人的議題和感受。例如，當醫生告訴病患一個壞消息時，或許會停一些時候，然後說：「我知道我所說的事對你來講很難接受。我了解若有人告訴我我有癌症，我一定會感覺害怕和困惑，或許還有很多其他的感受……我在想你是不是也一樣呢？」一個正與學生一起做地理計畫的老師，知道學生在家裡有些問題，可以慣常地問說：「在我們結束前，我只是想知道你覺得家裡如何……我並不是要把焦點放在你身上。如果你不想談，也沒關係。只是，我很關心，如果我可以幫上點忙，我很樂意。」

嵌入式諮商最重要的能力就是要能發展出一個方式來打開諮商會談的空間，那是適合所服務的個案群、從業人員奠基的組織場景，以及從業人員本身

當諮商嵌入其他專業角色時：使用同理的機會來了解諮商的回應是否適當

專欄
6.4

　　對於諮商功能嵌入其他專業角色的從業人員來說（如醫護人員或老師），要知道案主或服務使用者是不是在找機會來談個人的問題，或他們是否足以快樂地持續主要的任務（如護理照顧或學習），可能是困難的。近年來，一些研究醫病互動領域的人發展出有用的方法來決定是否有要諮商介入的暗示。這些研究者已經在探索這個想法——在諮詢中，病患會展現給他們的醫生一連串的同理機會。在與醫生會面時，病患最主要會報告相關的醫療訊息，通常都是在回應醫生所問的問題。然而，病患有時可能會有關於個人擔憂方面的示意；這時，醫生是否能注意到這同理的機會並藉此發揮，就是醫生的問題了。以下就是一個由 Eide 等人（2004）在研究罹癌病人和腫瘤醫生之間的諮詢時的例子。

病患：我以前聽力就不好（給醫療訊息），但我現在聽力更差了（給醫療訊息），以至於我發現當他們對我說一些事時，我的聽力幾乎沒作用（潛在的同理機會）。

醫生：很多聲音……

病患：我走路時都會帶一個有聲音的手錶（給醫療訊息）。同時，我家裡的小孩也會製造很多噪音，但我根本聽不見它們（給醫學訊息）。

醫生：不，我有聽到（笑聲）。

病患：是，當然，你聽力好啊。但我什麼都沒聽到。所以這就是我最大的殘缺（潛在的同理機會）。

醫生：是，或許會有改善，我不知道是否會恢復正常，但是我想現在說這太早，才剛動完手術……

病患：是，我以前也有這樣的狀況，因為化療的緣故（給醫療訊息）。

醫生：是，化療，而不是手術的關係，但這化療……妳感覺如何……妳的腳感覺如何？

病患：是啊，我感覺我的腳很緊，所以……（給醫療訊息）。

醫生：是啊，我想這狀況會改善。當然不會跟以前完全一樣，但是會更好。

病患：那是在我的腳和手。我可以接受（給心理社會方面的訊息）……但我耳朵裡有聲音（給醫療訊息）……如果我在會議裡，我要非常的專心，所以當我回家後，我就……就相當的累（同理的機會）。

專欄
6.4

當諮商嵌入其他專業角色時：使用同理的機會來了解諮商的回應是否適當（續）

　　在這段摘錄裡，研究人員將潛在的同理機會定義為「從病患的敘述，可以推斷未被明顯表達出來的情緒」，實際的同理機會被定義為「病患直接明顯的情緒表達」（Eide et al., 2004: 292）。在本案例裡，醫生未發現病患在對話一開始時提供的潛在的同理機會，而只專注在醫療的看診問題上。接近會話的結尾時，病患轉而用更明確的方式來表達她在意的情緒議題。

　　Bylund 和 Makoul（2002）探討了男性和女性在表達同理機會，以及醫生對他們的回應的差異。他們發現當男性或女性病患展現了相同次數的同理機會時，女性通常會用更多的情緒強度來表達她們個人的擔憂，他們也發現女醫師比男醫師更容易回應這些同理機會。此外，這研究也顯示，儘管這些醫療諮詢裡的病患傾向主要談醫療的問題，在大部分被觀察到的醫病諮詢裡，有許多清晰明確的同理機會，在那些時刻裡，病患傳達出想要談個人議題和擔憂的事。

　　這主題的進一步研究是重要的，特別是增加我們的知識，知道醫生或病人的觀點，對於在醫療諮詢期間，他們表達情緒的時刻會發生什麼。雖然如此，似乎同理機會的觀念對於從業人員而言是很有幫助的，可以做為方法來確認求助者希望有個空間提供給他們表達個人的感受和擔憂的時機。

　　的個人風格。如上所述，有很多策略能被使用，但這些策略的實行端賴許多的因素。例如，在一些情境裡，或許最好等到會面結束再問個人的議題，讓當事人不想談他們的擔憂時有一個下台階。前例中的老師了解到他的職業具權威性，所以不想製造出讓學生感覺到必須談自己家庭生活狀況的壓力。另一方面，一個家庭醫師知道病患已經在待診室等待一段時間了（而且隨著每分鐘的過去，愈來愈不耐煩），同時，他可能覺得若延長其他等候者的等待時間會不公平，所以可能會希望在一開始有同理機會時，就抓住它。

對諮商空間設定實際的限制：時間和空間

　　一旦發現諮商空間出現，指出有多少時間是必需的。這可能會包含這樣的

敘述，如「如果你願意的話，我們現在可以稍微談一下」或「現在到下一個約談前，我有十五分鐘，這樣的時間足夠開始來談談發生在你身上的事嗎？」在某些狀況下，問一下當事人他們現在有多少時間可用是必需的：「我們的對話可以再持續一些時間嗎？這樣我可以多了解一下你所處的情況。」諮商師必須避免的情境就是因為行程延後而開始分心，或因為他們沒有時間而斷然結束會談。另一個有用的指示時間界限的方式就是指出「我們現在只剩幾分鐘」，或使用像這樣的說法：「我們今天必須快點結束」，然後提供一個剛剛說過或已經同意的行動的簡短摘要。很多東西可以在幾分鐘內談到——如果談話的人知道那個空間在那時是他的。人們知道像醫生、護士、老師和社會工作者等專業助人者都是在時間壓力下工作，所以通常會接受在時間範圍內所能提供的現實狀況。

另一個關於建立可運用的空間來諮商的實際考量就是要注意物質空間。要營造一個適當的空間，包含了座位的安排、鄰近度、確定聲音不會傳到別人那裡，以及喝的水和面紙是否足夠等都有很重要的關係。私營的諮商師和心理治療師所準備的遠超過這些基本的物質考量，他們也深思怎樣利用燈光、柔軟的家具和藝術來營造正確的情緒氛圍。在諮商師也執行其他角色的情境裡，如老師或護士，這種環境的控制就不太可能了。雖然如此，樂意提供治療關係的部分準備工作就是包含找出最好的場所——不論是在學校或診所裡，在那裡，個人的和情緒的會談就可以安全地進行。很多嵌入式諮商的從業人員會面臨的一個問題就是在案主家中會談，然後要找出一些方法來製造一個適當的空間，這時可能旁邊的電視是開著的、有其他人在旁邊，甚至可能有一隻長尾鸚鵡在房間飛來飛去。這樣的情境下，從業人員可能就需要向當事人解釋必須找出一個隱私且安靜的空間的理由。

雙重關係的議題

常常在專業諮商師和心理治療師的訓練裡受到許多注意的主題，而且也在這些行業的專業道德準則裡常被強調的，就是諮商師和案主間雙重或多重關係的議題。雙重關係是指諮商師有一些其他角色或與案主在諮商時間外有任何其

他接觸的情境。這樣的接觸範圍可能從社交場合的不期而遇，到一起工作的同事關係變成朋友或情侶的關係。整體說來，被認為標準的常識是這樣的雙重關係在諮商和心理治療的專業中被視為是禁忌的（Pope, 1991; Gabriel, 2005）。儘管這是一個複雜的情境，因為有很多不同形式的雙重關係可能會發生，但大部分治療師在接近有可能會引起任何形式的雙重關係時都會極為小心，這歸因於三個主要因素：

- **對案主剝削的危機**：治療關係必定是單方面的，在那樣的情形下，治療師會知道很多關於案主的事，同時當案主可能脆弱的時候，治療師是具理性和控制的，治療師因此對案主就有某種程度的力量，並且會是在一個很有影響力的地位來操控案主成為朋友或情侶，或為他們做一些事——如果他們想要如此做的話。在這些情境下，案主可能變得情緒性依賴治療師，且會認為自己很特別——被治療師挑選出來成為朋友。禁止雙重關係就是一個消除或至少減少這種剝削的明顯策略。

- **保密的威脅**：任何諮商空間的重要特質就是它是安全的：當事人可以說他們要說的任何事（除了他們所說的可能會引起傷害自己或他人的危機），而且可以確定他們所說的不會進一步傳出去。特別是求助者會在意他們對諮商師所說的話不會再回傳給他們，意思是說，不會傳到他們的家人、朋友或同事的耳裡。這樣的脈絡下，任何諮商師或心理治療師與他們的案主在治療時間外的任何其他接觸，都會引起治療師可能把話說給其他認識案主的人聽的危險，這樣就會破壞了對治療空間的信任。

- **使用案主—治療師關係作為洞察和學習資源的能力**：在諮商和心理治療的心理動力或心理分析傳統中，心理治療工作的主要領域之一在於理解案主對治療師的反應（這就是所謂的案主對治療師的移情）。這假設是說，隨著時間的過去，案主會將童年時期所形成的情緒和感受的模式，以及未滿足的需求，投射到他們的治療師身上。例如，若案主一直覺得治療師是在批評他們，這樣的模式可能源自於過往當事人被父母嚴厲對待的經驗。這個觀點的價值在於讓治療師將案主的注意力拉到這個失功能模式，如同他們發生在實際的治療情境中。然而，當治療師以中立方式且沒有表達太多他們個人的個性給案主時，這個治療策略會有最佳的效果（回想 Freud 的

病患是如何躺在一張沙發椅上，而這偉人就坐在他們的頭後方，病患是看不見他的）。如果案主在其他情境認識治療師，這種治療過程的力量就會被削弱。例如，如果案主和治療師是同事，然後案主指控治療師很愛批評，治療師就很難決定案主的敘述是否來自於移情，或實際上只是反映了在廣泛的場合裡，他們對治療師的看法。

因此我們可看到有包含道德上（剝削和保密）和技術上（精確的移情闡釋）的理由，來解釋為何要努力讓諮商師—案主關係免於雙重或多重的角色的糾纏。這技術的要素（移情闡釋）只適用於使用心理動力或心理分析取向的從業人員。然而，因為心理分析在心理治療世界的聲望（最早的治療形式、最久的訓練、Fread 被視為文化偶像），這種論點容易影響不使用這種取向的其他治療師的態度。

最近幾年，雙重關係的禁忌已經有緩和的趨勢〔最近對此議題的討論可以參考 Lazarus 和 Zur（2002）、Syme（2003），以及 Gabriel（2005）〕。愈來愈明顯的是，這種專業所採取的立場已經受到渴望去避免對案主財務和性剝削的過度影響，故這種全面禁止雙重關係的態度已經讓從業人員和案主在雙重關係對案主沒有傷害，甚至是有幫助的場合下難以開放。在專家、長期諮商和心理治療的領域裡，有些場合的雙重關係是不可避免的。其中之一是鄉下的社區，在那裡每個人都認識彼此。另一個相似的場合在男同性戀、女同性戀和雙性戀者的社區，在那些社區裡，要案主去找一個並沒有進入與他們相同社交圈的「局外」治療師是不可能的。例如，著名的美國女性主義治療先驅 Laura Brown（2005）曾經很敏感地寫下在她的城市裡，她一度成為唯一的女同性戀治療師所面臨的道德挑戰。近來所發表關於雙重關係的主題是：有效的諮商可以發生在雙重或多重角色關係脈絡，只要從業人員願意與案主討論這項安排的長處和缺失，並使用督導和諮詢當作一種方法來檢視實行的完整，且對他們決定要做的事有探討任何非預期的結果。

諮商工作嵌入其他工作的從業人員角色，就代表了一種特別的雙重關係，這在文獻中並沒有廣泛地被討論。任何這樣的從業人員通常就已經是在一組正

式的道德準則裡運作，那些準則至少與諮商師和心理治療師所擁護的道德架構一樣嚴格，而且受限於一種強有力的非正式、不成文的規定，約束了他們與案主、服務使用者和病患的關係。對服務使用者的剝削或濫用該保密的資料，在所有專業團體裡都是被嚴厲指責的。移情闡釋的議題則不太可能會代表嵌入式諮商從業人員的主要考量，因為這些從業人員不太可能會想在他們的工作裡採用心理動力取向。如果他們以心理動力的方式工作，這最有可能發生在工作小組已經先行採用了心理動力模式──例如，在精神病患康復中心或在心理失常青少年住宿中心──會有同事支援他們以解決處理案主移情時多重角色的錯綜複雜之處。

雖然如此，每個提供諮商關係者都必須了解到雙重關係潛在的危機。任何諮商關係的主軸就是求助者願意打開心門，然後開始談一些痛苦、丟臉、困惑和令人沮喪的事；若將所談到的洩漏給第三者知道就是一種非常基本的背叛行為。而對諮商角色感到厭煩以及重返不管什麼現有的任何關係（當我開始告訴她虐待的事，她又變成了社工），也可能讓人感到是一種背叛。當諮商實務嵌入其他角色時，小心做好準備來確定這些背叛的情形不會發生，並和求助者討論有什麼提供上的限制，還有雙方如何妥善處理協助者的不同角色的限制，都是很必需的。

提供諮商空間：從業人員的檢核清單

本書大部分是要給那些不論持有何種關懷或協助的角色來服務當事人，從中致力於建立一個諮商空間的從業人員。在這類的工作角色中，與從業人員的主要角色關聯的活動是優先的，同時也是正在執行之工作的主要重點。在某些時刻，和某些案主或病患在一起時，求助者會說一些話暗示他們想要談關於個人的議題。這時，從業人員可以選擇忽略當事人的信號（這可能是大部分的從業人員大部分時間會做的事），或者選擇接受邀請進入傾聽和諮商模式。這樣的決定是怎麼做的？決定此時提供諮商關係是否有用和明智時，要考量什麼因素？這時，主要考量的就是從業人員要問自己一些問題：

- 諮商在此時此地是可實行的嗎？我有足夠的時間進入這樣的討論嗎？我們有足夠的私下空間——會有人打擾或竊聽到嗎？

- 諮商與我們團隊或機構的目標和程序符合嗎？有任何其他團隊成員承擔提供當事人諮商的責任嗎？知道更多當事人的個人問題可能會有什麼牽連——這訊息在其他場合對我會有危害嗎？

- 這真的是我可以處理的問題嗎？我有這樣的知識、技巧和信心來處理當事人所描述的議題嗎？這議題是否也引起我心裡的強烈感受或加強我自己未解的困境呢？

- 我有支持來讓我能更進一步嗎？有督導或諮詢的支持提供給我嗎？我有沒有足夠的轉介專業服務的資訊？

- 當事人有多需要我的幫助？他們現在就在危機裡或我們可以晚一點再回到這個議題？他們真正要的是什麼？

- 當事人是否有更進一步的訊息來幫助我決定現在應該如何回應才是最好的？

對這些問題的回答會確定要做那種回應。雖然承認當事人所表達的痛苦總是重要的，但是，在當事人暗示他們想要談生活的問題時，從業人員必須知道，在這樣的情境下，他們有很多的選擇。在某些情境裡，從業人員可能會選擇承認這個問題並說明這議題並非是自己感覺能夠幫助他的，然後，進一步詢問當事人是否有其他協助的資源。如果需要的話，可以給予一些可使用的資源和轉介的建議。其他時候，例如，當時間有限時，最好是能了解一下這議題的緊急性，並溝通出一個更適當的時間讓這議題有足夠的時間被討論。

關掉空間

當當事人開始談論他們來尋求諮商的議題時，他們可能會、也可能不會察覺到時間的消逝。此時，諮商師可在會談的空檔提示一下，再兩或三分鐘就要結束今天的會面了。在關閉諮商空間時，諮商師說一些事情會是很有用的：

- 認同當事人表達出來的感受，以及面對困難或難堪的議題時，他們所顯示出來的勇氣——說這樣的話，有助於諮商師建立堅固的關係及顯示出同情和關心。

- 總結一下討論過的主題中的重點——這讓當事人知道諮商師已經了解他們了。

- 詢問是否有這議題的其他方面沒有談到，或者需要在未來的日子再探討的——這讓當事人感覺，即便時間有限，他們所面臨的困難並沒有被草草結束。

- 複習一下任何已經同意的行為，並檢視誰應該在何時之前，負責做什麼——這樣的目標是去強化在會談中所提到的任何解決問題的策略。

- 問一下這會談是否有效，同時諮商師是不是能做任何其他更有用的事——這是一種重述當事人觀點的價值，以及強調諮商關係合作特性的方式。

 專欄 6.5　　對需要幫助的當事人的矛盾心理做準備

　　大部分知道他們需要協助來處理個人或情緒上的生活問題的人，都發現自己很難踏出第一步。針對大學生（Grayson et al., 1998）、年輕人（Le Surf & Lynch, 1999）和醫院病患（Schoenberg & Shiloh, 2002）的研究，訪談了這些人對尋求諮商的態度。這些研究都顯示出很深程度的矛盾心理。受訪者能夠找出一堆理由來阻止他們尋求幫助：潛在的協助者太忙了；我的問題沒有嚴重到這種地步或者是沒有相關；我擔心有洩密的狀況；這問題是我人格的一部分，我並不能做什麼改變；我感覺羞恥等等。其他研究（見 McLeod, 1990）發現，即使當事人已經鼓起勇氣坐在諮商師面前了，他們對第一個會面經驗總是很緊張，所以不能接受很多所發生的事。對於諮商師而言，這些研究結果對他們來說是重要的。一個提供諮商關係的從業人員有可能是在他們自己的領土上，對於正在發生的事感覺舒服且在控制中；而對於求助者來說，情境是全然不同的：他們是在一個新的領土，而且對於接下來要發生的事沒有什麼概念。因此在一個可能的諮商接觸一開始，任何提供諮商關係者願意讓這種想像力躍入求助者的經驗，同時敏感和支持地回應以減低當事人不舒服、羞恥、害羞的感受是必要的。

- 如果當事人曾經感覺沮喪或在危機中，要確認他們有地方可去或有人會照顧他們。
- 確定當事人知道下次會面的日期、時間和地點；另外，若有需要，在「非約定的時間」連絡和得到支持的程序有哪些。

可想見的是，諮商會談的結尾對任何諮商關係來講都是一個關鍵點。空間的關閉象徵著一個再次強化諮商所依賴的關係和價值觀的機會；那是一個幫助當事人記住在會談中所產生的重要理解的時刻，也可能是諮商師被要求呈現堅定的時刻。任何從事諮商的人都會對於「球形門拉手」（doorknob）的敘述很熟悉，在當事人正開啟一個新的、有時是戲劇化的會談時，就正好是他們要離開房間的時刻。如果空間關閉前的預備動作都很圓滿地做完，就有可能僅僅告訴當事人說，這是一個我們下次可以討論的新話題。空間的關閉是諮商師需求的必要部分，這讓諮商師可以調整腳步而不會有被無止盡的複雜和痛苦洪流淹沒的危機，最後，讓諮商時間進行超過從業人員所允許的時間是沒有助益的。

結論

要創造一個諮商空間，有很多不同的面向要考量，包含從實質因素（例如椅子和隱私）到建立一個環境讓人感覺安全、被照顧和免於被評價判斷所面臨的挑戰。在本章所有被提及的議題裡的一個主軸，就是設法做到讓兩個人共同分享一段時間，在那段時間裡，兩人都不受打擾地完成這個「把事情談清楚」的任務。如果求助者擔心會被別人聽到，不確定從業人員是否主要以護士、醫生或老師的身分而非諮商師的角度來回應他，或者擔心會被評論——這樣的話，他們就會無法完整說出他們的故事。同樣地，如果任何這些擔憂也存在於諮商師的覺察裡，那麼他們也會因此分心。一個好的諮商會談讓雙方感覺他們飄懸在時間的流裡，並忘卻外面的世界。創造出這樣的環境來讓這樣的諮商發生是諮商師的責任。在某種層面上，諮商師可能被認為僅僅只是專心和聆聽而已；然而，用一種有力量且專注的方式來做這樣的事，創造出一個合適的「寧靜點」來省思和遇見，就需要仔細思考以上所探討的議題了。

省思與討論的問題

1. 有哪些價值觀出現在你與求助者之間的工作？本章所談論到的諮商價值觀有多大程度反映了你的角色的道德基礎？有哪些其他的價值態度對你是有意義的？這些其他的價值態度在哪一方面是補足或違反諮商價值觀的？

2. 在你自己的生活裡，你在什麼空間裡找到意義和力量？有哪些因素讓這些空間成為可能？

3. 在與求助者的互動過程中，你用什麼方法觀察出可能的諮商空間？你做了什麼來打開這些空間？

4. 在你的工作場所裡，關於案主、服務使用者、學生或病患跟你說的事，保密的界限在哪裡？接受你幫助的人如何得知你的機構處理保密的方式？在什麼樣的狀況下，你會告知當事人這些限制？

5. 就提供空間來讓諮商關係發生的功用來說，你工作場所的物質空間有多令人滿意呢？這會面的物質環境有什麼是你覺得想改善的？

6. 省思一下你和接受你服務的人之間的雙重 （或多重） 關係的本質。依你的情形，在你所扮演的不同角色中，哪些是最大的壓力點？使用什麼方法會在這些角色間出現正面的合作關係？你會做什麼來處理潛在的角色衝突？

建議閱讀的書籍

有一篇文章探討諮商是奠基在一套特殊的價值觀：

Christopher, J. C. (1996) Counseling's inescapable moral visions. *Journal of Counseling and Development*, 75: 17-25.

7
CHAPTER

工作同盟：建立關係

你來看我真好

還好

你知道

我記得

你說我初次見到你

說說

你的家庭

關於

但我知道你會聽

它很有趣，但我無法忘記

我不認為有任何其他人知道這個

我祖父

在七十歲生日那一週往生

同樣的事

他們正在準備宴會

他被陳列

在外祖母餐廳

Counselling Skill

引言

　　生活上的問題導致當事人尋求諮商，除了諮商以外，通常還有多種的方式可以解決，例如，如果當事人經歷工作壓力和負擔過重，他可以坐下來用一張紙寫下行動計畫，以瑜伽和冥想做為放鬆方式，或閱讀自助手冊。每一種壓力管理的方法都是有效的，諮商的特點與其他因應與改變策略比較起來，在於諮商的運作主要是經由關係的形成。然而，這是什麼意思？是什麼樣的關係存在於人與諮商師之間？此關係如何和為何有正面的影響？畢竟，如果我們看看我們的生活，我們可以完全地確認偶爾破壞的或限制的關係，我們可能還很難辨識出那對我們而言已經是明確好的關係。關於諮商關係是不同的到底是什麼？

　　就某個程度而言，諮商中的關係是直接的：就是和某人說話。如果你需要仔細談論某事，則有人傾聽是必要的。除此之外，諮商中的關係是和處在問題之外，獨立於家庭、友誼網絡或工作團體，以及對問題能以新穎、無偏見的方式回應的人之間的關係。不只如此，關係的概念有其深邃的意義，關係意味著與另一個人相遇，一個與自己是分離的人。就某些程度而言，與這個人接觸的挑戰掀起一長串的問題，就是當事人普遍會有關於如何與人連結的困擾。例如，對方是真誠的嗎？我能夠被了解（我能讓人懂或我是古怪的）或被接納嗎？我真的會對對方誠實嗎？我能允許別人關心我嗎？

　　當諮商嵌入於其他角色和關係，發生在護士—病人關係，或老師—學生關係的脈絡時，關係的重要性，對求助者而言主要是在實務層面——可以談話的人能適度地與問題分離、是可接近的、是他們認識和信任的，雖然如此，甚至在這些情境裡，總是對關係有較深的共鳴。當事人在諮商時不是在尋求解決「客觀的」問題，如：「如何修理我的洗衣機？」而是在尋求解決生活中的問題：「我為什麼與修理洗衣機的人發生爭執？」諮商問題總是環繞在：「我是誰以及我如何與他人發生關係？」在談論這些問題時，當事人對於諮商師描繪的「你」或「他人」會表達他們主觀的看法（這就是我）。接著，諮商師要試圖發現一起解決問題的方法（「我們能如何處理？」）。生命的孤單與孤獨的核心議題貫穿所有諮商會談，有時是背景，有時是主題。

　　接下來的部分將討論一些建立諮商關係的重要特質與活動：傾聽、信賴、

專欄 7.1 　**當關係出錯時**

　　Dianna Kenny（2004）的研究提出有益健康的課程，是關於關係在健康照護的重要性。Kenny 晤談了慢性疼痛治療、但未成功的二十位病人，以及二十二位慢性疼痛治療專門醫師，參與者受邀說明他們因應或處理慢性疼痛的經驗，晤談時間在四十五分鐘至二小時之間。逐字稿分析顯示，這些病人與醫生之間的關係有重大的決裂，重要的主題是研究者所分類稱之為「掙扎……以決定誰是說話者以及誰是傾聽者」（p. 300），典型病患對此主題的陳述是「他們（醫生）不聽你必須說的話……你能說的他們一點也不聽——他們只寫著病歷表然後記下個月再來，你必須跳上跳下或對他們大吼，他們才會聽」。而典型的醫生對此主題的敘述是「病人似乎很難教育，他們不了解，他們對疼痛觀念固著，很難改變他們的焦點」另一個重要主題是病人與醫生對於疼痛的原因和意義持有不同的信念，所有病人的敘述一貫認為：「他們（醫生）似乎不認為你是真的痛，他們認為那全是你自己想的……他們都說『拿了抗憂鬱藥然後回家』，你開始想——我是瘋子或蠢蛋？」相反地，醫生堅持認為：「那是有原因的，假如你做完所有可能的測驗，你一無所獲，沒有身體問題的暗示，你會怎麼結論？」這些病人想要，但卻沒有得到來自醫生的情緒和心理的關懷：「醫生無法處理我們的情緒……你試著對他們說，但你卻看到他們看著時間叫下一位病人」，病患不被視為個體，他們經驗到自己一再演出同類的角色，就像是「另一個慢性疼痛病患」。

　　研究結果明顯顯示，當關係因素被忽略時，裂痕就會在從業人員與當事人之間產生，Kenny（2004）的研究發現很清楚：醫生應該學習如何平等對待病人，並致力於分享決定。

真誠、關懷、工作同盟。本章旨在探討一些理論架構，以明瞭浮現於諮商關係裡的議題。

建立關係的概念

　　在大部分的教學、社會工作和健康照護的專業情境，求助者與從業人員之間的關係對他們的合作只是背景，焦點大多是放在需要完成的事，實際任務是

在控制中，關係被認為是理所當然。而在諮商情境裡，關係需放在進程中心，因為有意義的諮商端賴聯結或同盟的建立，這足以讓當事人被容許去談論他們情緒上的痛苦、難堪和羞愧、失控或困惑等議題。有時，求助的當事人和以諮商師角色待他的從業人員，可能一開始就相處融洽，能夠理解、欣賞和彼此容易信任。然而，較通常地是，關係需被建立，這是為何諮商需要時間：求助者在他們信任之前他們會試探關係。優質的諮商師不僅需注意求助者呈現的問題與困境，也需持續監督他們與人們的關係或接觸的品質，並尋求方法強化此品質。

促進建立關懷關係有兩種活動方式，首先，諮商師邀請當事人依據他們感受到諮商師讓他們利用情境的程度，談論對他們最重要的事情。最重要的事可能包括誠實的（「不要說謊」）、以特殊的方法討論問題（例如，不要問「就好像被審問」的問題，要問「你的問題可以幫助我談話」的問題），或以開放的態度對待他們自己的問題經驗（「你知道擁有你無法改變的習慣會是怎樣？」）。有些人在諮商關係中想要詳細知道誰將會聽到有關他們對諮商師說的話（保密限制）。其他人則想要再確保諮商師的忠誠和有效性（「當另一個護士被轉到不同的單位時，我很失望」），一旦當事人已確認一些他們的關係需求時，去探索這些需求在實務工作的意義是重要的（「所謂『不說謊』對你的意義是──我必須要怎麼做才能讓你知道『我沒有欺騙你』？」）一開始要求期待當事人說明他們渴望的關係品質是不實際的，整體而言，當事人很不清楚他們在關係上想要或需要什麼，可能需要在固定的時距回到這議題上，檢視當事人是否注意到「從關係中你需要從我身上得到什麼」的其他因素。

提升關係建立的第二項活動，是去反映當事人與諮商師試圖一起工作時所發生的影響，諮商師要達到這樣可藉由說「當我問你那個問題時，可以暫停一下來看看那裡發生了什麼嗎？我可能是錯的，但我只是覺得你對我問你的那問題感到生氣，是嗎？」另外，諮商師可藉由說明他們自己的意圖來開啟這主題，例如，「我不知道什麼是最好的方法能讓這議題前進，對於你剛說的我有許多的問題，但我不知道我問這些問題是否會讓你焦躁不安，或對你是有用的……或者對於怎樣最好，你有一些其他想法。」

諮商目標是一起工作以建立關係，可讓當事人利用諮商在生活中往前邁進，假如當事人生活中的一個限制因素，讓建立關係有困難，那麼能夠與諮商師體驗到關懷關係的特有行動，將讓他們開始發揮更好的能力，在每天真實生活的情境中，發展友誼、工作和親密伴侶的關係。有些諮商師擔心當事人「變得過度涉入和太依賴他們」，這危險是存在的，但常被誇大。假如當事人是處在孤單與遠離人群的生活中，那麼似乎無可避免的是，一旦他們開始經驗親近的關係（例如與諮商師），許多以前與其他人連結的壓抑層面，如依賴他們，就會開始被表達出來。大多數接受諮商的人不太有興趣被鎖進與諮商師的永久依賴關係——他們希望能過他們的生活，並為那個目的使用與諮商師的關係。

當建立關係，如同建造房子時，對出錯做好準備總是重要的，部分的諮商藝術是能知道及精熟於修復諮商師與求助者之間關係的破裂，關係的破裂會發生是因為求助者只不過發現難以信任別人或相信任何可能關心他的人，這樣的當事人可能會不斷地浸入和跳脫與諮商師的合作。另外，當當事人與諮商師先前的安全關係在某些方面受到威脅時，破裂也會發生。無論何種情況，當事人對諮商師傳達的根本問題是：「我能相信你嗎？」、「和你說話是安全的嗎？」或「值得告訴你嗎？」修復關懷關係的任務，包含停止可能在進行中的任何其他任務，利用一些時間討論雙方如何體驗關係。企圖對求助者或案主在關係裡經驗的唯一困難實行單方面分析，這是無益的，甚至是破壞性地操作：關係的破裂經常是一種雙方面過程，假如諮商師不承認他們的感受且不確定所發生的，這訊息對當事人來說，就是他們在形成關係方面一定有嚴重的缺失。反之，假如諮商師能夠指出他們自己的擔憂、策略、需要及盲點，那麼修復關係的任務就能被實現，成為一個真誠合作的努力。

建立關係的最後一點是，僅以諮商會談所發生的為焦點來檢視過程是錯誤的，成為一個諮商師，思考你可能有的其他良好關係及怎樣發揮它的功能是有幫助的。具有堅固關係的人能記得其他人生活的真相與故事、慶祝生日與成就、給予和接受禮物、預料壓力和困擾來源，以及其他等等，這些行為某些是相關的，端賴一個諮商關係的持續時間與環境，諮商關係不同於友誼及家庭關係，因為它較受界限限制，為目的而存在，且通常是相當短暫的。然而，當每

個參與者在會談之間都能想到對方，並且記住有關對方的訊息時，關係就能建立及鞏固，在任何堅固的關係中，每個人都活在他人的生命裡。

　　諮商關係與大部分其他關係型態不同的主要特性是諮商師的傾聽，強調傾聽是諮商關係主要的建造磚之一。生活中有許多情境讓當事人可以向別人訴說他們已在經歷的問題，然而，當事人很少得到真實的傾聽，例如，向朋友傾吐問題通常會引起朋友相互的坦露，他們將敘述他們所遭遇的同樣問題。在朋友間，這是有用的回應，因為它顯示團結與分享，以致能從中學習其他人的因應與解決問題的策略。對專業人員如醫師、護士或社工訴說問題，可能導致給建議的回應，而不是傾聽，這是因為專業助人者沒有時間聆聽，也因為他們可能相信他們的工作是藉由提供具體、立即的解答來解決問題。

　　在諮商中，傾聽是主動的過程，傾聽不是被動的接受或記錄資訊。在傾聽中，諮商師對當事人所說的話流露出好奇與興趣，傾聽是表示想要多了解一點。想要了解更多有兩種意涵，一種是反映出想要了解即將發生或已發生事件的情境脈絡；另一種是對當事人故事敘說裡的空白、停頓和重要時刻感到好奇，諮商師需要了解更多關於這些重要時刻的阻礙是什麼、沒有說出來的是什麼、可能有困難說出的是什麼。心理學家 Eugene Gendlin 已提到這種傾聽是循著當事人覺察他們所談論的事的一種好奇心或敏感度。好奇心、敏感度和興趣是傾聽的特徵，諮商師不只聽到訊息（聽到誰在做什麼，他們的名字是什麼，何時發生什麼事），但也傾聽其意義。諮商師是在傾聽有關當事人發生的重要事件，以及為何他們希望現在談論它的種種線索。

　　在諮商關係中另一層面的傾聽，是諮商師具特質性地耐心的傾聽，好的諮商師允許當事人感覺猶如他們在世上始終擁有。當一位聽眾，諮商師很少打斷、願意讓當事人暢所欲言，以及對故事如何結束充滿好奇。諮商師進行諮商的基礎，是當事人有一些非常難以啟齒需要時間來透露的事，最後他們將找到自己的方式說他們需要說的。

　　最後，諮商師在傾聽與核對他們所聽到的是正確的之間來來回回，核對傳達給當事人的是他們被重視，以及諮商師了解他們的意思非常重要。核對也是對當事人持續的提醒，無論如何，他們在那當下會感覺，有另一個人盡其所能的和他們一起處理他們的困擾。

專欄 7.2　照護 Q 太太：行動中的關照呈現

　　Joan Engebretson（2000）發表一篇個案研究，一位護士教師和督導，說明許多在關照關係裡表達「呈現」（presence）的方法。文章聚焦在學生護士的角色 Brenda 和前天剛過生日的病人 Q 太太，以及重症需要特別護理的早產嬰兒的關聯。我們知道，Q 太太有六次懷孕失敗的歷史——目前嬰兒是活產，她的丈夫不在市內。Brenda 上午 6:45 抵達產後小組，被指派白天照顧 Q 太太，一小時內他們被呼叫到重症護理室，因為嬰兒情況不穩定，Brenda 移動 Q 太太的輪椅靠近她小孩被安置的隔離室，幾分鐘後 Brenda 拉把椅子坐在她身邊，Engebretson 將所發生的敘述如下：

> 兩人相當安靜並坐，對照的背景是人與機器不和諧的連續噪音，除了醫生、護士以及其他服務人員的相互對話外，還有監視器聲音突然響起嗶嗶叫不時打斷機械設備連續的嗡嗡聲……早上過後，嬰兒情況變得較不穩定和危險攀升，護士們請 Q 太太溫柔地輕撫著嬰兒，Brenda 跟她並肩坐著，偶爾輕撫她的肩膀……開始明顯的是，當醫師、護士和其他提供服務的人接近 Q 太太和 Brenda，他們的態度有顯著的改變，他們的動作變得緩和、說話較為柔和……不久之後，一位護士將嬰兒放在 Q 太太手臂上，她輕搖著嬰兒，輕輕撫摸他的頭和拍拍他的背，Brenda 的手輕柔地放在 Q 太太的肩膀、手臂或背部。Brenda 似乎感到在此案例需要柔和、穩定和不唐突的適當的碰觸，幾乎是 Q 太太用以觸摸嬰兒的真實寫照……時間就這樣停住。

　　在 Brenda 與 Q 太太工作後，立刻與指導教師討論如下：

> Brenda 說一開始是真的害怕，但她知道她必須與病人一起，為了與她的病人有所連結，她必須先與自己裡面的某些東西連結，她所能作的唯一方法是安靜地與 Q 太太坐在一起，幫助她、療癒她。她發現她可以達到「內心知道要做什麼」……經歷那經驗是她生命最深沉的體驗之一，雖然令人哀傷，卻也格外地有益。

　　Engebretson 評論這種關照呈現包含連結、分享、鍾愛和「超乎尋常的行動」，此法不僅影響個人接受關照，如同此例，也影響臨床單位全體環境。

　　無論諮商師可能正在進行怎樣的諮商工作，他們總是盡其全力以關心和專注來傾聽當事人所說的話，所傳達的訊息是：「這是一種關係，在其中，你所聽到的、你被聽見的，以及你所說的是重要的」。關係的重要性對某些人是極為有用的。即使當事人很少與諮商師見面，他們隨時的了解是，在他們生命空間的這部分，有個他們將會被聽見的地方。

　　最近，有些作者提出「呈現」描述關係的品質，此關係品質存在於諮商人員願意為尋求談論議題的當事人完全地在「那裡」（there）的時候（見Greenberg 和 Geller, 2001，對此主題有益的介紹）。「呈現」的觀點意指諮商師的注意力完全聚焦在當事人和他所說的話，而不是其他事情。這觀點也意指諮商師不僅只是傾聽當事人所說的話：他們也專注身體與感覺，回應當事人全面的本質。

　　共同呈現（co-presence）是彼此呈現，可發生在沉默中、言詞間。呈現的觀點指的是一種深入傾聽，遠超過僅僅注意當事人的用詞。呈現或「完全呈現」（fully present）的概念也充當提醒任何擔任諮商師角色的人，若他們和正在求助的當事人在當下能夠在那裡，能將自己個人事務或忙碌擱置一旁相當重要。

安全的關係：是可信的、可靠的、信賴的

　　諮商關係的另一重要特徵是安全。諮商師是明確地擁護當事人的人，他的目的與目標是有幫助的，相反地，諮商師並沒有企圖利用、虐待、傷害或剝削來求助的當事人。諮商師對於當事人是否決定做或不做一件事，不會有心機或利害關係，諮商師是能被信任的人。

　　信任有許多不同面向，面向之一是以可靠性為核心；諮商師有做到他們所說的將會做的事嗎？他們準時出現了嗎？他們記得重要的訊息嗎？為了發展這層面的信任，諮商師所做的承諾與實際表現必須一致。為此，許多提供諮商的人會謹慎地檢視求助者的期待，並清楚他們所能或不能提供的是什麼。例如，求助者想要或覺得他們需要一位諮商師，在危機時能及時接到他們的電話，重要的是諮商師要能清楚這層回應是否可行，假如諮商師無法回應危機，最好他們能說出，並進而探索這期間可運用的替代性協助資源。模糊不清的向

當事人說：「假如你真的需要時打電話給我」會有風險；如果打電話沒人回應或諮商師因為在午夜接到電話而惱怒，這樣會破壞信任關係。

信任的另一面向是有關諮商師如何在當下回應當事人。如果諮商師所說的話與所表現的行為差異很大時，接收的當事人將很快地產生疑惑。例如，如果某個男同性戀、女性戀、雙性戀者被諮商師告知他們的性取向是值得珍視與頌揚，但諮商師說這話時看起來顯得不自在，當事人便會覺得諮商師不肯誠實與坦率。在此情況，求助者向這個特定的諮商師談論他的性取向和生活形態時可能會變得非常小心。Carl Rogers（1961）使用一致（congruence）說明這層面的諮商關係為，重視諮商師的主觀想法或感受，和對當事人所說的話之間維持一致性。Rogers 與其同事研究指出：諮商師的不一致或錯誤或不真誠，往往會讓有意義的談話陷入停頓。當事人不願向假裝傾聽，或假裝接納他們的經驗，或只是扮演專業角色的人說話，他們所要求的是真誠的諮商師。對諮商師而言，這意味著有時會真的被當事人說的話所影響，並願意表露感受到的傷心、生氣或快樂。

與諮商關係有關的安全感，不只是再保證、受到關心與保護、受他人傳達一切會沒事的希望所支持……的安全感。雖然這種親情關照或安撫形式是任何諮商關係不可或缺的部分，但有深一層的安全感形式也是形成諮商的必要面向：產生感到安全足以進入危險疆域的感覺，這與當事人處在指引中的信任類似，要建立那種關係的可能性，諮商師必須對當事人傳達一種評價，即他們知道危險疆域的存在；他們有信心、有能力從這危險疆域的旅程中倖存；並且他們相信當事人也能存活。

諮商師要能夠示意當事人，他們能和當事人進入痛苦的經驗領域，藉由知道風險是什麼（「它就像你要讓這些感覺消失，但你害怕著，如果你做到了，眼淚可能流不停……」），以及討論可以做什麼讓風險可忍受，例如，娓娓道來敘說、談論你的議題，或同意較長時間的會談。

對諮商師而言，進入信任關係代表著兩方面的挑戰。假如當事人不覺得值得信任時，很難覺得受到信任；從諮商師立場，願意以諮商角色服務別人，意指其相信自己的能力值得信任。接受這點對某些諮商師是困難的，諮商師與其同僚之間關係的品質，對建立信任扮演重要因素。假如進行諮商工作的諮商師

認為其督導或同事在此活動中不支持他們，他們對求助者提供安全關係的能力會受到嚴峻的破壞。

同時，重要的是諮商師需了解，大多時間來求助的當事人不是無條件的信任他們，而是不斷的考驗他們，作為保護自己免於被背叛與失望的手段。求助者來諮商所要談論的議題，往往是因罪惡感、羞愧、尷尬而難以啟齒的主題或事件；在當事人覺得安全足以開放地談論真正的問題前，需要高度的信任感。

真誠的

從諮商技巧模式觀點，當事人之所以被驅使尋求諮商，是因為他們生活中沒有能傾聽的人，或沒有意願或能力的人能針對他們個人議題進行有意義的會談。任一種情境的影響會讓當事人感到是沒用的；他們的感受就如同他們的經驗和身為人的地位，是一無是處、毫無價值的。有兩種導致當事人無用感的主要關係形式，可更明確說明無用的經驗。首先是別人從事虛假與不正直行為；第二是別人表現冷淡和「專業」態度。

例證　Joe，15 歲，有學習障礙，必須依賴別人來提醒和幫助他完成日常生活事項。他和母親住在一起，但母親現在生病了，Joe 搬到嬸嬸、叔叔家與他們同住；雖然他們是有愛心的人，但他們似乎不願回答有關他的母親何時出院，以及他何時能探望母親的問題。他們只告訴他母親「很好」，以及他將「很快」可以探望母親，然而，他們無法掩飾他們的緊張與焦慮，Joe 顯得更害怕和生氣。

Mathilde，15 歲，在學校是少數族群，她受到主流族群年長兒童的欺凌。有一天，班上老師問她為何畏縮和沮喪，Mathilde 開始談到她所經歷的種族暴力與騷擾，之後當被朋友問到與老師的會談如何時，Mathilde 回答，「她問了所有全是對的問題，說了所有全是正確的事，她甚至寫下一些記錄，並說她會追蹤這事，但我可以看出她並不在乎，她只是完成這動作，我認為她只擔心延誤午餐時間。別擔心——我不會再與她談話。」

在上述的實例，助人者努力做結構性的回應，但在面具背後隱藏了他們自己的感情。在 Joe 的案例，他的嬸嬸、叔叔擔心著姊姊的病，並試著庇護 Joe 不告訴他真正發生的事實。在 Mathilde 的案例，老師覺得憤怒，卻無能為力，她們被訓練以中性、沒有情緒的態度回應。Joe 和 Mathilde 對所發生的產生困惑——他們沒有可靠的資訊，判斷別人對他們談到的議題感受如何。在此情境裡，他們的回應——Joe 的生氣和 Mathilde 的逃避，是無法避免的。

當事人在找何時來尋求諮商時，重要的事項之一就是受別人證實（authentication）的經驗，證實只能發生在傾聽者是以人性和對人的態度來反應以傳達同情。如果諮商師太疏離，沒有人性和「專業」，或總是採友好和宜人的態度，尋求諮商的當事人就會一直疑惑是否他們得到的是「真實」的回應，或諮商師顯著的同理和關心是否只是裝腔作勢罷了。相反地，諮商師愈願意表達對事情真正的立場、反對或挑戰、不確定知道和困惑、表達情感，以及設限他們所能給或做的，當事人對於諮商師對當事人有真實的興趣就愈有信心。

有益的諮商關係最重要的特質之一是情緒的誠實，當一個人是情緒誠實的，他們才會被覺得是坦率的，沒有隱藏事情。另一方面，如果諮商師讓人感到是逃避或錯誤的，關係會受到破壞，因為當事人藉由開始納悶諮商師語帶保留，而陷入懷疑狀態。

關懷的

當當事人決定進入諮商關係，他會尋找關心他的人。在諮商文獻中，關心的概念已大量被忽略或貶低，或許因為它意味著缺乏專業知識和公正性。這很可惜，因為哲學家 Heidegger 已經指出，「關心」代表參與世界的根本面：關心的經驗揭露什麼對我們是重要且有意義的。

在諮商關係中，表達關心可藉由：

- 注意當事人；
- 預先考慮當事人的需求；
- 親切的小動作；

- 記得當事人生活的資訊；
- 當事人不在時會想到他；
- 溫和、緩和地處理，有耐性地確認事情；
- 擱置自己的需求，對當事人感到興趣；
- 對當事人的經驗和觀點表現真正的好奇；
- 頌揚當事人的成就。

在諮商情境中，深一層的關心的重要感覺，會因認為當事人在尋求諮商中讓自己成為脆弱、受傷、痛苦或失落的人而被增強。

工作同盟

諮商關係最重要的面向之一是，當事人與諮商師一起工作，共同處理問題，諮商關係的有用圖像是同盟（alliance）：當事人與諮商師在艱難中結盟，努力處理困難議題。

整體上，在諮商期間，當事人與諮商師的進展猶如「在相同的波長」，一起有效的工作；有關「結盟」效力的議題很少被提出來作為討論的特定主題。雖然如此，在諮商會談裡有許多部分，其工作同盟的問題是高度關連的：

- 在開始時——當事人希望現在就開始諮商會談嗎？
- 會談期間——我們都同意最終所試圖達成的嗎（目標）？
- 我們都同意此刻所試圖做的事嗎（任務）？
- 這是處理特定議題最好的方式嗎（方法）？
- 該輪到誰說話？
- 此時該停下來嗎？
- 我們需要再討論這事嗎？何時？
- 我們可能做了什麼讓討論更有用嗎？

每一個時刻都意味著從當事人與諮商師彼此會談與互動的當下，退卻和反映發生了什麼的機會，此活動可理解為後設溝通（metacommunication）——

對溝通過程和關係狀態的溝通與反思。處理後設溝通的能力是工作同盟極為重要的部分，有關諮商中後設溝通本質的重要討論可參考 Rennie（1998）。

後設溝通的本質可以從當事人與諮商師對話的一般形式和內容來說明。在諮商情境中，大部分時間求助者與諮商師談論他的「問題」，例如一位婦女談到她與青少年期的女兒的關係，說：「我們總是在爭執中，似乎沒有任何可以一起做的事，我們無法終止戰爭。」諮商師可能說：「聽起來的確是挫折……好像你們之間有鴻溝。」求助者可能接著繼續說更多有關這議題的其他部分。在這個例子中，會談的焦點在於當事人已經確認的問題，這可能是最常發生在諮商境遇中的會談類型：諮商師充當一種回響板，回應當事人有關他們已在探索的主要思緒，以此方式幫助他們擴展議題和從中獲取某些觀點。

除了這種反映的回應外，對諮商師有幫助的是建立他們的對話技能，謹慎和一致的利用稍微不同的方式回應當事人：檢視。檢視過程引發對當事人傳達其價值與肯定的重要性，並在困難的議題中建立能安全探索的這類關係，它對緩和互動也有效果，讓當事人有些機會反映他們此刻正經驗的感受和想法。

檢視基本上包含暫停對話的進行，以充分檢驗對發生的事所做的假設，或探究這假設以及求助者當時的經驗。Rennie（1998）說明此活動是「談論說話的過程」，有許多不同方法讓檢視或後設溝通在諮商會談中能夠有助益。一些最廣泛使用的檢視形式如下所列，並附上案例說明他們如何用來提升互動——稍早提到的「我和青少年期的女兒不時的爭論」：

> **例證** 一位婦女談論她和青少年期的女兒的關係時說：「我們總是在爭執中，似乎沒有任何可以一起做的事，我們無法終止戰爭。」她的諮商師是一個家庭支持中心的工作者，回應：「聽起來的確是挫折……好像你們之間有鴻溝。」

諮商師的回應是相當標準的同理心反應，了解她的主要感受（案主的挫折），並尋求發現圖像以獲得引發問題的關係困難關鍵（如諮商師所描述的鴻溝）。無論如何，諮商師可選擇許多方式來回應案主，作為強化他們關係的同盟本質，有至少四種諮商師可在此時運用的後設溝通策略：

- **檢視當事人對諮商師所說的話的反應**：諮商師會想知道她是否確實了解當事人在其所描述的情境中的意義，檢視這點時可以說：「聽起來的確是挫折⋯⋯好像你們之間有鴻溝，雖然我好像聽到的是如此，但我不確定是否如此，我知道你有許多情境我不了解⋯⋯『挫折』是正確的說法？或你會使用不同的話語⋯⋯或許『鴻溝』太強烈了」。

- **諮商師以開放態度面對她在這點的策略和意圖**：諮商師可能要留心，雖然當事人提到許多困擾她的議題，但她有一種極為重要的感受，是在這些議題裡她與女兒的情境可能是最重要或緊急的。可以如此說：「我了解在最後的時刻，你已告訴我許多在當時對你是非常困難的事情，但對我而言，你說你女兒的確是家庭的一大打擊，因為似乎它讓你很痛苦，我想這與你所說的其他事情之間會有關連，你女兒所發生的事聽起來的確是挫折⋯⋯好像你們之間有鴻溝，我覺得在這點稍停一下會有用，你認為如何？你覺得好嗎？」

- **邀請當事人聚焦在她自己的計畫和假設**：諮商師不確定在會談時，當事人在這點上的議程或目標，所以可以說：「你與女兒的情境聽起來的確是挫折⋯⋯好像你們之間有鴻溝，但我不確定是否那是你要更仔細探究的事，是嗎？或還有其他更有壓力的事情？」

- **檢視她對當事人會有的想法或意圖的假設**：有時，諮商師對於所有可能存在於當事人經驗的思想或感受的背後，會提供理論或猜測，但沒有確實的證據指出這些想法是否有效，通常，這種諮商師的直覺是敏感和正確的，能提供很好的指引往前進。然而，在一些情況下，諮商師會誤解當事人，因此檢視任何此類的理論極為重要，在此案例，諮商師可能認為當事人對其與女兒的問題責怪自己。知道這點的一個方法可以說：「聽起來真是挫折⋯⋯好像你們之間有鴻溝。當你提到你女兒時，我強烈的感受到你正為這所發生的事怪罪自己，我說的對嗎？或另有所指？」當事人可能回答：「我不能說是怪罪自己，比較是我不覺得滿意——我不知道怎麼做」，在此案例，檢視的過程讓諮商師看到她的假設可能只有部分正確：當事人是愛挑剔的，但未到「怪罪」自己的程度。

　　每一種後設溝通策略都有將目前所說的內容晾在一旁的效果，能就諮商師與求助者之間的關係方面有些分享、討論和反思的時刻。事實上，後設溝通措施對問題提供機會，問題可摘要為：我們是在相同的波長嗎？──我們彼此都理解和同意別人現在所要達成的嗎？這些措施也一致強調諮商師對於當事人是肯定和賦能的態度，事實上，他們正傳達想法諸如「你在負責」、「我相信你是知道什麼對你是有幫助的當事人」、「假如你讓我知道我所做的對你有幫助，我才幫助你」。

　　通常，檢視當事人所想的、感受和需要的，和你當個諮商師所想的、感受和需要的，有可能對所討論的議題達到廣泛的正向結果。它意指當事人有選擇，且這些選擇對諮商師是重要的，值得認真看待。它也意味著諮商師正盡力敏察和反應當事人在那時的需求，因此會是未來能被信賴的人。它建議諮商師成為對當事人以及當事人整體所思、所感真誠好奇和感興趣的人──諮商師不追求固定的路徑或議程。檢視引發會談裡稍微暫停，此刻當事人可能會從問題中有點改變，就問題對他意指什麼進行省思（「這是怪罪我自己嗎？」），或他們能做什麼改變（「現在，我願意仔細查看這議題嗎？」）。它也開放覺察到某些錯誤的事情是可接受的，並且有倖免於錯誤的方法──對生活上受完美主義主宰的人是特別有益的洞察。

　　檢視或後設溝通的角色在諮商的特定時刻裡是重要的，其關係或談論主題在某些方面會改變，例如，若當事人談到現實的議題，如病人告訴護士有關處遇的選擇，或學生告訴老師選課的決定，傳達著某方面他們想要探索的議題有情緒或個人的成分，那麼這會是好的練習，去檢視當事人是否在那時想更深入探索他們的感受；「當你說話時好像有許多感受……似乎是要哭了……我想你是否需要和我花幾分鐘看看這些感受可能是你作決定的因素？」視情況檢視當事人必須談多久（或你必須傾聽他們），和運用哪些保密限制也是重要的。同樣地，檢視當事人是否已經達到諮商事件的目的通常是適當的。例如，「從你所告訴我的，我想我們能夠理解為何在你的生活中對這點做正確的決定是那麼的重要……有關那方面的事你有更多要說的嗎？請回頭想想，對你最好的處遇／課程型態是什麼，好嗎？」

在諮商師與當事人之間的關係停滯或陷於僵局的情境裡，後設溝通是重要的策略，期待諮商關係隨時進行順利是不切實際的——當事人覺得無法從諮商師那裡獲得他們所需的，或諮商師誤解他們將是無可避免的。此時諮商師能夠「按下暫停鈕」，並就所發生的邀請雙方參與者加以省思是有用的。特別重要

 專欄 7.3　關係的重要勝於諮商技術

在澳大利亞 Terry MacCormack 與其同事（2001）的研究裡，諮商提供給接受處遇的癌症病人，是相當短期（最多八次會談）且具高度結構性，循著明確的治療任務，諮商師依此治療病患。研究中比較兩種不同治療型態的效果，其中一種治療是認知行為治療；另一種方法則包含放鬆及想像的運動，病人接受諮商後則執行訪談。研究的結果值得注意，雖然接受諮商的人誇讚治療師的專業，並說他們使用的技術有用，但他們全都說最為重要的是能夠花時間與傾聽和關心他們的人在一起。參與者提出一些陳述如：

我能夠談話、與她產生關連及信賴她，並且討論事情……她幫助我能繼續走下去。

好像我有了另一個可以談話的朋友。

有人客觀的聽你說話，解除你心中的煩悶是很好的。

他是安全及容易與之談話的人，所以我可以什麼話都說，並且誠實面對我的感受。

有人接近並與我說話是好的……醫生是沒有幫助的，他們是你主要接觸的人……我要求同理心（來自醫生），但他無法給我。

MacCormack 等人歸納參與者似乎說著他們的諮商「主要是一種『在一起』（being with）或關係的經驗……它提供獨特的對話空間以探索／討論想法／感受，和……它是與一個關心人的有經驗和理解的專家一起發生」（p. 58）。研究暗示，與當事人「在一起」，願意傾聽和能夠表達真實的關心，對接受諮商的人才是最重要的。

的是，諮商師願意和能夠承認他們的角色處在困難中──諮商師堅持將任何問題的原因單一歸諸於當事人或案主方面的不當，將無法展現工作的同盟型態，並會出現指責或為難。心理學家 Jeremy Safran 實施許多「破裂的治療同盟」主題的研究，他的文章對如何解決諮商師與接受他們協助者之間破裂的關係，提出豐富的實務建議（例如：參見 Safran, 1993; Safran & Muran, 2000）。

在深入的哲學層次，後設溝通是表達某些諮商核心價值的最好方式，檢視過程建議的觀念為兩人是彼此在關係裡，並且需要體諒彼此的立場，以便有效地一起工作，而非視諮商師與求助的當事人為分離的實體。觀念是「關係的自我」（relational self）而非孤獨、完全分離的「自主的自我」（autonomous self），對難以獲得和給予支持的人是有幫助的，並且，這簡單的對話策略呈現有用和無威脅的方式，引出關係進入某人覺察的可能性。使用後設溝通強調當事人的價值──嚴肅看待他們的意圖、偏好和經驗。

理解諮商關係的理論架構

在諮商文獻中，已廣泛接受關係的重要性，在主要的理論和研究裡已提出許多架構，用來理解諮商師與當事人之間所發生的事，對進行嵌入式諮商的從業人員最有關連的理論模式，是個人中心（person-centred）、心理動力（psychodynamic）、溝通分析（transactional analysis）和多層面（multidimensional）的方法。這幾套概念能被當作反映的組成工具：能用在訓練與督導，及日常實務脈動裡的概念，是理解諮商師與求助者之間的關係發生了什麼的方法。

個人中心諮商關係

個人中心諮商始於 1940 年代美國 Carl Rogers 所發展，在其他的著作之中，近來較多是結合 Dave Mearns、Brian Thorne、Tony Merry 和 Germain Lietaer 的著作，對許多諮商師和使用諮商技巧者的想法與實務有著重要的影響。

　　構成個人中心諮商的主要概念是，當事人發展個人和情緒的問題是因為缺少了他們能做自己（be himself）的關係。反而，當事人可能已接觸到讓他們覺得被評論和沒有價值的關係，根據個人中心的理論家，要修補這點需提供當事人能成長與發展的關係，因此，與當事人形成關係是任何以個人中心為主的諮商的重要部分。

　　怎樣形成好的關係？Rogers 與其同事建議一套必備與充分的情境（也是所謂的核心情境），歸類出治療師與求助者（案主）之間良好的關係：

- 兩個人有心理上的接觸。
- 治療師體驗到對個案無條件的積極關注。
- 治療師在關係裡是一致與統整的。
- 治療師經驗個案內在參考架構的同理心了解，並努力與個案溝通這點。
- 與案主溝通治療師的同理心了解和無條件積極關注，是最起碼要達成的程度。

　　每項因素在諮商關係中都很重要，缺少任何一項因素都將破壞諮商師與求助者之間的聯結。例如，無條件的積極關注（可理解為接納或受到重視感）是重要的，因為諮商師這一方的評價態度，只是複製了首先已引起當事人困難的重要關係因素。相比之下，來自諮商師正向地「讚賞」或接納的反應，清楚顯示當事人正進入不同的關係，一種他們能自在地表達他們真實的感受和喜好的關係。同理心了解意指被了解的感覺，諮商師被視為是能夠從當事人的觀點審視情境，此同理心了解是重要的，因為它傳達給當事人的是諮商師對他們的興趣、想要了解他們，以及不試圖強加他們自己的想法或建議在當事人身上。這些都可以激勵當事人繼續談話，並說出他們所有的問題。

　　從個人中心觀點，最重要的一個特質是一致性（也稱為確實、真實或「實在的」）。一致性意指諮商師在關係裡利用其經驗的能力，這包含注意到當事人談話時出現的感受（想法、想像、幻想），以及利用這些來回應當事人。有時這能指諮商師分享著當事人所感受的，在其他時候，有時諮商師內心會注意他們的感受，但那時不會說出。例如，如果在當事人談論議題的過程，諮商師若打斷話題告訴他們那時的感受如何是沒有幫助的。

　　個人中心助人關係的另一個重要原則是「非指導的」（non-directiveness），
這是個人中心諮商師採取的態度或哲學，讓當事人帶頭，而不是想要引導或建
議當事人。諮商師採取跟隨他們的策略，對他們非常關心並顯示極大的興趣，
此概念說明當事人是他們自己生活上的專家，諮商師則像是他們生活旅程上的
伴侶。

　　如果諮商師觸動到他們自己的感受和反應，相當開放的與當事人分享這
些感受，並以充滿興趣、溫暖、接納和好奇的方式一致地跟隨他們，他們對
當事人就有「呈現」，與當事人有內心觸動與交流。呈現能被視為介於過度投
入（侵犯地對當事人過度感興趣與認同）與低度投入（冷靜、疏離、分離和
「專業」）的中間點，顯示呈現的諮商師如 Mearns（1997）將其擺在很好的
位置，與當事人經營深入的關係並形成關聯，將能讓他們探索困難的議題。

　　Carl Rogers 總結列出助人關係的特徵如下：

在某種深度的感覺裡，我能在某些方面被別人察覺是真誠、可信賴、
一致的嗎？

作為一個能清楚溝通我是什麼的人，我能夠充分表達嗎？

我可以讓自己體驗對別人的正向態度嗎——溫暖、關心、喜愛、興
趣、尊重的態度？

作為一個與別人分離的人？我是足夠強壯的嗎？

我自己有足夠的安全可以和別人分開嗎？

我能讓自己完全進入他或她的情感世界或個人意義，並像他或她一樣
了解這些嗎？

當他或她在我面前呈現時，我能接納別人的每一面嗎？

在關係中我能表現出足夠的敏感度，使我的行為不會被察覺是威脅
嗎？

我能讓別人從外在評價的威脅裡解脫嗎？

我能和正在形成過程裡的人會面嗎？或我被他的過去或我的過去所
束縛嗎？

（Rogers, 1961: ch. 3）

專欄 7.4　諮商關係始於案主觀點

　　心理治療方法發展出的概念，例如個人中心、心理動力和人際溝通分析提供一套有價值的方法來理解諮商關係。然而，這些模式主要是從諮商師觀點來制訂，並受限於他們獲得當事人知覺關係是如何的程度。有一項有趣的研究，Bedi 等人（2005）訪談四十位因各種問題接受諮商的當事人，有關他們知覺到與諮商師的關係。特別的是，參與者被要求描述「有助於形成和強化諮商關係的事」，他們所言提供了諮商關係的看法，有別於治療理論提供比喻的重要方法。依據這些提供資訊的人，諮商師做的唯一最重要的事情是使用有幫助的策略。例如，有人說關係被強化是在他的諮商師「要我列出我的目標」時。雖然研究參與者提到許多現有諮商技術理論預測的關係建立因素——例如積極傾聽和注意肢體語言——他們也描述了大量無法預期的過程。越上層列出的是諮商情境（「諮商師用小物件佈置辦公室」）和強調選擇（「諮商師讓我選擇所要坐的椅子」）。對這些人也很重要的是活動種類，是 Bedi 等人（2005）稱為「超越基準期待的服務」，或是其他方面具有深入關心特色的活動，例如，「諮商師對我說『任何時間都可以打電話給我，或任何時間都可以來找我，即使我不在也會有人在此』」。整體上，參與研究的人並不關心自己有責任來建立良好關係，他們也沒說到與諮商師一起同盟工作而建立的關係，大部份關係建立的責任明確地落在諮商師身上。

　　個人中心取向發展出的諮商關係的形象，對在各種情境裡工作的從業人員已證明是有用的。此模式的重要概念——接納、一致性／真誠和同理心——嵌入一種使用者能體驗賦能與肯定的關係。

諮商關係的心理動力觀點

　　雖然諮商的心理動力理論源自佛洛伊德的著作，當代心理動力思想結合許多心理學家的概念，如：Erik Erikson、Donald Winnicott 和其他學者。

　　任何心理動力取向諮商的重要概念是，當事人的行為受潛意識因素的驅動或引導：我們不知道許多形成我們行為的理由或形成我們感受的原因。從心理動力的觀點，終其一生，人是曝露在失落、攻擊、愛和恨的情境，其能喚起

非常強烈、原始或童稚般的反應。這些反應是高度威脅的，因為：(1)許多時候，他們是不被社會接納的；(2)如果我們讓自己有意識地承認這些反應，我們會覺得受不了、羞愧或有罪惡感。結果，我們運用防衛機制（如壓抑、否認、投射）以維護這些困擾的渴望、情緒和腦海的影像，製造有理性的人的印象。

在心理動力取向的諮商方法裡，諮商師利用下列的防衛概念；諮商師的關係風格是溫暖、接納但相當中立的態度。因此，可以假設當事人對諮商師的任何感受或幻想（正面或負面）並不受從業人員的實際行為所觸發，但卻是當事人或案主投射（projection）的證明。在諮商情境裡，投射被界定為移情（transference），其理論是：

- 與諮商師的親密關係在某方面是具有威脅的或喚起焦慮的；
- 因為它會對當事人過去的其他親密關係激起感受；
- 但很難有意識地承認或擁有這些感受；
- 因此，他們在某方面會投射在諮商師身上。

> 例證　Olaf 對諮商師的任何暗示或批評特別敏感，一開始，他描述他的諮商師「確實怨恨我」且「對我很嚴厲」。諮商之後，Olaf 開始談到他的父親總是如何對他設定高標準，從不誇讚他。

諮商師基於自己潛意識的投射，會對當事人／案主有感受，稱之為反移情（counter-transference）。

> 例證　Agnes 是消防隊職業健康護士，她對消防隊員相當欽佩，認為他們是英勇且有男子氣概的。在適合 Agnes 挑戰她的消防隊員案主的健康諮商情境裡（例如，當他們不遵守規定的復健課程時），她避開挑戰他們，為他們的行為找藉口。

心理動力取向諮商的核心，很難期待諮商師與當事人之間關係「很好」，諮商師的任務是提供足夠安全的「支持」環境或「包容」，以至於當事人能感到足夠的安全，以表達與諮商師的關係所發生的正面（你是很棒的）和負面（你是殘忍的，我恨你）感受。經由與諮商師一起工作來了解這些反應，當事人能抓到要害理解他們生活中已經在經驗的困難關係（假設所有的情緒問題最終歸諸關係）。

知道移情理論是有爭議的很重要，基本上，因為移情理論破壞了下述的觀點，即當事人為他自己所做的負責，以及諮商師與當事人之間有真的親密或真實的伙伴關係。移情的概念也很難運用在實務工作上，因為它需要從業人員大量的自我覺察，以確認什麼時候正發生移情與反移情反應。為了發展建設性地處理這些過程的能力，運用心理動力取向的專業諮商師或心理治療師特別經歷長久的訓練和親自治療。依據考慮移情和反移情的概念是否與諮商嵌入其他專業角色的情境有關，考量諮商師與當事人之間可能發展的關係程度可能會有幫助。例如在醫生與病人一次十分鐘的會談，較可能是任務取向的討論。相反地，每週花許多小時照顧一群青少年的居家社會工作人員，較可能被引入關係困難和投射的方面。

以溝通分析取向理解關係

溝通分析（Transactional Analysis, TA）是 Eric Berne、Claude Steiner 和其他人在 1960 年代發展的心理治療取向。對諮商角色嵌入其他專業職務的從業人員來說，TA 提供獨特豐富和廣泛的理論語言，以描述和分析諮商師與求助者之間當下的互動，TA 也提供架構來了解當事人在他們日常生活中可能經驗的困擾關係。所有 TA 理論所建立的基本概念是，每個人的人格是環繞三種不同的「自我狀態」（ego states）所組成：父母、成人和兒童（Stewart & Joines, 1987）。當事人的父母層面包含從他們自己母親、父親及其他照顧者所內化的父母的功能。父母重要的兩個面向是批評的標準情境和教養。成人自我狀態指，當事人是以合邏輯、理性、資訊處理的態度回應世界。最後，當事人的兒童被視為當事人在他年輕時如何體驗世界所留下的痕跡，兒童的兩個面向是樂趣—愛及傷害。從 TA 觀點，心理健康的人能夠進入和表達所有這些自我

狀態於適當的情境。然而，許多人已發展出讓他們較依賴某種特定狀態的習慣，以至於，例如，他們在一個需要嬉戲兒童反應的慶祝事件裡可能是批評和疏離的（在父母自我狀態）。

自我狀態模式運用在兩人之間的互動允許與被揭露和了解有關的不滿意或失功能的模式，例如，如果當事人是以成人說話，並試圖參與別人的成人（或許要求資訊），但別人以發牢騷、傷害兒童的態度回答他（「為何你總是煩我？」）。第一個人經驗到的互動在某些方面不是很適當，如此的互動無法帶來有效的合作。在 TA 用語，這樣的互動稱之為交叉互動（cross transaction）。TA 理論其他部分是依據了解互動（遊戲）順序和有關浮現於整體生活的模式（腳本）來發展這些概念，TA 理論的優點之一，相對於治療和人際互動的一些其他模式，是利用會話和生動的語言，對尋求協助的人是容易使用與難忘的——他不只是一個理論。雖然少有專家 TA 諮商師和心理治療師，此領域如健康和教育的許多從業人員探究 TA 於導論程度，發現 TA 對於理解有挫折或障礙的關係與互動是非常珍貴的工具。TA 理論的另一個有用部分是它的價值是清楚的，且對諮商目標提供一些相當精確的觀點。

多重層面關係模式

當關係的個人中心和心理動力理論顯然已掌握了發生在諮商與助人會談的重要觀點，他們不是在尋求反映人們之間關係的潛在複雜性，對當事人經驗的片刻反應，將使存在許多不同層面的任何關係是清晰的，此外，這些層面並不那麼容易理解，因為我們的語言對所討論的關係無法提供一套可行的結構或類型。心理分析學家 Erik Erikson 是第一個開始建立全面的架構以理解關係模式的理論家之一。他採取發展取向，描繪人類具有經歷心理發展階段的特點，稱為不同的關係任務。例如，生命的第一年對嬰兒的重要發展任務，是發展對其他人的信任感，相比之下，成年人早年的重要任務是發展能力以參與親密的伙伴關係。

心理學家 Ruthellen Josselson 對 Erikson 採用的取向有更完整清楚的說明，他建構關係面向模式，特別導向理解關係困擾和當事人需要諮商的議題。Josselson（1996）提出八個主要的關係面向：

- **支持**（Holding）：為他人而存在，允許他人為他自己而存在。
- **依附**（Attachment）：情緒的聯繫，持續與他人聯結。
- **熱情融入**（Passionate involvement）：在關係中被喚起、覺得興奮、感覺愉快、身體接觸。
- **看法一致的確認**（Eye-to-eye validation）：肯定、確認他人觀點裡的意義與價值。
- **理想化與認同**（Idealization and identification）：欣賞他人，以他們為典範或良師，希望像他。
- **互惠與共鳴**（Mutuality and resonance）：與他人在一起，一起加入、共同做事、分享相同的感受。
- **融入**（Embeddedness）：隸屬感、成為團體的一員。
- **照顧和關心**（Tending and caring）：照顧和依賴。

　　Josselson 認為，情緒適應良好的人可以處理所有關係面向，相反地，當事人可能發展出關係的困難或缺乏處理任何面向的能力。顯而易見地，早期討論的關係模式無法說明 Josselson 所定義的所有面向，例如，個人中心取向提供有效架構以理解看法一致的確認和互惠／共鳴，而心理動力模式對依附和理想化／認同感提出很多的說明。但當談到理解熱情或照顧／關心所引起的關係議題時，沒有任何取向可以說明清楚。它或許是重要的，但無須驚訝的是，關係的諮商／心理治療理論主要考慮到可以在諮商室直接結束的關係面向。提供嵌入其他角色諮商的從業人員，較可能見識到他們所諮商的當事人在生活中熱情和關心的表達，可能對這些議題有更好的處理。

　　用來分析諮商中關係議題的另一個多重面向模式，是社會行為結構分析的架構（SASB; Benjamin, 1987），和人際的八角（international octagon; Birtchnell, 1999）取向，此觀點特別考慮到參與者在關係上雙方相互發生的行為型態，例如，需要控制或維持秩序的當事人，可能尋求相互需要關心與保護的人。依據較負面或破壞性的關係型態，受爭議的是有脅迫和殘酷行為的當事人，會靠近期待拒絕和反對的人。最後，這些相互形態被視為是如何接近（或

疏離）一個人偏好當的人，和他們對權勢或支配性（相對於畏縮）的偏好之間的互動表現。

雖然無法更詳細檢視這些關係的多重面向取向，應該尚能了解有建立良好的理論架構可以運在理解諮商情境的關係。這些模式可運用於兩種主要方式，(1)有助於諮商師覺察到自己與別人的關係中有什麼優點與缺點，例如，諮商師在相互與平等的基礎上會自在的與他人產生關連，但當當事人將他們偶像化或要求諮商師關照他時，諮商師很難回應。(2)當諮商師傾聽求助者敘說他們的生命故事時，有用的是他能辨認出關係復發的型態，特別是當事人生活上的問題牽涉到關係困難時。

結論

本章已經探索一些諮商關係可能建立的活動與特質，以及其可能被理解的一些方式。本章討論的許多議題：傾聽、信任、關懷，似乎顯而易見，或老生常談，確實是不太需要說諮商師應該是真誠的嗎？然而，不能太過於強調良好的關係最終就是所謂的諮商，從業人員無論如何熟練都要探討痛苦的情緒議題和促進的改變。如果當事人不相信諮商師，無法感到關連，則他們將無法足夠開放，讓諮商師的知識、經驗和能力對他們有許多的影響。

諮商關係以下列原則為基礎：

- **真正陪伴當事人**：傾聽、有耐性、好奇、讓當事人帶頭；作為諮商師不是利用諮商會談助長工作事項或滿足私人的需求。
- **可靠的**：是可信賴和誠實的；保密性。
- **關懷**：真誠關心當事人；在會面之間想到當事人；預先考慮到他們的需求。
- **相信改變是可能的**：對人有能力在積極與關懷的關係裡，以及對社會有正面的貢獻充滿希望。
- **反思**：在關係中自我覺察，例如諮商師監控自己對當事人的反應，以及運用資訊建立更有效的助人關係。

● **合作的立場：** 諮商會談中無論發生什麼，端賴諮商師和求助者雙方的努力
和行動（也會受其中一方無助的態度和行動所破壞）。

在諮商關係裡這些原則的展現，提供三個相當不同的功能：(1)建立安全、
關懷合作的關係，可使諮商師與求助者有效解決生活上的問題，相反地，缺乏
此種關係將嚴重阻礙諮商師與當事人設法要達成的事情；這種關係稱為工作同
盟。(2)諮商師對危急的或有壓力的當事人提供一種本身就是療癒的基本人類
接觸形式。醫療人類學家 Norman Kleinman（1988）認為諮商的核心是「具有
同理心的證人」（empathic witnessing）：諮商師是另一位願意充當見證和分享
當事人痛苦的人。(3)有時關係品質和深度可以是求助者學到與別人親近、被
接納、愛與了解的可能性。這些時刻能觸發當事人能力的重要轉變，使關係形
成。這三個諮商關係層面，因當事人不同而有或多或少的顯著程度。然而，當
一個有效的諮商師需要有能力回應這三種關係要求。或許大部分求助者滿足於
穩固的工作同盟，但偶爾會有其他人需要見證他們的困擾，或看到他們關連能
力的親密缺口，因此在諮商師角色裡的任何人，願意仔細察看他們自己的關係
優點與缺點是極為重要的。

下一章探討在諮商裡完成的事：仔細討論問題、做決定、計畫行為改變等
等，這些素材需要在本章已討論的觀點中獲悉；諮商能完成什麼總是端賴關係
的潛力讓它完成，諮商的任務——採取行動讓當事人生活的問題有好轉——和
諮商師與當事人關係品質之間有相互的連結。至少需要關係的開始是足以強壯
能讓當事人感到充分的安全，和受支持以展開探索他們生活中的關係議題。之
後，圍繞著共有的任務，探索議題的過程有潛力使兩個參與者一起，並鞏固他
們的關係。最後，成功的完成任務創造了一種關係有著共同達成的歷史，在實
務工作中，諮商任務面向和關係面向總是緊密相關——只有在教科書中（例如
本書），理論和概念層次是分開的。

省思與討論的問題

1. 花些時間想想能讓你充分表達你自己、與你有關係的人物，敘述這些人的

特質， 這些特質繪製出本章所說明的觀點到什麼程度？

2. 依據你所提供服務的人，有多常是你能夠一致、 真誠或與他們完全 「呈現」？當你能夠真誠的與他們在一起時，影響你和案主的關係是什麼？增進或抑制真誠表達的組織因素是什麼？

3. 你修復裂痕或疏離關係的策略是什麼？在此情況你還能做什麼？

4. 你有多關心你在專業角色裡所會面的當事人？你如何表達你的關心？

5. 在理解求助於你的當事人的互動中，佛洛依德的移情概念對你有怎樣的幫助嗎？

建議閱讀的書籍

極力推薦的是：

Josselson, R. (1996) *The Space Between Us: Exploring the Dimensions of Human Relationships.* Thousand Oaks, CA: Sage.

Mearns, D. and Cooper, M. (2005) *Working at Relational Depth in Counselling Psychotherapy.* London: Sages.

Josselson 的書提供有用的架構來理解個人生活裡以及專業助人關係裡的關係型態。本書充滿生動的案例，提供豐富的字彙來討論及省思不同種類的關係意義。Mearns 和 Cooper 的書清楚說明了在任何治療工作型態的關係角色。作者提出他們在各種長期心理治療情境與諮商嵌入在其他助人角色的情境裡諮商案主的案例。

諮商關係心理動力取向的重要著作是：

Jacobs, M. (2005) *The Presenting Past,* 3rd edn. Buckingham: Open University Press.

Leiper, R. (2004) *The Psychodynamic Approach to Therapeutic Change.* London: Sage.

個人中心取向的重要著作有：

Mearns, D. and Thorne, B. (1999) *Person-centered Counselling in Action,* 2nd edn. London: Sage.

Merry, T. (2002) *Learning and Being in Person-centred Counselling,* 2nd edn. Ross-on-Wye: PCCS Books.

Rogers, C. R. (1961) *On Becoming a Person.* London: Constable.

Tolan, J. (2003) *Skills in Person-centred Counselling and Therapy.* London: Sage.

溝通分析的重要閱讀書籍是：

Stewart, I. & Joines,V. (1987) *TA Today: A New Introduction to Transactional Analysis.* Nottingham: Lifespace Publishing.

後設溝通概念的最佳資源是：

Rennie, D. L. (1998) *Person-centred Counselling: An Experiential Approach.* London: Sage.

深入討論諮商關係理論的書籍有：

Feltham, C.(ed.)(1999) *Counselling Relationship.* London: Sage.

McLeod, J. (2003) *An Introduction to Counselling, 3rd edn.* Buckingham: Open University Press, ch. 12.

有益的晤談：「只是談話」

引言•使用同理心•說故事•同心談話：建立對話性的晤談•發問•轉移話題•治療性晤談的律動•推論立場•開啟之門：使用生動的語言、意象與譬喻•結論：「只是談話」如何又為何能產生改變•省思與討論的問題•建議閱讀的書籍

「擺在那裡的是你祖父的照片，不過你卻無法和任何人談論他，是嗎？聽起來這件事好像一直不停地在你腦海中轉呀轉地。」「Aye，我從沒有告訴過任何人這件事，但直到現在我仍然會常常想到他。」「我在想，你現在是否願意與我談談，如果你認為現在可以談，我很願意聽你說，我了解當你跟我說這些事情之前，你已嘗試用正向積極的態度來面對這個情景。只不過從我坐的地方望去，你祖父的樣子看起來似乎……是不是很嚇人？」「現在看是不會嚇人……但我對他是有些困惑。他看起很孤單──即使他處在人群中。」
「他是孤單的？」「嗯！有趣的是，當他與人相處時，他仍是孤單的。」

Counselling Skill

引言

　　諮商晤談通常會產生治療效果。許多特定任務（如解決問題、改變行為）也可能從晤談中浮現，任何諮商晤談的基準或預期目標，即在於晤談過程中運用一些方法，讓當事人從困擾的生活空間中發現其意義性及可能性。本章旨在協助諮商師探討有意義或有治療效果的晤談策略與方法，這些治療方法植基於能覺察到當事人的個人經驗。當事人曾經驗過哪些有意義的晤談？這些晤談怎麼樣才值得保留且富含意義？諮商的理念和方法僅適用於增訂或修正已存在的策略方法，它無法完全取代當事人已學習到的所有經驗。

　　諮商關係提供一種獨特形式的晤談空間，這與當事人在他們日常生活中所經驗到的人際交談是有所不同的。當事人可能希望找人聊聊，因為他們正經歷好長一段時間的困境、衝突、難題或尷尬等生活感受，且至今尚未解決這些情況。當事人必須獨自承受沉重的負擔與重大的壓力。這些感受經驗往往伴隨一種想法出現：找人談談這些話題感受可能比較好，不過當事人並不清楚要如何進行晤談，或這樣的談話能夠發生什麼結果。當事人很可能已經嘗試和朋友或家人，甚至與專業人士談過，但是往往效果有限。

　　進行諮商晤談時，當事人除了不知如何讓自己的感受變好以外，也可能對自己想要追求的東西感到茫然。因此諮商師先仔細想想如何開場，以及晤談的意義、內容，對建立良好的諮商關係而言，是一件相當重要的事。很少當事人會在諮商剛開始時，就對即將要發生的事有清楚的想法；儘管如此，當事人也想要與諮商師建立良好的諮商關係，其原因乃在於他們對諮商晤談有兩個期待：(1)晤談是有意義的；(2)晤談雙方須有回應——這樣才能產生晤談。

　　當事人希望晤談是有意義的，同時能回應一些他們想要了解的事、對問題或話題想要得到新的看法，以及想要確認諮商發生的事與當事人的生活情況是有關等等之類的渴望。有意義的晤談往往容易全盤了解所要探討的議題。諮商晤談中可從當事人的想法及作為來進行討論，這點是不容忽略的。通常簡單的事也有可能形成有意義的晤談，從當事人開始說——討論任何事——他們所說的內容皆包含了許多值得注意與值得覺察的隱含意義。日常生活中人與人之

間大部分的交談對話，其口語表達的狀況如同打乒乓球般——一來一回地快速表達陳述，全然不會因對方的回應而停頓。但是有意義的晤談對話，例如諮商會談，晤談雙方的表達速度要緩慢地、甚至停頓一下，讓有意義的陳述能夠浮現。正因如此，諮商師需要營造獨特的晤談方式。諮商師的核心能力之一，即是能夠顛覆日常生活中人際之間的談話方式，使當事人可以在新的晤談方式中體悟出新的意義。舉個簡單的例子，平常交談時，當某人說：「我們在家過耶誕節。」通常另一個人會對應的回答：「我們要去我先生家過耶誕節。」然而，在諮商晤談中，諮商師不會只是回應當事人的陳述，而會表達一些能夠讓當事人相對說出更多重要的、相關的或個人的話語。

　　有意義的晤談在於能讓彼此呈現更多接觸性的反應，共同分享、承擔，並從多元的正向角度來發展議題的新觀點。情感上，不和他人接觸就是一種特殊性的痛苦；一群人共同處理一件事情與一個人單獨處理同一件事情，兩者間有根本的差異。我們生活在極端個人主義的文化中，也不重視彼此互惠的美德。不過透過我們（當事人與諮商師）共同晤談的空間，便能在此一諮商關係中找到雙方有利的議題。諮商晤談有另一項重要的意義；其他助人工作的從業人員（例如護士、醫生和教師）很少出現接觸性的對話，只是傾聽、診斷和評估，然後告訴當事人該怎麼做。雖然不同的情況必須有不同的規定與不同的做法，不過對於當事人自身的困擾，若只是「提供某些回答」未必會對其有幫助，更何況有些規定和做法會讓當事人感覺到被分類診斷、被貼上標籤的列案管理。相對地，諮商晤談則是一個雙向、開放的互動過程。

　　在本章的稍後，我們會提出一些有意義的諮商晤談策略，有意義的晤談是有效諮商的基礎，有時候也會引導出特定的諮商任務。與此有關的內容也會出現在第九章和第十章。重要的是，有意義的談話有助於當事人本身經驗的體會。諮商師認為許多諮商晤談不見得有特別發生什麼事；在他們的印象中，當事人只是在聊天，卻能從接受諮商服務的過程中有所體會收穫。其實晤談的基本原則就在於有意義的說話並且促發雙方的接觸，這樣就可以影響當事人有所改變。本章接下來的單元即在於探討如何將上述概念運用在諮商晤談中。

使用同理心

　　同理心乃是任何有意義的諮商晤談的核心敲門磚。從一九五〇年代美國心理學家 Carl Rogers 的早期研究發現，同理心概念是諮商實務和心理治療的主軸，它強調諮商師必須擁有敏銳且即時的體驗能力，能給予當事人最具療效的同理共鳴。同理心表示某人有能力了解其他人的實際狀況，設身處地為他們著想，以他們的角度來看世界。諮商師能夠使用同理心於當事人的背景脈絡中，這就是最高品質的諮商晤談。換句話說，沉默的同理心是不夠的，好的諮商師會用當事人可以接受的方式來與他溝通，以表達他們的共鳴性了解。事實上，同理心是微妙且難以理解的特質。例如，它與同情或憐憫不同，這兩種特質都只是一種人類情感的表達，它隱含一種狹隘的反應，當事人表達對朋友的感覺，或表達他的不捨感受。相對地，同理心意指更廣泛地接受別人所有的感受，以及其他更多的經驗，不只是其受傷或痛苦的層面而已。同理也可能和「同意」混淆，同理的諮商師可能會回應當事人說「我也能感覺或我也曾經感覺到」或「我也發生過這樣的事情，因此我知道你在說什麼」。表達同理心是指在某種程度上，總是願意認同當事人的；也許能藉由想像他們可能會是怎樣，並真實地使用同理心來尋求其他相似經驗的突破，從而引發某些新的或不同觀點的層面意義。使用同理心的另一個重點是，它要求某人必須完整地回應當事人，包括回應當事人的經驗、認知、感覺及其世界觀與道德價值，並能認同當事人的生活脈絡方向。

　　諮商過程中，諮商師真誠的使用同理心會讓當事人擁有全新的體會。Rennie（1998）提出：當事人「思路」（track）的概念，它有助於我們了解使用同理心的重要性。當諮商師開始與當事人同理晤談時，就如同車子行駛在鐵軌上——這樣的晤談是有方向的、有動力的。諮商師缺乏同理的回應往往會與當事人的思路背道而馳，因為他們的表現會讓當事人認為諮商師並不了解他們。此時此刻，當事人會猶豫是否要停下來對諮商師解釋，還是不必要對那些無法理解他們的人費唇舌解釋。以開車來比喻：諮商過程中，持續的使用同理心才能讓汽車繼續在路上行駛——這也是開展任何諮商旅程的基本條件。

使用同理心的晤談對當事人的影響遠大於例行性的晤談。從「微觀歷程」來談使用同理心的重要性，Vanaerschot（1993）曾詳盡、敏銳地分析使用同理心的晤談歷程，及其對當事人的影響。

- 當事人感到被重視、被接受。當事人感到被認同，他是自主的、有價值的。
- 學習傾聽來感受當事人的情感，並以非令人害羞或尷尬的言語來表達其感受。
- 消除疏離感：「我沒有不正常、不同或奇怪——因為有人了解我。」
- 學習透過諮商師的驗證與判斷來相信自己的經驗。
- 專注重視當事人的議題或問題的核心。
- 引發資訊的回憶統整，先前被遺忘或被壓抑的議題可能再次浮出檯面。
- 組織資訊，同理心的表達方式有利於事情適當地排列。

在使用同理心的晤談過程中，藉著統整當事人其他的生活經驗，鼓勵當事人敘說他們更深入或更複雜的故事。他們敘說的故事及其與諮商師的晤談，更能完整地展現他們的自我，包括他們的優勢與難題。若諮商師沒有提供同理心的反應則會發生完全不同的狀況。當諮商師回答「脫軌」時，當事人可能會「順從」諮商師（Rennie, 1994），認為諮商師說的話是合理的或有用的；這樣繼續發展下去，雙方的晤談話題便會失去相關性。

諮商晤談可能會因錯誤的同理心表達方式（如「我了解你的感受是怎樣」），而受到嚴重的破壞。缺乏精確和過於武斷的表達使用同理心的晤談，無法讓當事人體會到諮商師已了解其狀況的事實。當諮商師試圖表達他們清楚地了解當事人的情況，例如說：「你曾經和我談過你的工作壓力，我能感覺到你的疲憊」而要當事人做些改變。上述實例，諮商師或許了解當事人的實際狀況，但也可能誤解其感受。事實上，當事人對工作是有不滿，還好當事人至少接收到諮商師對他的事情有某種程度的了解（在工作壓力下的感受是很不好的），也有機會修正諮商師的反應。諮商師全然以專家的立場自居，這樣錯誤的同理心是有風險的，它會阻礙雙方合作探討議題的可能發展。相對地，真正

同理心的投入不會發生這樣的情況。諮商晤談時，若諮商師能表現出嘗試探討的態度、真誠的好奇心、虛心受教的意願、未標籤化的表達，那麼當事人與諮商師處理問題的諮商過程就會更加開放。

使用同理心不是一個諮商終點或是一件能完全達成的事情。有誰能夠完全了解他人的經驗呢？若能將使用同理心視為是一種談話的方式和一種晤談的型態，這樣來看會比較有用。諮商師使用同理心的表達方式意味著他有興趣、有意願去學習了解當事人，但還無法完全了解整個事件的來龍去脈；他視當事人為一位有趣且值得了解的人，而且是一位豐富、迷人的敘事者。

接下來的單元，我們將透過諮商晤談的歷程，進一步探討使用同理心的實際作法。

確認說過的話：主動與被動的使用同理心

美國心理分析師 Leston Havens 寫過一些使用同理心時的相關用語。Havens（1978, 1979）曾清楚明確的區分主動和被動的使用同理心。若當事人直接開放地表達他對於事情的感受時，諮商師就會產生被動的同理心，諮商師此時只是在確認他所聽到的事實。相反地，若當事人含蓄地表達他對於事情的感受時，主動的同理心就會產生，諮商師的任務就是要設法讓這些隱含的意義顯現出來，並使用更多的方法來探討與其有關的隱含意義。Havens（1978）的建議如下：

> 主動的使用同理心，一方會主動探索另一方。這是「大膽嘗試進入當事人生活」……諮商師會將直覺感受到當事人的感覺變成為語言……當我們還沒發現到任何的感受時，我們可以主動地搜尋當事人的感受，直到很接近他們的感受為止。
>
> （pp. 340, 344）

> 諮商師若只是沉默的等待或出現一些富含情感的手勢，以回應當事人的陳述感受並給予支持，這是被動的同理心……諮商師使用同理心的回應如同是「一面玻璃鏡」……透過這片玻璃能看見當事人的真實

感受……在感情上我們可以更靠近當事人，回應其感受，並說出我們感受到的是什麼。

（pp. 340, 344）

重要的是，我們必須了解被動的使用同理心，並非意味著諮商師什麼都不做。Havens 形容它是一種「允許回應」的過程，Barrett-Lennard（見下文）則認為諮商師的傾聽就是一種對當事人的情感發生「共鳴性了解」的現象；諮商師對所聽到的事要抱持開放的態度，專注於當事人的情感狀態，監控情境、覺察到對當事人說話的適當時機，此時此刻，謹慎而系統地表達他們所要說的話。雖然如此，諮商師仍須持續地對當事人表現出被動的同理心投入，它會引導當事人繼續在諮商的軌道上探討其目的和方向。

被動的使用同理心時，諮商師通常會表達一些簡單的同理心反應，諸如：

- 感嘆及非語言式的語氣（「嗯」）；
- 驀然驚嘆（「天啊！」）；
- 同理心的形容（「真糟糕」、「太好了」）；
- 傳達「這（曾）是很艱困的時刻……」

上述表達，顯示諮商師正全心全意想了解且以情感語調傳達給當事人（「我至少覺察到你的一部分感受」）。再伴隨著如此的互動：「請繼續說，我會陪著你」這樣的表達反應會讓說話的當事人感受到一種鼓勵、支持的訊息。

諮商晤談的另一個重點是，可以提供一些有益的積極回應，它植基於了解當事人說話過程的意義。如果當事人說話的意義不清楚，或晤談過程卡住了，諮商師表達一些 Havens 同理心的相關用語將會是有用的，意即：「語言可以引發其他感受」。初層次同理心的表達方式是，摘述當事人所說的話或其重點，諮商晤談中經常引用的表達語句有：「你的感覺是……」、「像現在……」、「你顯然是在說感受到……」、「你傳達一個概念是……」、「這好像……」。

對諮商師而言，上述的初層次同理心是一種體驗機會，它可用來檢視自己理解了什麼。當當事人連續不斷超過兩、三分鐘的說話，這其中可能累積了大量的訊息，同時揭露一些當事人私人的、情緒的問題焦點。初層次同理心的

摘要反應，有助於諮商師將所了解到的訊息做個初步的整理，並且和當事人進一步溝通。而後，向當事人確認諮商師是否已了解（或不了解）他的問題感受，必要時讓當事人指正諮商師所了解的訊息。初層次同理心的確認反應如：「我正在聽你說話，也了解你所說的話，我認為問題的重點也許是……是這樣嗎？」被動的同理心表達能夠立即回應當事人所說的話（「我感受到你的痛苦……」），初層次同理心能進入當事人的世界，找到正確的話來說明正在發生的事（「我感覺到你說的痛苦是……」）。換個角度來看，被動的同理心晤談也是一種陪伴關係，確認事實就是在確認雙方的互動關係。相對地，主動的同理心表達則會引發諮商師自主性和些許獨立分離的意識：因為主動回應隱含回應者的自主狀態，當下說話者也是觀察者，隨時在檢視雙方是否已經了解。

高層次同理心的表達：有意義的連結線索

整體而言，初層次的同理心表達，旨在讓當事人了解他是被傾聽的、尊重他的存在價值（「你值得被認真地對待」），而且有助於開展彼此的對話歷程，以確認當事人的情感與話題。然而，為了深入晤談，必須使用高層次的同理心表達，它將連結更多不同的話題。高層次的同理心表達方式包括：

- 「也許沒有人了解……」（當困擾難以同理，或當事人難以表達困擾時）。
- 「你已經困擾了好一段時間，現在你決定要面對它……」（當事人處在揭開存在已久的難題，及當下決定要改變它之間的緊繃狀態中）。
- 「難怪……」（依其背景情況來辯護、接受當事人的感覺）。
- 「想到這兩件事是這麼的可怕喔？……」（搭起連結兩個或多個記憶、感受的橋樑，確認當事人對事情感受方式的事實）。
- 「你感覺……因為……」（連結當事人生活情境與情境引發感受之間的關係）。
- 「當……你感覺……然後你藉由……處理它」（連結情境、情境引發的感覺及當事人對感覺的反應）。
- 「已經發生的事是……而你感覺……因為未來你可以明白……」（連結當下情境及情境未來會如何影響當事人感受之間的關係）。

●「好像有一部分的你正在說……然而另一部分，或可能在你腦袋裡面的另一部分的你正在說……」（開始辨認不同的「聲音」或「部分的自我」）。

在此僅列舉部分高層次同理心的表達方式。當我們聚焦於當事人各部分或各重要的議題經驗時，有助於探討當事人焦慮和多變的生活，並且開展其無限的可能性。當事人也可經由各部分的整合，透過體驗與對話來凝聚其不同的經驗，激發潛能並予以關注。

高層次同理心的表達，也有利於當事人將過往片段和混亂的經驗賦予其意義。這部分的同理心反應可採用重複卡住話語的方式來表達。例如，當事人會（反覆的）說……「我就是交不到新朋友……當我遇到新朋友時，我就會變得沉默，他們一定會覺得我對他們沒有興趣。」以下列舉的各種回應，諮商師扮演了各種不同的晤談角色，諸如：

當事人：我就是交不到新朋友……當我遇到新朋友時，我就會變得沉默，他們一定會覺得我對他們沒有興趣。

諮商師：我感受到交朋友這件事，你已經困擾了很久，我好奇的是為什麼你現在想要談論這個問題……是什麼改變了你？我感覺到，有一部分的你被這個問題卡住了，而另一部分的你想要改變它，因為你不想放棄交新朋友的努力。這樣說對嗎？

當事人：或許對吧，我真的忍無可忍了。我知道問題在於我似乎無法改變任何事情。我一直不知道在這樣的情況下，我要怎麼樣才能放輕鬆、變得正常些？

諮商師：怎麼樣改變……也許我們可以一起來探討這個問題？怎麼樣放輕鬆、正常些？我懷疑那對你的意義是什麼。對你來說，感覺正常是指什麼？對你來說，什麼時候、什麼地方，你會感覺不錯呢？

上述對話實例，諮商師對當事人所說的話理解到兩層意義，好像他在和兩種聲音對話：「前面的」聲音說：「我卡住了，沒有希望了。」而另一種「背

後的」聲音則在說：「我已經努力解決了部分的問題，我有一些發生什麼的線索，我仍想要改變我自己，我仍有一些希望。」一旦確認當事人有這兩個部分或兩種聲音後，諮商師的沉默（當事人希望的聲音）亦在創造當事人多說一點的機會。接下來，確認當事人想要了解「感覺正常」時，諮商師設法連結當事人在某些表現正常情境下的社交技巧及能力，並考量是否能將之運用在其交友的情境上，建立兩者之間相互連結的各種可能性。

專欄 8.1　試探的重要性

　　當事人的談話對諮商歷程是否有幫助，往往不是由他說了什麼或是說得如何來決定。Kimberely Gordon 和 Shake Toukmanian（2002）曾針對諮商師的口語反應型態加以研究，他分析了諮商師表達試探的時機與程度。試探乃「是一種開放和不確定的方式，意指諮商師邀請當事人詳細說明雙方正在溝通討論的事情，力求更周延表達」的一種回應（p.92）。試探典型的表達方式，諸如：「我覺得……」，「如果……我好奇」，或「我不確定，但……」。Gordon 和 Toukmanian 發現，若諮商師是以低度試探的方式來表達，較能幫助當事人深入地探索問題。他們主張諮商師對求助的當事人採用「有益的不確定性」試探以引發他們的覺察，不但可以激勵當事人的探索，也可發現額外的訊息。Tarja Kettunen 及其同事（2003）也有類似的研究，他們發現醫院的從業人員在提供病患健康諮詢時的說話方式，試探是「重複當事人的話語、不完全的語句、結巴地說、停頓，甚至其他猶疑的部分」（p.333）。上述研究顯示，試探性的表達陳述會帶給病患思考的空間，引發他的探索反應、淡化醫護人員詢問病患時口語的攻擊性程度。

　　由此觀之，試探有助於增強諮商晤談的功能、促發議題的探索深度。然而，值得注意的是，試探並非諮商師諮商歷程的最有效策略。舉例而言，諮商師若希望當事人能堅定地記住新的領悟，他就必須明確而清晰、毫不遲疑、自信和非試探性的表達陳述，讓當事人了解並認同他。因為試探雖能發人深省，但直接表述令人難忘。

使用同理心是一種過程：Barrett-Lennard 模式

澳洲心理學家 Godfrey（Goff）Barrett-Lennard 於一九六〇年代曾與 Carl Rogers 共事，他們彼此合作進行了一項重大研究，探討同理心在諮商歷程中的角色（Barrett-Lennard, 1998）。當時，Barrett-Lennard 有機會了解諮商師使用同理心時對求助者的影響。他提出同理心的投入模式，在此模式中，當事人與諮商師雙方的互動約有五個步驟，如表 8.1。

諮商師同理心的投入模式確實有其實務運用的重要性。諮商師欲落實此一模式必須具備四項重要的能力：

● 準備好要傾聽當事人——必須心無旁鶩。
● 有能力「引發共鳴」——從內心感受當事人所陳述的感覺意義。
● 有能力精確地、敏感地、試探地及簡潔地使用話語，並摘述當事人與諮商師的對話感受。
● 觀察的技能——觀察並傾聽當事人如何聽收諮商師的話語。若諮商師的反應正確，通常會發現當事人痛苦減除的蛛絲馬跡，例如他會說「對，就是那樣。」相反的，如果諮商師的反應不是很正確，當事人也許會把臉轉過去看別的地方，然後回答「嗯，但是，」他的言談舉止依然充滿困惑。

表 8.1 Barrett-Lennard 同理心的投入模式

求助者	諮商師
步驟 1：覺察自己希望談論的議題	開放且專注——表示準備好要傾聽當事人說話
步驟 2：談論這個議題或所關心的事	積極傾聽，容許當事人表達對諮商師言談舉止所引發的感受意義
步驟 3：停頓並傾聽諮商師說些什麼	通常使用摘要來表達諮商師了解當事人所說的話
步驟 4：聽收諮商師所說的話，並表達諮商師的摘要是否正確及自己的收穫感受	觀察當事人對諮商師摘要內容的反應，並傳達諮商師的了解程度
步驟 5：繼續談論……持續循環	繼續專注傾聽……持續循環

在典型的諮商會談中，同理心的投入都會發生好幾次循環。一般而言，若諮商師能夠有效地掌握當事人的談話重點，那麼當事人的談話內容會越來越深入。反之，如果諮商師一直抓不到重點，當事人的談話可能會失去頭緒，或是隨意說些膚淺表面的內容想要中止溝通，或是會更加操弄生動、強而有力的措辭與說法（例如隱喻），努力想要讓諮商師了解他們的觀點。果真如此，一位好的諮商師會努力設法來修補這樣的狀況，以便諮商晤談能夠回到正軌。

同理心的循環步驟是一套有價值的諮商指南，它引導諮商師在督導和實務訓練上的省思，也反映了為什麼同理心的概念是複雜且難以了解的。同理心的投入模式有下列三項優勢，並可用來評估諮商晤談的歷程。第一，諮商師會感覺到自己開放及富有同理心的程度（步驟 1 和步驟 2）。第二，諮商師對當事人所說的話會展現同理心的特質（步驟 3）——這是外人觀察同理心使用情形最會注意到的地方。最後，當事人會感覺到諮商師所說的話是否真的「點到核心」（步驟 4）。

使用同理心的結論

前述內容旨在說明如何使用同理心並形成有意義的諮商晤談，以協助當事人追尋自我或世界的一致性。事實上，諮商師可經由摘要的方式來表達對當事人的同理心及對其所說的話的了解。當然，只是套用表達公式來回應當事人是沒有用的，因為這樣的做法馬上會讓人感覺不真誠。同理心的表達方式是有各種不同的型態。每位諮商師都必須發展出與當事人「同在一起」或「真誠一致」的態度，並且要認同當事人的人格、角色和文化。諮商師在表達同理心（或表達其他事情時）時，必須注意下列兩個重要的問題：

- **我所說的話對治療關係有什麼影響？**我所說的話能否傳達工作同盟的意義？我所說的話能否建構當事人的信念——我接納並尊重他們，我是一位能打開他們心門的人？

- **我所說的話如何影響當事人的注意力？**我所說的話能否吸引當事人的注意力（例如，我正在影響他們注意特定的議題並忽略其他議題）？我所說的話能否催化當事人更深層的感覺和更自我的反應，還是讓他們只注意到其

他的外在因素（例如，別人如何影響他們）？我所說的話能否催化當事人更多的敘事，還是讓其分心而導致他們說話離題嗎？

若能時時刻刻使用同理心，便能逐漸形成共識的網絡，讓當事人能加深、加廣地探索個人的議題及其影響效果。因此諮商師必須設法連結當事人的想法、事件和經驗，並從中協助當事人了解問題及其意義。

本章迄今已對同理心的使用提出許多觀點，因為它可能是諮商晤談過程中最重要的部分。一旦當事人的生活發生問題，當他們想談時，他們會希望有人專注地傾聽，而且這位傾聽者能設身處地的了解其問題。他們想要被聆聽、被了解。當他們感受到被聆聽、被了解時，自然而然地就會與他人產生連結，進而產生內在的支持和療效。如果當事人感覺不到諮商晤談時有真正被人聆聽和了解，那麼幾乎什麼事也不會發生，當事人可能會孤立自我並保持沉默（無論他們是否被允許）。如此一來，諮商師在對當事人不完全了解的情況下，所做出的反應評價也就會不太正確。接下來，我們要談些有利諮商的其他策略。

說故事

諮商最基本的工作就是提供當事人說自己故事的機會。一旦當事人在生活中經歷到壓力或困難時，自然而然地就會想要把這些事情告訴別人。這樣的敘事是有其正面效果的。故事包含了一連串的記憶、畫面和感覺，敘事有助於當事人整理許多縈繞在心中的舊時資訊。故事的結構往往會讓當事人將這一連串的事件理出脈絡（「他這麼說，我就那麼做」），並將行動（發生什麼事）、意圖（目標和計畫）和情緒（感覺到什麼）加以連結。每個故事通常都會涉及評價或「道德」面，這些都會交織在當事人敘述的事件中——無論怎麼看故事，快樂的也好、令人討厭的也罷。當事人之所以常在諮商關係中說故事，是因為他們沒有其他地方可以訴說。對其他人而言，或許當事人敘事時會令他們感覺尷尬或有壓力，也或許是當事人其實很孤僻，別人願意傾聽但當事人不想讓他們接近。當事人說故事時，有時只能說出「薄薄一點」或選擇性的版本故事，沒有完全說出「厚厚一疊」（thick）涵蓋他們所想、所感覺及曾做過的故

事版本。因此，諮商師若能在當事人說故事的過程中，協助他們將感覺和事件依其順序作一組織整理，讓當事人理解曾發生過的事，有助於引出故事的重要結果。

說故事的另一個重要意義是能夠提供敘事者獲得支持和回饋的機會。故事有好有壞，有些事件有助於人類的成長發展，有些故事則有利於分擔威脅風

專欄 8.2　談問題有益健康

　　美國心理學家 James Pennebaker（1997）曾做過一項有趣、重要的研究，研究發現探討問題或寫下問題對人類的健康有很大的幫助。在這個著名的系列研究中，Pennebaker 和他的研究團隊把志願參與研究的成員分成兩組，研究者要求其中一組成員在紙上寫下自己的生活壓力，每次寫十分鐘，每天一次、連續四天；另外一組成員則在紙上寫些不重要（無關緊要）的內容。研究者對兩組成員表示，沒有人（含研究者）會去看他們所寫的東西。在寫之前、之後及追蹤的各個階段，研究者對兩組成員做一系列的健康檢查。結果發現，相較於寫不重要話題的成員，寫壓力內容的那組成員較少去健康中心，也有較好的免疫功能，即使他們書寫壓力的時間不多。

　　Pennebaker 進一步在醫療院所使用不同的方法（例如，用說的而非用寫的方式）來進行談論壓力事件的研究。他們在許多這方面的研究中發現，即使當事人在表達壓力時說的不多，但仍有相當大的影響結果：在寫或談問題時，儘管當下參與者的感覺並不好，但說或寫完之後，他們感到更快樂，更健康。究竟這是怎麼發生的？ Pennebaker 認為，人類已進化到會將自己的煩惱告訴他人，以尋求他人的支持並傳送潛在威脅的資訊予所屬的社群。但是，現代社會反而有許多因素阻礙我們對他人說自己的煩惱和害怕（例如，別人太忙沒有時間聽）。如果這種阻礙、壓抑的情況持續下去，最後會導致我們的自律神經系統活動受到壓力的影響。此外，過度、強烈地自我抑制也會干擾我們的訊息處理，導致當事人無法妥善地處理問題事件，如此一來就會讓人陷入沉思、現於夢中或出現其他干擾認知的症狀。反之，若能盡情敘說往事，我們的生理運作便能減少壓抑，更能使當事人釐清發生了什麼事。

險。說故事的人雖然是在求助，但同時也提醒了團體中其他聽故事的人生活中存在著風險。在諮商情境中，當事人越是豐富及生動的說故事，諮商師更能了解它們、提高其諮商成效。好的故事就如同一部影片的片段，能夠引導諮商師（或其他聽故事的人）進入敘事者的世界。因此，故事提供諮商師有價值的資訊去了解當事人，諮商師的後續回應都會深植在當事人實際的體驗中。如果當事人說故事時真正感受到被聆聽和被接納，有助於當事人體會到他人的了解、關心，以及對他們所經歷的故事是感興趣的；敘事可以擊潰當事人的孤立和絕望。

　　諮商晤談時有許多促進當事人敘事的技巧。在諮商關係中，說故事可能只會呈現困擾當事人的難題是什麼，因此一昧平鋪直敘的說，往往不能讓聽故事的人真正了解到發生什麼事。表面上，它只會呈現一個非常膚淺的故事，但背後其實還有更多、更有意義的版本故事即將顯現。這時候通常需要一些誘因，如「假如你能告訴我更多那些令你如此擔心與關心的事情，我想會對你有些幫助。現在從頭開始，你願帶我回到故事的起點嗎？」值得注意的重點是，諮商師應避免要求當事人解釋，或以評價的口氣要求他們「說明」當時做了什麼事。反之，諮商師的任務是要傳達對當事人當時真實情況及其各種感覺與行為的真誠探索。當事人開始說故事時，諮商師有時可用摘述、反映或同理心（「多糟啊」、「我可以感覺那有多困難」）等反應，使用前述的同理心是有幫助的。重要的是，聽故事的人應該盡可能地傾聽並注意故事的內容。如果敘事過程中出現落差或離題，諮商師可以使用以下的語句：「我似乎漏掉某些事，你剛談論到他對你說什麼，然後你似乎跳到隔天發生什麼事，我不太確定這之間的關係是……」。重點是，當事人有其不同的敘事方式，只要我們願意持續傾聽，到最後每個事件都會變得清晰。因此，我們一方面要判斷如何在插話和釐清問題之間取得平衡；另一方面要給當事人足夠的說話空間。一般而言，助人工作的從業人員，例如教師和護士，往往會藉機控制或驅使當事人說故事，他們渴望當事人能「說到重點」。助人工作的從業人員應有耐心並讓當事人用自己的方式說故事，若能強化助人關係必能使當事人自由自在的、清楚明確的陳述理念。

　　敘說故事到最後往往會以回到當下做為結束的重點，亦即將諮商晤談焦點拉回此時此刻，例如「那就是我告訴你的，為什麼我從上週到現在一直感到很挫折」。故事結束時，諮商歷程往往會稍微停頓一下，當事人好像可以停下來吸一口氣，或是看看還需要補說些什麼。這時候諮商師接下來要做什麼，是一件非常重要的事。敘事的當時，都是由當事人主導，諮商師幾乎不需要多說什麼；但故事說完時，就輪到諮商師說話。諮商師基本上可以有兩種反應。第一，諮商師需要承認這個故事的事實，也要回應故事內容的含意。在大多數的情況下，諮商師要對故事表示些什麼之前或要進行任何討論前，他必須先承認故事的事實性，這是一件很重要的事。在前一章節中，醫學研究人員 Arthur Kleinman（1988）曾敏銳地記錄下他所觀察到的同理心過程，當有人回應當事人的煩惱、痛苦和折磨時，不但代表他們相信這故事的真實經驗，也鼓舞了當事人說故事的勇氣，這對當事人而言，意義是相當重大的。諮商師可以停留一會兒在當事人的感受中，傳達一些基本的接納或想法，告訴當事人他們受到什麼影響，並將之口語化的表達出來。諮商師也可以嘗試找一些人名或語句，將故事完整地總結一下（例如，這場戰爭是來自於你自己必須面對他人的期望），因為它創造了未來可以使用的一個腳本，有助於當事人和諮商師再次經驗到故事裡的事件和感覺。

　　諮商師的第二項反應便是和當事人一起探討故事的意義和值得省思的地方。對當事人和諮商師而言，聽故事時可以深深思考：故事往往涵蓋許多足以深入了解當事人生活，以及他們如何處理事件的重大線索。故事被視為是一個開場，或是一張進入當事人主觀世界的邀請函。換言之，它可以繼續促發其他的諮商任務，例如意義化或做決定。

　　這是一個諮商工作同盟關係中敘說故事的實例。James 是一位十四歲的在學生，他向年級導師 Stan 談論自己的問題。James 是校內公認「很難搞」的學生，他常常公然反抗老師，經常不甩老師交代的事或以尖酸、嘲弄的態度回應老師。他的叛逆行為導致許多老師對他的管教更為嚴厲，經常檢查他的功課，如此一來也引發他更多「難搞」的反應。有一天下

午，Stan 在下課例行巡視教室時，剛好有機會和 James 獨處一室，這時 Stan 先起個頭詢問 James 是否願意告訴他一些事情。經過一番連哄帶騙的開導，James 終於打開心胸，開始敘述他的故事。他談到自己是一個重視公平並力求完美的人。他想到一年前，第一次與老師互動的困擾。當時 James 很努力地寫完一份計畫，卻覺得老師老是在挑他的毛病，特別針對他，甚至在全班面前質疑他的計畫有問題。他記得當時他很害怕，對老師的質問不知如何回答。接下來的一個星期，他都在擔心這件事，他幾乎睡不著、吃不下。再接下來的一週，又有另一個老師在班上問他一些問題「我當時只能頂撞他，並以最愚蠢的話來回答他」。他對現況越來越糟糕感到困擾，他花了二十分鐘的時間在談論他的故事。Stan 同理 James，老師們對 James 的高標準要求似乎令他身陷於困境中，這的確令人痛苦和煩惱。Stan 接著說，他感激 James 能讓他看清楚所發生過的事，James 的敘事如同呈現一幕幕清晰的畫面。當他說完這些故事後，他們雙方都已準備好要改變對彼此的看法，也從中看到可能的改變策略。🖉

同心談話：建立對話性的晤談

優質的諮商晤談是植基於雙方的合作態度。當事人和諮商師的工作同盟關係，可以彼此合作，一起努力來解決當事人的生活問題，這樣的同盟關係可以透過對話的方式來建立。當事人和諮商師一塊兒聊聊，有利於發展工作夥伴的效能，同時允許各自的知識、技術和想法去影響諮商工作。有效晤談的最重要方法之一，就是第七章所討論的使用「後設溝通」。透過討論先前晤談過程的方式（亦即溝通後的溝通，例如，「我不知道當時我做這樣的建議，你的感覺是什麼」），無論何時進行晤談，諮商師都可以蒐集任何有利於晤談的「精微時段」（micro-moments）。本單元讓我們一起來看看有哪些可以使用並作為提升合作同盟的晤談策略。

抽離主觀的自我

　　諮商晤談的特徵大多是「面對面」或「你和我」。當事人談到自己都是（「我感覺……」、「我想……」），而諮商師的回答通常是「我的印象是……你感覺……你認為……」。如果雙方是面對面競技的對手，這樣的互動畫面好像是一來一往的乒乓球比賽或棋賽。諮商是一種相互合作的過程，前述的對話結構無助於諮商晤談，因此諮商師和當事人可以一起來討論如何交談。雙方皆可以一起從「外」或「內」來觀察對方，而非以自我的角度來觀察另一個內在的自我（假設這個自我是理性的或在控制之中）。這種表達方式的實例有：

> 「所以你的世界是怎樣的一個地方……」
> 「當你和內在的感覺保持接觸時，　這種感覺好像是……」
> 「那樣的情境是……」
> 「憤怒已經變成你生活的一部分……」
> 「這一刻是你能夠擊敗完美主義的時候……」

　　上述表達方式可以一起來探討的地方或想法是：「你的世界」、「情境」、「內在的感覺」、「憤怒」、「完美主義」。使用語言來探索一個「情境」（當晤談方向是在談論他人，而這個人正在操弄其所處環境）、一個「感覺」（當晤談方向朝內在感覺移動），或「完美主義」（其注意力轉到存在世界和當事人內在的想像本質），這才是接下來的晤談重點。只不過，上述語句皆是將當事人和諮商師置於協同詢問者的立場來對話，雙方肩並肩、一起注視相同的事物。

問題外化

　　喚起當事人和諮商師一起交談或併肩合作的晤談策略，乃是敘事療法的核心要素，敘事療法是澳洲 Michael White、紐西蘭 David Epson 和他們的同事共同發展的諮商方法。有關這種療法的介紹，請參閱 Morgan（2001）的研究著作。敘事療法最基本的語言策略，是將當事人從問題中抽離出來。使用這

種方法有兩種治療線索：(1)問題對當事人的影響；以及(2)當事人對問題的影響。敘事療法認為問題與當事人是相對存在、相互影響的。

例證 Katerina 是一位生活常處於內爆點（the point of imploding）的女人。她是一位單親媽媽、有三個學齡的孩子，有一個低薪的全職工作，她承認很難找到最佳狀態「讓一切順利運作」。某一年的秋天，Katerina 摔斷她的腿，她的行動受到嚴重的限制——這時候鐵定不是最佳狀態。每週訪視她的社區護士注意到 Katerina 情緒很緊張，她問 Katerina 是否想要聊聊。Katerina 一開始提到在大多數時候她是如何的憤怒，她經常會對她的小兒子咆哮指責：「我不知道我對他做了什麼，但我就是不能停止自己這些行為。」Katerina 被引導去談更多與「憤怒」（anger）有關的事，她說自己最「狂飆和暴怒」的行為是「大聲咆哮並說些難聽的話」。護士問她，這些狂飆和暴怒是不是會經常出現，還是有時候能夠擺脫它們。她解釋有時候她也能夠平心靜氣地處理兒子的調皮搗蛋。然後護士開始詢問 Katerina 對生活中狂飆和暴怒行為的看法，以及 Katerina 在什麼情況下，對兒子可以抑制自己狂飆和暴怒的引爆點。當談論這些問題時，護士晤談的重點是將 Katerina 獨立於狂飆和暴怒問題之外，以發展出她控制這些情緒的能力。

　　問題外化法是一個強而有力的晤談策略，因為它讓當事人能以幽默（「過去的狂飆和暴怒有夠無聊，不能再無聊下去了」）和更富創意（「我的孩子寫了一首『狂飆和暴怒的歌』來對付我，如果他們感覺到我快要狂飆和暴怒了，他們便會開始唱這首歌」）的方式來看待問題。問題外化有助於當事人看到自己的優勢和能力，同時能將現在的問題極小化並擊敗過去的問題。

使用「我」和「我們」的字詞：自我涉入的表達

　　諮商過程中，詳加思考並使用適當的代名詞，也是一種有效的晤談策略，例如使用「我」這個字。使用代名詞是建構關係的精湛方法。舉例而言，通常當事人求助助人工作的從業人員，如護士、醫生和教師，這些人在探談問題時，幾乎不會使用「我」這個名詞來談論自己。通常他們的專業角色都會盡量

避免涉及自我，而且他們時時刻刻都是以「你」方式來表達（「你說過你會頭痛，所以你最好服用止痛劑」，或僅以客觀方式來說明（「X光顯示你的腳踝曾經斷過」）。助人者的晤談立場應該是中立的、沒有私人特質，代表組織或系統提供客觀、可信賴的忠告。反之，和親近的人彼此之間的晤談，例如朋友之間或家人之間，通常都會大量地使用「我」字：

> 「我頭痛。」
> 「我也是。」
> 「我想是因為這房間比較悶熱。」
> 「我來打開窗戶。」

　　這種不斷的自我涉入能建構一個雙方說話都有立場可以完全表達意見、需要和個人經驗的晤談途徑，它創造了親近的氛圍，有別於專業晤談關係中所發展的疏離氣氛。對諮商師而言，在諮商關係中最重要的是能與當事人情感接觸，因此也需要適當地使用「我」的表達方式對話，例如：

> 「就我了解到的，你感覺……」
> 「我猜想……」
> 「我感覺……」

　　這些表達方式就是自我涉入（self-involving），因為它確認或暗示「我是另外一位當事人，我在這裡試著想了解你」。完全的自我涉入更能說明諮商師的內在心路歷程和反應：

> 「當我傾聽你說話時，我覺察到有這麼多的反應——傷心、憤怒和
> 　虛弱——我也感受到在你的身上已經發生這麼多事……」
> 「我很努力的傾聽，但我覺察到你有很多事情是纏在一塊，變得更
> 　加複雜……讓我看看我是否清楚……」
> 「你說到了很多事情，但真正讓我感到震撼的是……」

　　這種支持合作性的表達及雙方所建立的良好關係，代表了助人者願意真誠面對當事人，而且讓當事人明白諮商師了解他們有什麼樣的想法和感受。這樣的表達也能展現出非防衛性和開放的人際互動關係，以及雙方如何合作進行諮商工作，發揮以情感為基礎的問題解決模式和人際溝通技巧的功能。

　　有關諮商師諮商晤談的自我表露，及其與當事人分享資訊的議題，目前已有許多的研究報告。究竟諮商師的自我表露對當事人的問題是否有幫助，這些研究報告並沒有直接的答案。諮商師個人經驗的自我表露，反映他們的生活事實（「我曾離婚……是同性戀……是浸信會成員……」），似乎對部分當事人有很大幫助，它讓諮商師比較「人性化」，也有助於減少當事人的孤立感。但是，也有人似乎不怎麼欣賞這種個人傳記式的自我表露，因為它會使當事人懷疑諮商師的動機和能力。目前普遍存在的看法是，傳記式自我表露對諮商師來說未必有用，但合宜的、適度規範的分享個人經驗仍有其價值。

　　當事人求助諮商的問題，諸如尋求諮商師個人經驗的自我表露等諸如此類的問題，都是諮商服務的主要議題。目前已有許多諮商組織和機構（如酒精和藥物濫用、喪親和失落、健康問題、癌症和愛滋，婚姻諮詢等領域）皆設有不同領域的從業人員，當事人深受感動於他們的生活可以得到機構完全的服務。社會大眾也都能充分運用這些服務機構，因為當事人可以獲得再保證，他們遇到許多擁有類似經驗的諮商師，他們「已經在那裡了」。此外，當事人可能有許多不同的故事想說，例如愛滋病患者。因此，諮商時若只是參照助人者個人的相似經驗，這是有風險的——因為諮商師大多將諮商重點放在當事人已說的經驗，但其未說事件部分未必與諮商師的經驗相同。有時候個人的自我表露太多，也會導致助人者與求助者之間的關係失去平衡。事實上，諮商中有這樣的可能——求助的當事人也曾幫助過他人，他們也會隱藏自己脆弱的地方。因此這些當事人很容易換個角度思考，而開始懷疑諮商師是否有足夠的能力讓他們說出痛苦。反之，諮商師若使用自我涉入的形式，以「我」的方式陳述並直接對當事人自我表露，這樣的情形往往較容易讓當事人接受。

　　此外，另一項有助於當事人發展晤談而使用「我」的方法，就是諮商師說到當事人時改以「我」自稱。舉例如下：

　　當事人：要我處理孩子們的需求是一件困難的事，他們不斷要求，跟
　　　　　　我照顧我母親一樣。我好像沒有時間做其他的事情，我是這
　　　　　　麼地疲倦。
　　諮商師：聽你這樣說，我好像聽到「我很累，我精疲力盡了。我再也
　　　　　　無法應付老是需要我的孩子和生病的母親。」

　　上述表達也是一種同理心反應，一種改變當事人的表達方式。使用「你」
好像會讓他們和自己的感受遭遇產生距離；以「我」的方式則是比較直接清
楚，且容易引發當事人想進一步表達這個部分。諮商師表達當事人「我」的實
際經驗，那意味著諮商師願意進入當事人的經驗世界，從這個世界感受發聲。
上述實例，若諮商師省略「聽你這樣說……」的前導句，而是直接回應「我很
累……」，效果會更好。使用「我」幾乎能讓當事人和諮商師瞬間融合。

　　最後，在諮商晤談中，使用「我們」這個詞也可能引出諮商師的「我」和
當事人的「我」共同合作完成任務，這將有利於諮商，例如：

　　當事人：我不知道如何處理這些債務。我欠了許多卡債，而且我現在
　　　　　　還有張油單待繳，我不知道該怎麼付款。
　　諮商師：讓我們一起來看看這樣的情況，好嗎？我們先列出一張你
　　　　　　的收入與債務表單，再來想想看能否找出一個辦法。這樣好
　　　　　　嗎？

　　適度引用「我們」型態的表達，讓求助者與助人者共同投入工作任務。上
述實例，諮商師也可能承諾當事人，協助其列表及提供相關資訊，然後共同討
論它們的優先次序。

發問

　　諮商過程中，助人者使用發問技巧可引出許多困難和複雜的議題。發問
通常是在談話告一段落之後，它有許多目的：獲得資訊（「火車到達倫敦是幾

點？」)、讓人們解釋或申辯他們的行動（「你到底為什麼要買那套沙發？」），以及思考抽象的哲學議題（「愛的意義是什麼？」）。

諮商員教育和訓練的代表人物之一——Allen Ivey 認為，有效的諮商有賴於口語意圖（intentional）的運用（Ivey & Ivey, 1999）。Ivey 指出，有效能的諮商植基於，諮商師能夠敏銳地察覺溝通過程對當事人的影響，並盡其可能地選擇諮商技巧來促進晤談。沒有任何的技巧比發問更實際、更值得運用了。

求助者有時也會發現「發問」確實對他們有幫助。例如，發問可以傳達諮商師想進一步探討問題的用心。當當事人想要說，卻很難啟齒時；求助者會感激諮商師的發問幫他們打開了話題。只不過，有太多錯誤的發問用法，導致晤談中止。發問為何會成為諮商晤談的問題，原因是任何發問會形成對諮商關係的控制：發問者掌握諮商控制權，因為他們會引導當事人的注意力和覺察力朝向一個解答。發問的問題可能會推翻當事人原來回應的動作和「思路」，並被強迫改變思考去想想發問者所提的問題。即使不想回答（「對不起，我現在不想思考這事」），也會使當事人分心，或是花時間去思考這個問題並準備回應陳述。因此，發問和使用同理心不同，同理心本質上是在鼓勵雙方更深層次的晤談，主動與當事人一起檢視諮商師對他所表達的了解是什麼。

舉例而言，「這問題是什麼時候開始的？」這樣的說法，當事人感受到的是一種溫暖、一個邀請，他會想繼續交談。但從發問的角度來看，這樣的說法似乎具有挑戰性與權威性，好像是在說「我和你晤談……你要給我事實」。發問的困難乃在於，每次發問的問題背後都有一個宣示（未必明示，有時是隱含的），上述問句「這問題是什麼時候開始的？」它假設諮商師的發問有其意義，而不只是一個問題（它的背後隱藏了前述假設）。正因如此，最好的發問做法通常是，將諮商師的語意和意圖使用較清楚的詞句來表示，如「從你所說的話，我一直在想，或許問題剛開始發生時，我沒有聽明白、想清楚。如果你能夠再多說一點，可能會幫助我了解這整件事的困難在哪裡」。發問時要注意：(1)強調求助者是他自己生活中的專家，他有控制權；且(2)盡其可能分享諮商目標和假設，以建立彼此合作的關係。

茲列舉諮商晤談時各種形式的發問：

- **封閉性問題**。意圖引出特定的資訊。例如,「你已經跟警察報告過這事件了嗎?」、「過去這多久發生一次?」
- **開放性問題**。意圖鼓勵當事人發展議題或打開話題。例如,「當這些事同時發生時,你有什麼其他感覺?」、「當這件事發生時,你是怎麼處理?」、「什麼原因導致這件事發生……後來又有什麼發展?」、「接下來發生了什麼事?」
- **假設性問題**。意圖鼓勵當事人思考新的可能性(Newman, 2000)。例如,「如果你可以處理,你會做什麼?」、「如果我們在五年前就開始晤談,你的生活會是如何?」

發問在諮商歷程中扮演了重要的角色。切記,發問是助人者與求助者的互動關係中有力的中介變項,它會影響求助者的內在過程和注意焦點。

轉移話題

諮商晤談中經常在談「關於」某事。諮商晤談的「主題」往往也是人際溝通的話題,人際溝通的話題可能是一個或多個。諮商時,當事人所談論的話題,可能是另外一個人,例如「我的母親」或「我和我母親的關係」;也可能是一個議題或問題,例如「失落」或「感到害怕」;另一個重大的晤談話題有可能是自己——「我對自己感覺如何」。因此,敏於覺察並轉換話題,有助於建立有意義的諮商晤談。

諮商過程中,轉換話題有兩個重點。第一,若當事人不想談某個話題時,他會努力地轉換話題。例如,如果當事人不想談論和母親的關係,他會轉而談論與失落相關的事,他會對傾聽者輕描淡寫的解釋:「那些與照顧我母親有關的任何事,會讓我想起,從她過世後我有多想念她」。此外,如果當事人是在沒有任何解釋的情況下轉換話題,也有可能他還有事情沒說出來;若能開放討論這樣的情況,有利於深化晤談、增進諮商師對當事人的了解。例如,當事人的談話突然從「母親」轉到「失落」,即使他沒有解釋什麼,諮商師還是可以看看當中發生了什麼事。

諮商師：可以暫停一下嗎？我發現你剛才一直在說如何照顧你母親，
　　　　然後你沉默了一會兒，接著你又說了些別的事，這當中好像
　　　　浮現失落的感覺。我不知道那幾分鐘發生了什麼事。

當事人：我有點熱淚盈眶，但我不想在這裡哭。我突然了解到一件
　　　　事──我不要別人照顧我，而我母親也不讓我照顧，我不願
　　　　意承認這對我來說是很痛苦的事。我想我可以紓解那些不愉
　　　　快，只有這樣才能避免你的關心。

　　上述實例，轉換話題點出過程中沒有說出來的部分，其實對當事人和諮商師的關係（「我們的關係發展到我可以哭泣並獲得照顧嗎？」），以及當事人和其他人的關係（「不讓別人照顧我的代價是什麼？」）都是很重要的部分。

　　話題轉換的第二重點是，諮商師必須注意改變話題的情境與時機。諮商師沒來由地、沒有意圖地轉換話題且未說明為何如此，這將不利於諮商晤談。因為諮商師輕易地把當事人拋到他們正在說什麼的思路之外，而且導致他們繞著主題兜圈圈，讓他們費力地思考或尋找有意義的線索。這樣的話題轉換其實是諮商師個人的問題。如果諮商師專注傾聽當事人，並且發現當事人正避開一個關鍵點不談，這意味著他的焦慮症候。諮商師必須營造一個自由的情境，讓當事人能夠選擇當下的話題方向。諮商師可以這麼說：

　　我坐在這裡，聽你談論你的男朋友，我想到你還沒有說上週參加重要
　　工作的面試情形。我想告訴你，我們今天的談話不需要太久，如果你
　　也覺得可以，我想知道上週發生了什麼事。

　　當諮商師開始轉變話題時，它代表了諮商師有他的考量，想看看當事人做了什麼改變。例如，諮商師將話題從男朋友轉到工作面試，可能意味著他希望回到預設的諮商目標，或想回應一下他對當事人和男朋友互動關係的感受（「當她談論他時，我感到無聊……這是怎麼發生的？」）。

　　敏於覺察轉換話題也包括當諮商師覺察到一個話題從晤談中消失時，他要努力了解當中發生了什麼事。有時候，當當事人說完他想要說的話時，當問題

獲得令人滿意的解決時，他們會想要換個話題。當然，當事人也會放棄一些話題，因為他認為諮商師不想聽這些事（「我們不妨停止談論有關我的同性戀生活，因為我知道這會讓你不舒服……」）。

治療性晤談的律動

諮商是助人雙方相互交談的過程。因此，仔細看看其中的互動過程，並檢視晤談時雙方一來一往的流動韻律，有助於彼此的學習和發展。檢視諮商晤談的互動階段包含兩個部分：第一，時時刻刻注意所見所聞；第二，延續幾分鐘的晤談片段。

美國哲學家和心理療法學者 Robert Russell，他的重要貢獻是，探討諮商過程中語言和對談的角色（Czogalik & Russell, 1994; Russell, 2004）。他分析治療性晤談的逐字稿，找出當事人和諮商師如何使用語言及其使用特色——他們如何談話，以及談些什麼。他發現大多數治療性晤談的模式都在互相交換客觀資訊。晤談時，當事人敘述他們生活中所發生的事情，並且傾聽諮商師如何回應他們所說的話。究竟哪些晤談方式才有效？Russell（2004）認為，大多數治療性晤談的模式都有一種最基本形式的晤談旋律。他指出，嬰兒最早與人接觸的社會化過程，他們與說話者和聽話者的角色互動有其旋律階段，而母親—嬰兒主要的互動脈絡——正是所有兒童發展的基本要素。Russell 證實，在諮商情境中，這種互動旋律也有利於平衡當事人「重新校正」或澄清他們所說的話和所聽到的聲音。

另一種當事人談話的旋律時間花得較長。許多研究發現，通常諮商晤談時，當事人剛開始會用一般方式描述問題（「身為學生，我擔心每件事」）。而後，他的主要問題才會顯露（「我無法決定要不要告訴你這個問題，因為你是我的導師，但你一直認為我很笨。上個禮拜你個別指導我的時候，我本來決定要告訴你，但……」）。當說完議題的一段事件後，當事人會開始評估和省思事件的意義（「所以，你明白的，我只是神經過敏……」。McLeod（1997b）提出一些研究和理論來說明為什麼這樣的談話模式有用？這種敘事提供諮商師了解當事人更多，以及和他共同合作探討問題的機會。在開放的晤談階段，通

常問題大多是以一般說話的方式來描述，當事人和諮商師可以發展和分享雙方對議題、諮商目標，以及當事人生活問題脈絡的理解。接下來的階段，當事人會具體表達一些實例，來說明他的感受與具體作為，以及他人扮演什麼角色。最後的階段展開討論，讓當事人知道如何理解問題及問題可能的意義。

實際上，不同階段旋律的覺察有其很重要的意義。對諮商師而言，重要的是能將頻率轉移到配合當事人的風格和步調，而不是強迫當事人迎合諮商師所偏好的交談模式來說話。由於雙方處於不同的權力和控制地位，諮商師容易打斷或破壞晤談的律動。例如，當問到關鍵的問題時不准當事人結束、諮商師不能耐性地等待當事人敘述特定的實例，或當當事人期待回應時諮商師卻暫停討論。此外，諮商師也要仔細觀察當事人不穩定的律動或雙方是否有代溝。舉例而言，有時候當事人在諮商晤談中不說特定的、生動的故事，而是用例子來說明他們的問題，諮商師必須先思考為何會發生這樣的情形，才會對接下來的諮商晤談有幫助。前述情況，或許是當事人沒有足夠的安全感，不願冒險被了解和揭露他所知道的具體細節；也可能是當事人幾乎沒有評論、或不想評論、或不想做任何回應交談。任何事情的發生都有其意義，諮商師必須加以思考才是有效的諮商。

雖然有關晤談律動的討論，都聚焦在雙方所使用的語言模式上，但注意身體方面具體的反應和現象旋律也是有必要的。身體律動包含當事人和諮商師的動作、步調、語氣及其聲音的特性，以及當事人的肢體動作是否一致。傳統的晤談方式，當事人和諮商師的位置都是坐在固定的椅子上、以某些角度來面對面，這種晤談方式因限制身體活動和聲音場域，往往會抑制雙方的互動旋律及具體感覺。因此，有時運用戲劇、舞蹈、儀式、音樂或戶外環境的諮商方法，有助於進入重要的旋律位置，激發更多潛能以正確評估。

推論立場

約於一九六〇年代或一九七〇年代，心理學、哲學和社會科學領域提出「敘事轉移」（narrative turn）概念。在此之前，學界大多以客觀的專業術語來了解人類及其社會生活，例如測量人的特質（如「智能」或「心理健康」），

或影響人類行為的因素（例如，基因遺傳、外在增強）。人類透過敘事轉移了解究竟發生什麼；透過語言和對話，創造了我們生活的實體。透過敘說我們自己的故事，我們自我認同並認同我們所歸屬的團體。這些認同和實體再經由晤談和其他語言形式（例如，文字寫作），進而維持、更新和創造。這些人類思考的重大改變，有些也已應用在諮商情境中並產生有用的新概念，其中之一即是推論立場（discursive positioning）。

探討推論立場的概念必須先從論述（discourse）的方法著手。雖然有關此術語的意義及應該如何使用存在許多爭議。一般的看法是，在任何文化中皆存在著每一特定議題均有其談論的建構方式。討論或論述的方式包含想法和信念，以及語言形式（例如重要字詞和說話形式）。為了宣示當事人的認同與解釋當事人的行動，必須論述與自己有關的立場。例如，在西方社會中，狂熱的基督教徒有其論述主張，包括其基本教義宣稱墮胎是錯誤的。然而，西方社會中也有自由主義和女性主義的論述，它們主張（用稍微不同的方式）女人有自由選擇的權利。我們非常熟悉這樣的論辯，以及這種各方擁有自己的語言形式（爭論、想像、辯解）。有時我們會發現自己需要有這些論辯的自我立場。有些人的自我立場可能會單純採用主流論述（例如，基督教教會提倡的觀點），或努力彙整不同論述融入自我的看法中（例如，視自己同時為基督徒和自由派）。

推論立場的概念首見於牛津哲學家 Rom Harré 及其同事的論述中〔有關他們的重要報告皆彙集在 Harré 和 Van Langenhove（1999）的著作裡〕，這個概念逐漸成為社會心理學家用來探討個人與社會的關係。推論立場運用在諮商的實例詳見於 McLeod（2004b）、Monk 和 Sinclair（2004），以及 Winslade（2005）等人的研究報告。

立場的覺察有助於諮商師協助當事人找到新的方法來談論議題，因而有其價值。它對諮商師的助益有兩方面：第一，諮商師可以邀請當事人更完整說明、探索他們所採取的立場，因為當事人可能從未清楚想過他們在這些話題中，自己的立場是什麼。結果當事人可能發現他們的立場與他們生活中其他領域所界定的立場不一致。第二，在晤談中，諮商師可以提供其他立場，允許當事人有機會試驗他們生活中新的優勢觀點。當事人改變立場的範例如下：

反思立場

引發立場反思即是 Winslade（2005）所提到的推論同理心。推論同理心的反應，諮商師是在回應當事人立場的表達，而不是同理心地反映他們談話的意義或情緒的內容。

例證　Duncan 在 IT 商場是一位成功的經理。他曾有心臟病發作的紀錄，現在正在進行復建，包括搭配運動、物理治療和生活型態的改變。配合 Duncan 復原計畫的護士，每週和他會面一次，檢查他的進展，以下是他們的晤談內容：

護　士：我們現在可以看看你的復健日誌嗎？我們來了解一下你前幾天做了些什麼。

Duncan：日誌在這裡。你會看到我在辦公室和幾位部門主管開了一些會議，我只是關心一下他們的工作進度，因為我關心他們如何處理狀況。

護　士：那不是復健計畫的一部分，是嗎？我認為你想要和同事接觸、工作，最好再等一段時間。

Duncan：我知道你是對的，但我只是認為我該這麼做，我覺得我有責任讓他們避開風險。

護　士：我之前聽你提過，責任感對你來說是一件重要的事。你常說你「應該」做這個做那個。它對你的意義是什麼？

Duncan：現在你提到了，我總是認為我應該負起責任。

護　士：你可以告訴我做了這個對你有什麼意義嗎？你覺得有必要負責嗎？

Duncan：這就像我在照顧別人，我也應該做出正確的事情。

護　士：這種想法來自你的生活中嗎？

Duncan：嗯，是的，我認為我的責任感是從教會裡學來的，我成長在一個時時以服務人群為信念的家庭中，我的祖父和一位叔叔

> 都是牧師。你必須為他人犧牲，決不可以把自己放第一位。
> 我記得每當有人把自己擺第一位時，我祖母會一次又一次地
> 說：「你以為你自己是誰啊？」我想，我家族裡所有的人都根
> 深蒂固的擁有這個信念。
>
> 護　士：那麼這種思維方式，這種「服務人群」……我不知道這和你
> 現在的情形有何相關。嗯，我想，至少在某些時候你可能要
> 把自己擺在第一位。

　　上述對話，這位助人者護士進一步邀請病患，省思工作過程中自己和同事相處時的道德立場。他們很快開啟 Duncan 願意表露自己生活的討論空間，這部分的討論是為了讓 Duncan 可以解釋自己的行為。當他認同了這些論述並注意到自己也能找出一些行動方法，接下來護士就可以要求他，開始思考是否有其他更好的變通方法來引導自己，以期能夠和他身體康復的目標一致。當 Duncan 可以省思犧牲自我的論述可否定位自己的價值時，對他來說，長期的諮商或心理治療是必要的，他必須學習一些重要的事件。這篇報告清楚地描述 Duncan 和護士的互動過程，提出如何在有限的諮商空間中促進雙方晤談深化的建議，以便處理這種再次跌入自我犧牲的情境。

提供不同的立場

　　處理立場問題的另一個作法乃是重述當事人所說過的話語，且具體呈現不同的立場。這個策略並不是讓當事人省思他們說話的脈絡，而是直接、巧妙地操縱當事人檢驗另一個立場的論述。這種方法的諮商實例，可從當事人被動的論述裡發現。大多數諮商師也已發展出自己的作法，其範例如下：

> 學生：對我而言，這些課業壓力太大了，因為我有太多的作業要
> 做。有一天老師說，我們需要在期末繳交實驗報告。這是不
> 可能的，我對這份作業感到絕望，因為我擔心沒有辦法通
> 過了。

導師：是的，所以你說，你現在覺得有許多的作業壓力，而你不知道自己是否可以處理，這就是主要的問題嗎？

學生：是的，課業就是太重了。我沒有足夠的時間，當我需要某些書籍資料時，在圖書館裡又找不到。因此想把報告繳交出來是不可能的。

導師：好的，這些是額外的壓力——沒有足夠的時間而且到圖書館也找不到書。所以你對自己說：「我怎樣就是做不到」，是嗎？

學生：是的。

導師：我正在想我們是否能逐步分解這些壓力，這樣能夠幫助我去了解你正面臨的挑戰。這樣可以嗎？我們是否逐步來做檢視呢？

學生：好。

導師：嗯，好的！如果我們從做好實驗報告的這件事先來看看，這個單元的實驗報告包括些什麼？

學生：我們有一個小組，我們要一起完成一項細胞生長的微生物實驗。我們每個人都需要寫下各自的分析資料。

導師：你可以暫停一下嗎？你負責的那一部分要做些什麼呢？而你現在又做了什麼？

學生：我負責的工作是以顯微鏡來觀察結果，並且把它們寫在實驗筆記本上……

導師：到目前為止做得還可以嗎？

學生：嗯，到目前為止還沒有發生問題。事實上，實驗課的助教說我已經做得很好了。

　　上述晤談實例，那位向導師求助的學生一開始認為自己是外在因素（課程、教師、圖書館、分組不適當）的受害者。對導師來說，他的立場是使用同理心，例如，引發學生去探討生活壓力的意義或他人的指責。然而，導師當下的立場則是選擇先協助學生完成相關的作業，他以學生的立場來代理論述。因此，導師提供學生另一種立場的說話內容來探討議題。他透過學生對有問題的報告來表達立場；他使用的語言結構是：「你現在說的，就是你現在所感受到

的……」。在此當下，諮商師將學生最初被動的論述架構（「這是不可能的」）轉譯為一種代理論述，亦即學生認為自己該負起行動責任，這是非常重要的事：「你要說的是，你覺得有許多的作業壓力，而你不知道自己是否可以處理。」諮商師對議題的重述有助於引導當事人形成代理概念而說「正在說」、「現在不知道」等字辭。接下來，諮商師使用引發另一個論述的策略，他採取的晤談方式是避開整體或描述整體，學生在不同的階段採取特定的行動方向來

專欄 8.3　在極度艱難的情境下，舉行一場有意義的晤談：阿茲海默症的挑戰

　　阿茲海默症的人在與人溝通想法和感受時出現許多嚴重的問題。這種神經疾病對認知的影響包括：說話和記憶缺損越來越嚴重。一般人面對老人癡呆症患者的態度都不太好，這讓問題更加惡化，這些當事人往往被歸類為不可理喻或無法做正確抉擇的人。當事人通常會再度以情緒化的行為來表達對治療的挫折感，他們的症狀會更加明顯，這些反應會導致當事人又更加感到挫折。當挫折感再三發生時，他們的記憶和語言能力就會連帶受到影響。於是乎，他們會一直困在這種殘酷的循環中。Steven R. Sabat 和其他學者這些年來完成許多研究，這些研究在了解有關重度癡呆症患者的溝通過程。Sabat（2001）長期探討重度癡呆症患者的疾病症狀，了解說話和聽話雙方互動的狀況。他認為信任他們的立場意圖（intentional stance）是維持與重度癡呆症患者談話的有效方法；意指他們有自己的立場，他們所說的都是根據他們所理解的訊息。此外，為了溝通效果更好，在溝通過程中聽者應該使用間接補述（indirect repair），其意為「使用非疑問句，以抑揚語調提出問題，再度詢問說話者的意圖，請說話者重新表達他想說的意思，看看聽者是否正確了解他或她的意思」（pp. 38-9）。Sabat（2001）指出「有效溝通的責任有賴於聽者和說者雙方」（p. 39）。Sabat 的研究包含許多癡呆症患者的範例，他發現他們幾乎無法與週遭的人溝通，不過應用這些原則時，他們都能夠和他人進行有意義地溝通。這項研究有其諮商的重要涵義，遭受阿茲海默症或其他神經性疾病所苦的人都很少尋求諮商的幫助，他們很難表達出自己複雜的感覺想法，以及生活中困擾的事件。Sabat 的研究，有助於諮商師學習「立場意圖」和「間接補述」的概念，若能廣泛應用在諮商情況中將會很有幫助。

論述（「逐步檢視」）。認可這樣的過程，或至少鼓勵學生根據他的行動目的來談論問題。從助人者導師的立場來看，這樣的討論過程開啟鼓勵學生討論並激勵其展開行動的空間，以及獲得技巧與資源——這也是學生認為難以達成的目的。當問題討論是以這樣的方式來進行，交談之中就自然能產生可能的改變與問題解決。

推論立場的最後重點是諮商師和求助者彼此立場互換的作法。舉例而言，在康復計畫 Duncan 的處理案例中，護士若置身於自我的立場，她只需要扮演健康的諮詢者和持續落實原訂的康復計畫，這是容易的事。同樣的，導師和沮喪學生的晤談也可以從「大學之道」的立場來表達，告訴學生用功讀書有多麼重要；確認當圖書館開放時，學生會在圖書館裡等待。上述兩個案例，助人者不再侷限他們自己的立場，取而代之的是，彼此合作和繼續探索問題，而且允許自己幫當事人說話或代言。

開啟之門：使用生動的語言、意象與譬喻

傾聽當事人說話是一種很重要的諮商角色，也就是諮商師要能開放心胸、聆聽當事人的談話與問題。助人者須隨時準備調整個人的接收頻率去聆聽當事人的問題談論，這是有效的方法。諮商過程中，當事人會使用許多方式來表達他們的情緒狀態——例如，音調、姿勢及談話的速度和音量等。諮商專業常用的溝通向度是生動的意象和隱喻。當事人使用的圖像往往令人關注到他的心智。有時一幅令人震驚的圖像，足夠引起當事人對它詳細說明；若當事人所說的字、詞令人印象深刻，圖像即傳達出很多當事人的訊息。圖像或隱喻幾乎是病人通往冗長故事的捷徑，也是他們敘事的有效方法。

例證　一位高工作壓力的教師，他長期感到背部疼痛，上個月他去家庭醫師處看診三次，但每次的止痛藥和處方，對他都沒有多大的幫助。家庭醫師建議他想想過去是否也發生過類似問題，當時他做了什麼處理。以下是他們的晤談內容：

當事人：前幾年我的日子真的不好過，我的背也很不舒服。過這種生活真的很困難，我總是把這些藏在心中。現在我總感覺如履薄冰——冰是無法承受重擔的，我感覺自己像要掉進恐怖的深淵裡。我不認為這是沮喪，但……

諮商師：現在我們可以針對你剛剛說的話談談嗎？我注意到你用這個詞——「如履薄冰」。這像是個很生動的畫面，讓我真正感受你的感受，它讓人了解你所說的情境意義是什麼。我記得你上週來找我時，也曾使用一個像這樣的圖像來描述你的情況。你能夠連續幾個月和我一起討論這個畫面嗎？我很有興趣想知道更多你對這個畫面的想法——「如履薄冰」。

到這裡，諮商師表達好奇和興趣，想透過一起討論的隱喻畫面並運用不同的溝通方式來進行諮商。

當事人：好啊！你提到的，也正是我常常在說的事。

諮商師：對，也許現在你可以告訴我常在哪裡溜冰——溜冰場，河面上……？

諮商師鼓勵當事人「停留在」隱喻中，探索它的知覺內涵並開始敘事：以前經歷過什麼；現在發生什麼——誰、哪裡、如何、為何；它怎麼結束？

當事人：那裡很好玩，它是座結冰的湖面，旁邊有山。

諮商師：你溜得很快、還是慢……？

當事人：我從容不迫的溜，不快不慢，我停不下來。

諮商師：你停不下來？如果你停止會發生什麼事？

當事人：如果我停下來。我可能掉進冰湖裡，我必須保持前進。

諮商師：所以，如果你停止就會有……什麼危險？

當事人：湖面的冰就會倒陷。

諮商師：然後？

當事人：我會凍僵，而且會往下沉。我撐不了十分鐘，一切就會結束。

諮商師：所以你必須保持前進。你可以繼續前進嗎？你如何保持前進？

當事人：如果我可以到達湖岸邊，我會很好。我不確定我如何保持前進，我緊咬牙根，繃緊我的肌肉。即使鬆懈一下子，我都會完蛋了。

諮商師：所以你保持前進，試著到達湖岸邊。岸邊有多遠……？湖邊有什麼？

當事人：相當遠，我可以看到那邊有人。

諮商師：這些人……？

當事人：是的，那邊有想幫助我的人，他們給我忠告。我知道如果我可以成功到他們那邊，我會很好，他們會照顧我。

諮商師：所以這些人在為你加油？

當事人：是，我確定。

諮商師：謝謝你！我知道此時談論溜冰之類的事似乎很傻。對我來說，就某個角度來說，你說的都是很重要的事。我注意到，你必須非常小心、從容不迫地保持前進，否則你會在沮喪中消失，如同你之前一樣；不過如果你能到達湖邊，就會有人照顧你了。對嗎？

當事人：嗯。大概就是這樣。

諮商師：這使我想到，那些我開給你的藥，也只能處理你部分的問題。我們可以想想，究竟從周遭人的身上，你得到的支持是什麼？

在晤談的空檔時間，這位高壓力的教師與其醫生的對談內容，大多圍繞著能否休假，可能性多大，如何利用時間多和周遭支持他的人連絡。家庭醫師也建議他和一位認知行為治療取向的執業治療師會談，他是另一個支持動力，對處理工作壓力有更深入的想法。在晤談接近尾聲時，他們已不再使用「沮喪」這個字，而是選擇病人自己的話語——「冰」來討論問題。

　　上述即是諮商晤談使用隱喻和意象的實例。病人談話中的隱喻——「如履薄冰」很容易被諮商師忽略。這是一種常見、理所當然的意象。想要了解當事人，使用上述圖像（主要描述的症狀）的表達，不僅生動也可傳達新的意義。醫生若要進入求助者的世界即可用這種圖像、隱喻法。當然，諮商師可以選擇要或不要打開這扇門。

　　許多強而有力的隱喻，大多與身體部分有關（Lakoff & Johnson, 1999），我們可以邀請當事人將這些隱喻轉換為具體詞彙來說明其看法（「描述你在哪裡溜冰……離湖岸邊有多遠？」），允許當事人覺察更多他們自己的身體感覺（情緒和感受）。

　　當事人和諮商師一起探索隱喻的意義，隱喻也會提供他們發展雙方關係的機會。圖像變成他們共享的語言——在未來的任何情境，若使用這些共享的語言，他們就會了解風險是什麼。Angus 和 Rennie（1988, 1989）的研究發現，諮商過程若使用隱喻會讓當事人與他們的諮商師一起合作、一起討論圖像和隱喻的意義，這讓當事人感覺到很有幫助。

　　因為隱喻是生動的、不凡的，它非常好記。諮商會談後，當事人較可能記得一個生動的隱喻，而不是其他談論過的話題或想法，隱喻可以連結諮商情境和日常生活的關係。

　　George Lakoff 和 Mark Johnson 探討隱喻有其重大貢獻（Lakeoff & Johnson, 1980, 1999）。他們認為，每個隱喻都有其所強調的重點和隱含的意義。換句話說，隱喻可以引起特別經驗向度的注意力，而將其他面向拋開到隱而不明的地方。舉例來說，之前談到的「如履薄冰」，顯而易見地，它強調的是當事人忙碌且清晰的想法。它也許是較難明白、從當事人壓力和沮喪的賞識向度來作隱喻，反應當事人的孤單、隱藏和安全等特質。諮商師若能聽出反向的隱喻，或舉出描述各種經驗的圖像實例，對諮商而言是相當有幫助的，如「如果你不在結冰的湖面上，你想要在哪裡？」然而，在諮商初期的隱喻尚未被完全探討之前，貿然地使用變通方法或反向的隱喻，可能會冒著不尊重當事人的風險，導致當事人不願意與他們同一陣線；反之，諮商師則應以當事人所能理解、面對的向度使用圖像隱喻。

諮商所使用的隱喻，有可能用到人類的重要資源，如想像、創意和遊戲的能力。諮商過程的「隱喻談話」（metaphor talk）往往讓人更有活力來連結經驗並導向新發現。

結論：「只是談話」如何又為何能產生改變

本章主題「只是談話」（just talking）有益諮商——協助當事人將問題語言化。本章探討各種利於建構有意義和有成效的晤談方法，結論就是「只是談話」。在接下來的章節，我們要介紹一些晤談過程的特定任務。對任何提供諮商的人來說，很重要的是了解大部分時間、對大多數人而言，「只是談話」是很有價值的活動。當事人重大事件的談話、一段有意義的談話，被視為是一般諮商的基本工作。為何如此？「只是談話」如何造成不同結果？本章結論，旨在說明談話是有療效的，它影響了學習和改變。重點如下：

● **視諮商師為一個可以傾訴的人**。當事人付費予諮商師，也許意味著當他們想要談論事情時，諮商師是他們值得求助且可以傾訴的對象。當事人的社交網絡中，諮商師就是他們強大支持力量的來源。

● **視晤談為一個思考的機會**。當事人選擇談論問題，代表他們主動、努力尋找問題意義和解答，晤談創造進一步、深入思考的機會。當事人晤談時，他們會統整他們的故事、描述他們的經驗，他們以自己的語言說出，深思故事意義及其敘說的意涵。說話者聽自己說話的內容，從中思考其不同（「在自己的腦袋裡」晤談）。當事人也有機會去深思傾聽者如何回應他們——他們時時刻刻感興趣的、口語回應的。

● **發現隱含的涵義**。當事人敘說時的覺察較故事發生時的覺察有更多的意義與涵蓋面向。他們透過晤談記錄和諮商轉譯來重整故事，且分析其各種意義。至於仔細傾聽當事人正在說話的諮商師，往往也會獲得並回饋比病人敘說假設還要多的意義，如「你談到感覺憂傷，在這同時我不知道你是否也有生氣或憎恨的感覺」。當事人會深思他們曾經敘說的事情，二者

擇一，知覺其隱含的意義：「我指的是，當我開始談論它時，我才明白對當時發生的事，我真是感到生氣。」結果是，只有和當事人談話時，問題才會變得更「充滿意義」；至於當事人，他們也會發展「更厚」版本的故事，將他們目前的困難和生活中的其他議題、事件及資源連結起來。

本書接下來的兩章將介紹諮商的工作範圍，維護和修通當事人的基本工作，就是要從其文化和社會裡的特定議題著手。本章「只是談話」乃是諮商的一般工作，不論什麼議題，總會在晤談對話中達成諮商任務。當事人若能以新的角度與方式來談論問題或議題時，晤談的益處或療效便會產生，晤談即在貢獻解決對策或結束傷痛、痛苦來源。有效的晤談不是一份個案報告或問題分類，而是能讓當事人的陳述獲得支持和增強生命力。

本章提到深化晤談的各種方法：同理心、對故事的敏感度、注意立場、隱喻和旋律等。治療性晤談最重要的是，傾聽當事人的經驗：好的諮商師是好的傾聽者。對求助者來說，聆聽是如此強而有力，可以創造當事人與他們生活問題有關的經驗。對求助者來說，經驗中或故事中總有很大的一部分是他們曾經獨自承受的。助人者要聆聽更多，就如同雙方所知道的更多問題。問題，或隨之而來的痛苦、害怕、羞恥和困惑，開始被帶入雙方共同的空間內，開始一起「環繞在問題周遭」，開始從不同的角度檢視問題，並且決定該怎麼做。傾聽在某個程度上是在蒐集有關資料，蒐集有關了解當事人生活中發生的事實是什麼、是誰涉及其中、其中的問題是如何發展等資料。重要的是，這當中涉及到助人者是否願意經由陪伴和觀察來進入當事人的世界。整體而言，傾聽當事人屬於當事人的權益，它涉及一個人對另一個人情感上和道德上的承諾，求助者想要被了解，而諮商師要求自己必須去了解。

要避免誤解「只是談話」的意義與重要性。使用諮商服務的當事人經常提到，對他們最有幫助的是：他們有機會說話、有人傾聽他們說話、他們說話時能夠被傾聽並分享尷尬的祕密。當然，諮商晤談也要聚焦特定的工作。諮商工作所談的都是與生命價值相關，晤談能促進預定目標的達成。當諮商師與當事人討論問題、「只是談話」當中，當事人也會想要尋求如何解決問題的想法。問題的解決往往從對話中產生方法或完全達成目的。有時可能從晤談中獲得一

個答案就解決問題，有時需要更有結構、有計畫的態度來處理。諮商要能引導議題更為清晰，必須對任何情境加以檢視。下一章我們接著討論。

省思與討論的問題

1. 關於有意義的談話，你自己有什麼經驗？為什麼這些談話經驗充滿意義，並且值得懷念與記憶？你從這些經驗中學到什麼，哪些可以應用在諮商情境中？
2. 省思你真正了解的感覺。清楚辨識哪一個人真正了解你最近的情況及曾經的遭遇。他們如何表達他們對你的同理心——你怎麼知道他們了解你？他們敏感的同理心對雙方的關係有什麼影響？
3. 你對向你求助的人使用什麼樣的發問策略？利用一天的課程，記下你提問的問題類型。你能認清這些問題背後的表達方式嗎？這些問題的有效性和「意圖性」到什麼程度——你有可以達到晤談目的的選擇方式嗎？
4. 你在晤談工作中最常使用的隱喻是什麼？你的同事和當事人使用過哪些隱喻？這些隱喻強調或隱含哪些意義？在你的晤談經驗中，隱喻可用在哪些情境？它有多少幫助？

建議閱讀的書籍

關於同理心的重要讀物：

Mearns, D. & Thorne, B. (1999) *Person-centred Counselling in Action*, 2nd edn. London: Sage.

關於隱喻如何成為有價值的諮商角色之資源：

Rennie, D. L. (1998) *Person-centred Counselling: An Experiential Approach*. London: Sage. ch.5

關於 James Pennebaker 有效助人工作的介紹：

Pennebaker, J. W.(1997) *Opening Up: The Healing Power of Expressing Emotions*, rev. edn. New York: Guildford Press.

Pennebaker 團隊在網路提出的研究報告：

http://homepage.psy.utexas.edu/ homepage/faculty/pennebaker/Home2000/ JWPhome.htm

針對健康專業與病人諮商之間系列對話的研究，利用微分析發展的新見解，以及深化有效晤談的科技論文，範本如下：

Karhila, P., Kettunen, T., PoskiParta, M. & Liinatainen, L. (2003) Negotiation in Type 2 diabetes counselling: from problem recognition to mutual acceptance during lifestyle counselling. *Qualitative Health Research*, 13: 1205-24.

Kettunen, T., Poskiparta, M. & Karhila, P. (2003) Speech practices that facilitate patient participation in health counselling—a way to empowerment？ *Health Education Journal*, 62: 326-40.

Pilnick, A. (2003) 'Patient counselling by pharmacists: four approaches to the delivery of counselling sequences and their interactional reception. *Social Science and Medicine*, 56: 835-49.

解決困擾的感受與情緒

引言：了解情緒．諮商中情緒工作的類型．諮商中處理情緒與感受的方法．運用督導．結論．省思與討論的問題．建議閱讀的書籍

是的，你說得對

像我的祖父一樣

身在人群中，我仍是孤單的

誰愛我

有時我無法忍受

對不起

它像

各種不同的痛

我經歷的體驗，的確感到不舒服

在這裡

它不同於癌症的痛

有時我幾乎

想要

離開一下，然後大哭一場

真是抱歉

Counselling Skill

引言：了解情緒

　　整體而言，我們生活在重視並強調理智重於情緒的世界，這其中當然有許多的理由。情緒是一種對情境暫時的、生理的反應，對人類行為有直接、明確的指引意涵，例如害怕時會引起逃避的反應。我們大多生活在複雜、擁擠的都市環境裡，因此經常要面對各式各樣的競爭刺激和規則，這些規則往往來自於層層思考和深思熟慮——唯有如此才能有好的生活效率。在這樣的環境下，人類自然的情緒反應可能會帶來困擾，所以我們很早就學會壓抑情緒，以便與人和諧相處。過去，我們必須與人面對面接觸（如傾聽別人說故事，或在人生舞台上扮演角色），在當時的社會環境，人們都能以直接的身體、情緒反應和他人溝通。相對地，在當今的社會，我們常常是透過看電視或讀小說來了解別人；處於這樣的情境中，人類的情緒顯得較為「冷漠」，並且和外界現實環境脫離連結。看電視節目時，我們處於旁觀者的立場，幾乎不能接觸到劇中演員或人物角色主觀的身體情緒感受，我們也可以在剎那間關掉電視而使人物角色消失在我們的生活環境中。

　　除了文化所投射的不安和矛盾氛圍之外，感受與情緒都是我們生活中不可缺的重要部分。諮商關係的主要功能之一，乃是提供一個容許個人感受和表達情緒的空間；情緒和感受就是一種有用的意涵原由和徵兆系統。人類天生有能力去知覺、思考和推理，以及利用一些概念和想法來引導行為表現。伴隨人類這種認知資訊和決策系統，我們都是以情緒為基礎系統去直接運作各種身體功能，如心跳、流汗。這種資訊處理的認知系統都是根據許多有用的語文概念及其範疇來加以分類。情緒系統則是非常精微、如同身體電流般傳送各式各樣的人類情緒，如生氣、害怕、快樂、失落、歡樂或厭惡來分辨資訊。因此，從諮商觀點，感受和情緒往往可以表達出與當事人生活空間有關的，或以當事人為角度的一些意義。感受和情緒是身體的訊號，可以提供當事人對事件、對他人或對情境的基本態度，及其行動方向的相關資訊。例如，某些情緒反應就是基本生理「趨避」反應的一部分，我們將所了解的深藏於內心，反映了環境中刺激你生氣的威脅事件（破壞、威脅或想離開）或害怕行為（逃離威脅）。人們想要在諮商中探討自我的情緒反應，正是因其對情緒意義的不明瞭，或因情緒

專欄 9.1　受傷、痛苦和遭受困境經驗的宣洩

　　諮商與心理治療專業文獻的重要議題，即在於認識痛苦情緒，以了解人類生命苦難經驗在其內心深處所承受的傷害及痛苦混亂的狀態。研究情緒理論之重要學者皆主張，人們有表達或傾聽他人痛苦之重要核心特質。諮商領域有一隱而未顯的傳統，那就是協同諮商（co-counselling）工作，此一工作的實務運用發展自 Harvey Jackins，約開始於 1950 年代的西雅圖（Kauffman & New, 2004）。協同諮商是一種同儕的自助模式：人們輪流談論自己和傾聽他人，在所建構的指導程序下，人們以安全和尊重的態度來進行協同諮商。

　　協同諮商的基本目標為，在接納情境中讓人們表達或消弭自己的傷痛。Bolger（1990）的研究顯示，兒童時期的創傷經驗，來自於重要他人離開他們的身邊，當下兒童感覺心理受傷（p. 357），這樣持續一段時間，他們被痛苦所淹沒，而且導致其自我「崩潰」（broken）。Miller（2004）強烈反駁當代心理學和醫療領域否認痛苦和創傷具有宣洩性的論點，以及他們認為透過「介入處裡」可根絕個體創傷症候的定論。他的觀點也隱含諮商治療工作的特點：沒有任何的諮商方法可以完全根絕與去除人們痛苦和創傷的經驗。儘管當事人對可能改變的希望感與樂觀態度是有效諮商的重要因素，但任何諮商師在與情緒困擾的當事人進行諮商晤談時，必須先從接納其受苦狀態是他生命的一部分開始。

狀態變化快速且模糊不清，這種情緒反應包括一般的情緒知覺或混淆混亂的感受（為什麼我會一直生氣和失控）。一旦當事人了解並接納對事情的感受時，他們往往不需要再求助諮商。

　　為何情緒和感受經常令人混亂與模糊不清，其原因可能是我們成長在有些情緒不被家庭或文化接納的環境中：例如，許多男人學習到、感覺到悲傷和失落感或甚至是害怕，都會讓他們變得沒有男人氣概；而許多婦女也已社會化地相信，表達生氣憤怒是不適當的女性行為。結果，男人可能對表達悲傷或失落感感覺到害怕或厭惡，而女人可能對任何生氣的表達感到害怕和厭惡。因此男人可能以生氣替代悲傷，女人則可能以焦慮或害怕取代生氣。這樣的立場推論、以偏概全實在不妥，它會影響我們的生活，也反映了情緒的基本真相——

當事人所表現的情緒或感受可能會有所隱藏，或遮掩了其他不被認同的情緒或感受。

　　探討有關感受和情緒的基本概念，有助於當事人表達現實感受時，他們所說的話皆有其真實的意涵，並會對與之接觸的人產生直接的情緒影響。舉例而言，在廣播節目上聽到創傷經驗者的一段訪談，即使未見過這位當事人，但千里之外聽他的經驗分享，我們也會深受感動。相對地，參加喪禮家祭時，前來哀悼的親友也會感受到死別的分離感。當當事人表達真實或信任的情感，在其生理上也往往會有一種解脫或鬆弛感，以及與情緒議題或問題解決有關的感覺。無論感受與心情是基本的情緒或隱藏基本情緒的次級情緒，兩者都是有價值的指標。助人者若想挑戰求助者所表達的錯誤或偽裝的基本情緒，幾乎是沒有幫助的。對當事人而言，當下他們所表達的任何情緒都有其真實意義，值得我們加以深思和尊重；對諮商師而言，代表他們願意傾聽當事人任何可能或更多意涵的內容對話。

　　加拿大心理學家 Les Greenberg 在研究諮商歷程的感受和情緒議題方面有重大的貢獻（Greenberg et al., 1993; Greenberg, 2001），他發展「情緒歷程」（emotional processing）一詞。Greenberg 指出，諮商師應該努力與自我表露情緒的案主合作結盟，為期達到此一目標，諮商師必須陪伴身陷情緒困擾的案主並與之探討情緒的各種面向。任何探討情緒的諮商方法可努力於——協助當事人思考有什麼情緒、在什麼地方發生——引導議題及其意義。

　　諮商歷程中感受情緒和辨識情緒都是有價值的事，兩者都是具體、回應外在世界的一種內在感覺方式，兩者都能獲得意義與資訊。然而，感受在任何時刻都永存於人們的內在意識裡，它是多面向的：人們在某一情境下的感受可能是多方面的，當事人也可能覺察到多重線索的感受。相反地，情緒比較獨特，通常必須透過身體感應來辨認，如生氣。諮商的感受是相互呼應的；對諮商師而言，他們會受到了解當事人、討論當事人所表達的感受，以及諮商師傾聽當事人自身感受等方面的影響。諮商中通常不會發生太過強烈的情緒，只要它一發生，諮商師就必須注意；一旦當事人表達強烈的情緒，諮商師必須使用有效的諮商技巧、鼓足勇氣來陪伴案主，同時具有足夠的敏感度進入當事人內在的感受世界。

諮商中情緒工作的類型

諮商工作須處理的感受和情緒有三大類：

- **探索難以理解的、模糊不清的或隱藏的情緒：**這部分的諮商工作適用於當事人對議題的感覺模糊不清，也無法用言語來表達，或是感受不知所以然，並且持續了一段時間。有時，當事人會表示他們沒有感覺到什麼。諮商工作的任務在於，讓當事人對自己的感受有足夠的覺察，並產生對當事人有用的意義與資訊。例如，有位醫療實驗室的督導 Gina 向她的人力資源部經理諮詢，如何有效處理其部門內上班老是遲到的技師。經理聽完 Gina 的報告，問她：「我了解這事證已很清楚明確，不過似乎還有一些事情，它是——照妳剛剛的說法，我在想：你會對她有什麼感覺。」這時候的 Gina 停頓了一會兒才接著說，她對這位同事沒什麼特別的感覺。人力資源部的經理詢問 Gina，是否願意花上一些時間回想一下她的感受。短暫的沉默之後，Gina 笑著說，她很喜歡這位技師：「她讓我想起我的女兒，她是非常的溫暖、溫柔與親切，她和部門內的其他同事有很大的不同——如果需要他們回到公司和我討論公事，她會是其中一人。」進一步討論後，Gina 了解她不願面對承認喜歡這位同事的事實，她採取公式化和過於嚴苛的方式來處理同事遲到的問題——而非以有別於傳統的方式來解決問題，無法以展現友誼的方式與之對話。對 Gina 而言，此時的她較能覺察到自己的感受如何，將會是解決問題的重要關鍵。

- **表達隱藏的情緒：**人類受到事件的刺激會產生強烈的情緒反應，這似乎是人類的一種基本需求。假如情緒沒有表達出來或放鬆紓解，當事人很可能心生缺憾或成為「未竟事件」，它會干擾人類正常功能的發揮。情緒需要表達，隱瞞情緒可能導致身心受創——這種說法可遠溯於希臘時期的「淨化」理論。當事人只是接觸到表面情緒：「我只要好好哭一場」或「我心裡覺得生氣，我眼前無法做什麼事」，諮商工作包含營造情緒的表達情境或增進情緒的安全釋放，例如 Ali 因為不堪家規的束縛而離家出走，她正在英國接受諮商。Ali 因為慢性疾病——背痛、頭痛與胃痙攣等病症每兩

週須看一次家庭醫師。在一次晤談中，家庭醫師詢問 Ali 是否要預約長期的諮詢服務，雙方花較多時間來討論她的病況和相關的病因，這樣對她的病痛治療較有幫助。Ali 同意，當她離開時還開玩笑地說，「醫生你最好小心了，下一次見面晤談時，有些議題一旦我開始說，我可是有五年的淚水要宣洩出來！」下次諮詢一開始，家庭醫師邀請 Ali 告訴他，在她離開祖國到英國旅行所發生的故事。這時候，Ali 突然哭泣起來，她說到害怕、扭曲和失落等情況，醫生移動椅子靠近 Ali，把手放在她的手上，並鼓勵 Ali 繼續敘說她的故事，偶爾提醒她說：「這裡沒問題，這裡很安全。」又過了一星期，在追蹤諮詢的晤談中，Ali 提到：「這是幾年來讓我感覺最好的一次，我目前忙著擔任義工和照顧兒童，沒有再去想頭痛和背痛的事了。」

● **規範和管理失控的情緒體驗與表達：**情緒焦點（emotion-focused）是一種無限分享的學習指標——如何覺察被埋藏或被壓抑的情感，並接納當事人所有生命的事蹟。這種以情緒為中心的諮商工作，包含當事人控制經驗、壓抑情緒的規範，不受歡迎的情緒，以及當下情境表現不成比例的情緒。例如，Alistair 是一位交通警察，在高速公路做巡邏工作好幾年了，他經常目睹許多致命車禍的意外事件。他的同事和太太注意到他最近的情緒似乎「一觸擊發」——即使是違規駕駛人小小的挑釁，他的口語或生理反應都變得異常激烈、容易生氣。好幾次大家試著說服他去找處理職業施暴問題的醫師諮詢，但 Alistair 就是不聽勸告、不看心理醫師：「我精神沒問題，我只是龜毛、喜歡挑毛病而已。」醫師決定主動邀請 Alistair 進行長期諮商，進一步與他探討問題所在。晤談時，醫師徵詢 Alistair 是否願意想想什麼場景會讓他生氣，Alistair 同意分享最近三次「讓他驚慌失措」的意外事件。這時候，Alistair 開始了解到自己需要接受進一步的治療，才能在工作中自我控制情緒。他說：「我本來是想要努力並大聲清楚告訴他人要注意自己的方向安全。但我現在知道，我想的和所做的相差太遠了。」其他的晤談過程大多花時間在討論 Alistair 希望從臨床心理師那裡獲得什麼樣的諮詢指導。

上述三種類型的「情緒工作」都是個案諮商，或用它來協助諮商工作，如幫助當事人處理引發憤怒或困擾和「重要他人」關係的問題。前述第三類型的情緒工作——規範和管理失控的情緒體驗與表達——經常被視為是一種行為改變的諮商工作（見第十章）。本章以下所討論的方法皆可用來處理當事人模糊不清、逃避或隱藏的情感和情緒。

諮商中處理情緒與感受的方法

增進感受和情緒的覺察與表達，以及探索他們的意義，目前都已發展了許多的方法。以下簡要說明有助於處理感受和情緒的方法與策略。

發展對感受與情緒的敏感度

有些諮商師在諮商時好像處理的是和當事人不相關的情緒生活，他們以主導的地位來回應、引導案主討論他們所做的與所想的，並不是在處理、討論他們的感受經驗。他們忽略當事人隱含的情緒暗示或沒有引導當事人探索感受，這樣的做法將有礙於諮商工作，它會疏漏了當事人生活中重大事件的重要資訊。有些諮商師將情緒表達和淨化視為他們諮商的基本目標，若只將它視為一般例行程序，這樣的諮商也是無效的。許多研究與實務經驗指出，感情都是和情境、關係和事件有相關，諮商師不只是幫助當事人表達自然而然的情緒，而是從中了解到情緒更多的意義、問題在不同的情境中有什麼意涵、敘說的是什麼關係事件；有些情境可讓當事人表達和釋放其隱藏的強烈情緒。諮商中最重要的事、對當事人有益的是，讓他們了解情緒會影響行為。從另一層意義來看，許多諮商都是在發展 Daniel Goleman（2005）所謂的情緒智商，情緒智商代表了讓當事人更能覺察其情緒和情緒所代表的意義。為期有效幫助當事人，任何諮商角色的從業人員都必須覺察和敏感於諮商關係裡的情感和情緒。

諮商師覺察感受和情緒的能力，植基於諮商師在諮商歷程中願意去傾聽感受當事人。傾聽感受的基本意義是，諮商師敏感覺察到當事人對感受的用語及其談話中所交織的情感。諮商師的覺察能力可能與其對情感話語缺乏靈敏度有關，有些人對處理生活問題是有困難的，因為他們無法談論感受或清楚覺察感

受，也從不表達對他人的愛或關懷，或是與他人相處的樂趣。這種缺乏對情感話語的覺察狀態，我們稱它為「表達感覺的無能」。對那些敏感度高的諮商師而言，他們可以察覺當事人的身體語言、說話聲調，甚至理解當事人那些無法以語言表達情緒意義的事件；這些都有助於諮商師試探性地提供感情語言讓當事人願意「試試看」。

 專欄 9.2　理解情感的循環型態：「回力球」的概念

　　溝通分析（TA）是探討心理與人際生活影響因素的有效方法。TA 理論假設那些有生產力和能健康生活的人，他們都有機會能適當地表達許多的情緒——生氣、害怕、悲傷、快樂及其遭遇各種狀況的任何反應。大部分人有時候還是會重現過去的情緒反應。依 TA 的觀點，這樣的情感循環狀態就是「回力球感受」（racket feelings），意指「兒童時期在不同壓力情境下所習得和被鼓勵的熟悉情緒，但不適用於成人時期的問題解決」（Stewart & Joines, 1987: 209）。我們以橡皮筋來說明這種情緒現象：當人們處於壓力情況下，他們會立即且無意識地「彈回」兒童時期所學的經驗，來因應其緊繃、驚慌的情況。本質上，兒童當時反應的情緒狀態，其功能主要是想獲得父母的支持與關心。

　　回力球理論的另一層意義是「戳記」（stamps），它是探討人們偏差或自我攻擊性情緒反應的重要管道。時至今日，這種「心理交易戳章」（psychological trading stamps）的概念可能已經過時了。一九六〇年代超級市場的交易，每一次消費者購物後常在其個人記帳卡上蓋一戳章，一段時間後消費者再來付現結帳，以鼓勵消費交易（今日已由信用卡取代）。戳記的概念運用是為了鼓勵消費者先交易再付款。「回力球感受」也可用來說明人們的情緒生活，意即當事人當下沒有表達其情緒，而是將情緒儲存下來而在未來宣洩。對那些事件當下情緒即時付現的人、或遭受他人強烈情緒宣洩所驚嚇的人而言，在面對這些情緒隱藏在事件背後的當事人，他們無法了解是多麼需要有耐性。

　　有關感受與情緒的處理，當然不是只有 TA 理論的回力球概念，但它刺激和促進我們思考，如何和求助者溝通議題並使用一般語言來協助其精微、生動地表達情緒概念，也是一種激發情緒動力的方法。

在諮商情境裡，諮商師和當事人的良好關係可能維持一段較長的時間，這時諮商師可能會發現當事人表達的感受都差不多，他們老是覺得生氣、疲倦、沮喪或是──無論引起反應的刺激及其所處的情境為何，都表現出和情緒不適當的情感，而這些往往都是被隱藏真實情感的徵候。對於周遭所發生的事情，當事人的情緒狀態看起來相當習慣也不會驚慌失措，這時候諮商師應該盡可能地敏感於當事人隱藏情感的狀態，例如聚焦於他們悲傷情緒下所想表達的短暫生氣。

最後，提升諮商師晤談過程中對感受與情緒覺察的最好方法是，傾聽他們自己的感受。在諮商關係裡，諮商師的感受和情緒主要來自三方面：首先，願意傾聽自己感受的諮商師，可能覺察到他們的感受包含諮商過程中出現的情緒，例如求助者儘談一些無關緊要事情時的情緒。嵌入式諮商的從業人員有時因工作困擾而感覺挫折和生氣，他們的情緒也會產生風險，使案主轉而求助他人。因此諮商晤談的專業準備包括，為了專注他人的情感而將個人的情緒先放一邊。其次，當諮商師感受到與求助者有情緒共鳴時：意即諮商師產生與當事人一樣的感受回應。因此，許多時候諮商師如何感受可能就是當事人當下感受的最佳線索（雖然還要經過檢視）。第三，諮商師對當事人的感受回應，也可能是當事人周遭他人對他的感受回應：例如諮商師有時對當事人感到生氣、苦惱，這也可能是別人（當事人的朋友、家人、工作同事）對他的情緒感受。當然，這些覺察都要謹慎運用並進一步釐清下列問題：當事人做了什麼事情讓我生氣？我與其他人的回應一樣嗎（什麼人、什麼情境）？當事人和其他人的關係是什麼，他們的回應是什麼？

諮商師的情緒敏感度同時要注意精熟兩件事：傾聽求助者同時也傾聽自己。這就是為何諮商訓練有時被視為諮商師的個人發展（personal development work）工作。個人發展很重要的一部分是，包括學習自己的情緒生活，進一步能夠和諧地回應別人的情緒世界。

創造有助於情緒表達的情境

當事人尋求諮商來處理其情緒或感受，可能包括尷尬、羞愧，以及不願承認或表達的情緒等生活領域。如果當事人不會感到尷尬、羞愧，日常生活中他

們也會有機會來顯露其情緒。因此，我們要確認當事人是否有足夠的安全感來表達情緒。舉例而言，當事人明確地告訴諮商師，可以自在地表達情緒，或以自己的進度來完成，或需要一段時間才能完成這項工作。當事人有時會擔心門外有人聽到他的談話或看到他離開晤談室，或離開前是否須整理好晤談室的擺設（衛生紙、洗臉盆、鏡子）等。在安全的環境裡較可能舒適地的表達情緒，例如可以碰撞、敲打有靠墊的椅子，而不是直挺挺地坐在辦公室內。諮商師也要關心這些場地設施：「我的同事是否會聽到我辦公室發出的叫聲？」「假如當事人崩潰，我也跟著大叫，我準備怎麼接待下一位病人？」

使用當事人的「感受語言」

諮商師敏銳覺察當事人談論個人經驗所使用的語言，有助於增加催化其感受與情緒的機會，當事人有時說話速度很快或經常改變話題，就是為了避免觸及自我感受。當事人之所以如此，是因為他們覺察話說得太慢或停留在某個話題太久，可能意味著這些話題和個人的感受、情緒有關，當下自己會覺得不知所措。許多「標準化」的諮商回應，如容許沉默、溫和談論、有節奏的聲音，以及檢視、回想當事人所說的話，這些回應都有助於緩和當事人，並且協助他們接納當下的自我情緒。他們表達經驗時可能受到某些特定的字句、片語或想像的影響，通常他們在說話的時候也會融入這些片語，成為他談論話題的用語。從諮商的觀點來看，這些用語在晤談對話的過程裡往往會令人大吃一驚，而且有其明顯的特別意義，諮商師可以反思或讓當事人回想這些話語，甚至邀請當事人重複這些談話並記錄其過程反應。

注意當事人的身體語言與所作所為

因為感受和情緒是身體現象的一部分，因此在諮商進行當中，有些方法有利於察覺情緒發生時，當事人的生理反應為何。當事人使用情緒語言時，可以邀請他們覺察情緒發生在他們身體的哪一個部位，然後請他們仔細覺察那個身體部位及其感受。身體姿態有其表達情緒的重要意義：快樂時手舞足蹈，生氣時東碰西撞。一旦當事人發現感受或情緒似乎有什麼意義時，可以邀請他們伴

隨情緒來表現一些姿態或動作，或說出該動作的意義（你握緊拳頭的意思是什麼），或儘可能地重複和誇大該動作（再握緊拳頭，握緊一段時間，說說看當你這樣做時究竟發生了什麼？）人類的呼吸與其表達感受、情緒有密切關係，控制情感與抑制情緒最有效的方法是保持呼吸或盡可能地緩慢呼吸；相對地，情緒釋放通常是伴隨著長而深沉的呼吸、做手勢或打哈欠。諮商師可能覺察到當事人呼吸頻率平穩或較短，這時候可向他們反映，邀請他們深深呼吸、規律呼吸，或反應他們的呼吸現象。情緒反應的另一種生理指標就是飢腸轆轆的聲音，有些諮商師認為腸胃轆轆聲音未必是太過飢餓，而是長期隱藏感受不願表達情緒所產生的反應。當他們被問到這件事，如果當事人不會感到尷尬，通常就會說出其感受和腸胃轆轆聲所代表的慾望。

善用規則

有時當事人想抒發強烈感受，但卻發現很難表達，諮商師可以利用專業的做法或規則來幫助他們。這種強烈情緒的感受通常是和他人有關，例如當事人對同事生氣或對父母死亡的感受。諮商師若只是與之談話，恐怕很難完全進入當事人的情緒世界。對當事人而言，他們也想談他們的感受，也很想直接進入自我的情緒。然而，諮商晤談時，有些當事人會盡可能表現某種程度的自制並監控自己所說的每句話，他們不會讓自己的情緒失控或被感受完全取代。此時，諮商師可以讓當事人和引發其情緒的對象展開互動，邀請當事人表達感受，並請當事人想像他正在與這個對象直接對話，「好像他們在這裡一樣，你要向他或她說些什麼？」這類做法有幾種方式，例如想像對方正好坐在椅子上，允許雙方對話，並鼓勵其重複關鍵性的陳述：「再說一次，她沒聽到你說的話」（這種諮商策略通常稱之為雙椅子工作，詳見 Greenberg et al., 1993）。諮商師以當事人立場來協助他而不是對抗他，這樣的做法對當事人的情緒表達會有幫助。它有兩種有效的方式：首先，諮商師知道當事人生氣的對象是他人，當事人若直接對諮商師表達強烈情緒，他可能會感到尷尬，因此先說明對當事人、諮商師與他人對話時的規則；而後，創造一種對話的情境。另一種方式是，經由寫信來表達情緒，當事人對他人情緒表達所寫的信，可以在下次與

諮商師晤談時，表達其感受之用；表達後，這些信可能被保存或儀式性地毀損，或許當事人會發現連續不斷的寫信也是有幫助的。這是一種容許他們細水長流表達情緒感受的方式。

焦點體驗

Eugene Gendlin 是一位心理學家、哲學家兼心理治療師，他發展出一種焦點體驗（experiential focusing），並廣泛地運用在當事人努力於理解或表達其感受或情緒的助人工作上（見 Cornell, 1996; Gendlin, 2003; Purton, 2005）。Gendlin 認為任何與當事人有關的情境、關係或事件，當事人皆能透過身體意識感來獲悉其中的意義。這種意識感包含了豐富的隱含意義，當事人無法完全明瞭或無法以自身的觀點來明瞭。如果當事人可以停留（或聚焦）在他對情境的感受，身體所呈現意義的層面可能開始出現變化，有助於其象徵性和意識性地理解。通常，象徵性最容易發生在語言形式，當事人從感受的情緒中說出話，他似乎把握到意義的線索。然而，象徵性亦可來自想像、聲音或身體姿態。Gendlin 認為，幫助案主聚焦在不清楚的情感意識裡，這樣的基本療程到最後往往是最有效的諮商。因為許多人都有許多生活問題，個人感受通常不容許停留太久，以免陷於情緒深淵裡。Gendlin 發現，當事人往往透過不停地談話、顯得忙碌異常或忽視身體的感受情緒，來阻隔個人的內在覺察，以免聚焦於他們對問題的情感意識。許多實務工作團體已發展一系列助人過程的焦點體驗法，來接觸當事人的情感意識並運用諮商師所發現的。他們鼓勵世界各地同儕自助社區使用焦點教學法（詳見 Boukydis, 1984），以及處理當事人各種健康問題的體驗。焦點體驗也是嵌入式諮商的一種方法。Gendlin（2003）的著作《焦點》（Focusing），對如何使用此一方法提供了清楚的說明指導，可查詢其研究網站：http://www.focusing.org/。

當事人及其家庭儀式

儀式是當事人或團體所發展的一種特定活動或慣例，人類有時利用儀式來作為處理衝突或生活轉變的機轉、標記。對有情緒困擾的人而言，在尋求解決受控制的情境時，儀式是一種有價值的、表達困擾感受的方法。例如，憂

鬱症患者每天做瑜伽運動來代表希望與重建。Talmon（1990: ch. 3）提到個案
Mary 的故事；Mary 雖然有各種理由對父親生氣，但她希望從生活中消除這些
情緒。Mary 和她的丈夫以及諮商師共同設計一項儀式，Mary 以強烈的情緒讀
出父親認為「離婚是天意」，諮商師以點火燒掉父親的照片，伴隨丈夫彈奏的
音樂在諮商晤談中執行此儀式。Mary 認為自己已脫離父親的掌控，而且自我
已有所轉變，成為一位新的、自由的和準備好進入不同生命階段的人。

在諮商與心理治療文獻中，有許多為不同取向之心理治療目的而設計的有
關儀式的範例（Imber-Black & Roberts, 1992; McMillan, 2006），都可以適用在
精微歷程的諮商情境。在諮商情境裡，儀式對當事人有重大意義，因為諮商師
與求助者共同建構儀式時，他們是一起追求目標，而不是諮商師對求助者的問
題採取現貨供應的策略。

使用認知行為治療（CBT）技術來控制情緒

假如求助者的目標在於控制情緒，利用認知行為治療技術（CBT）可能是
有價值的方法。認知行為治療的範圍非常廣，它經常被用來作為自我控制情緒
的工作。認知行為治療技術可用在下列情境：

- 將每天和如何發生的「情緒事件」寫在日記上，其目的在認定什麼事情觸
發他們的情緒以及如何避免這些情緒。
- 詳細探索情緒事件，經由事件發生的次序逐步回想引發情緒的情況。如
此，可以引導、發現打斷或引發情緒的事件（例如，告訴自己「保持冷
靜」或想像其他快樂的事情）。
- 發現解決情緒的變通方案（例如，假如你不生氣／突然哭起來／害怕到無
法動彈，你還能做什麼？）
- 學習放鬆技巧。在許多情況下，若能使用以前學過的放鬆或呼吸習慣，可
以提供片刻的時間來反思他們所做的選擇（例如，是否表達困擾的情緒或
做其他事情）。
- 釐清引發情緒的自我對話及其想法、過程。例如，因為自己提醒自己別人
瞧不起他，有的人可能會因此對自己生氣，這些就是常被諮商師挑戰的不
合理的思考或失功能的想法。

認知行為治療技術特別適用於對自我情緒沒有太多了解的人，這些人只是對情緒控制有興趣、喜好有結構性而不是探討性的諮商方法。對那些面對諮商師難以表達害怕和尷尬等感受的人，也適合採用認知行為治療法來加以諮商。整體而言，此法的諮商過程中不需要隨時隨地表達情緒。有許多自助式的書籍與網站提供認知行為治療方面的資訊。有部電影：「抓狂管訓班」（*Anger Management*）由傑克尼克遜（Jack Nicholson）和亞當山德勒（Adam Sandler）演出，就是以誇張手法來描述這些技術如何發生作用。

使用表達藝術工具來處理感受與情緒

情緒議題通常出現在無法以語言表達感受和情緒的實際過程，一旦諮商進入到當事人能夠談論其感受時，大部分的諮商工作都已完成（但是當事人又轉而以理智方式來處理、表達其感受時，諮商的機會又會失去了）。表達藝術乃是處理情緒經驗的模式，其以強而有力的非語言方式融入來進行了解和溝通。例如，將一堆黏土或類似的材料給當事人，鼓勵他們以自己的雙手來雕塑並表達他們的感受，或利用紙張與蠟筆顏色來表達他們的想像與感受。這些藝術工具對多數求助者來說使用方便，且不具威脅性。在某些情況下，也可採用更複雜形式的表達活動（如戲劇或跳舞）。

文化資源

處理感受與情緒的工作大多發生在諮商晤談中，或當事人生活空間裡的活動。諮商師的輔導工作是與感受和情緒有關，因此必須考量其個案處理計畫和活動的時間地點，如何讓當事人有安全感能表達強烈情緒；當中若有足夠、寬廣的文化資源和環境，可以增進當事人努力於解決情緒議題。如前述提及的寫信方式便是呈現強而有力感受的管道、方法；其他寫作方式，如詩篇也可。有些人可能選擇看足球賽大叫，以宣洩憤怒與生氣；或在車內獨處、到墳墓旁大哭一場、花時間欣賞愛人的照片。對有些人而言，最有價值的情緒治療是音樂——聆聽或演奏一曲，對其具有個人意義與重要性的音樂，可以激發當事人某種情緒狀態並能讓他駐留許久且融入其中。諮商師可購買或借用錄影帶或DVD，允許當事人觀看影片並進入與其情緒議題相同的想像世界，當事人可

共鳴、感受劇中人物的經驗並共同參與問題解決的過程。小說也可以提供相類似的學習，重點不是建議求助者複製影片或小說中人物處理情緒困擾的方式，而是故事可以呈現不同因應的方式，對陷入情緒窘境的人，有不同釋放情緒的可能性；另一種重要文化資源是自助式和自我勵志的書籍，例如因應悲傷的、自我肯定的，和樂於表達生氣或處理害怕等議題的書籍。

使用沉默

情緒工作的最後一件事，慣例上都是由當事人決定何時結束，它可能發生在當事人已宣洩了負向情緒或當事人完成諮商情境的工作。探討「情緒事件」後，當事人的世界觀可能有些不同的變化，雙方討論的議題也已有了新的

專欄 9.3　情緒表達的文化差異

　　Kamer Shoaib 和 Jennifer Peel（2003）曾進行一項研究調查，他們訪談居住在英國 Oldham 的四十五位喀什米爾婦女對諮商的看法；有些婦女是諮商或心理健康服務的工作者，有些不是。訪談時有些是以英語或參與對象的族群語言來進行，本研究的訪談主題包含：許多婦女以英語表達他們情緒生活的困擾，有些喀什米爾婦女對情緒使用的語言大多與英語有相通之處，許多婦女用「頭」和「心」等語詞來表達其強烈情緒，例如：「同理心」（emptying the heart），她們是以「我頭部重量將變輕」和「我內心痛苦已減輕」來表示（p. 92）。本研究提及，其他亞洲人和非西方文化團體情緒表達方面的研究也顯示：在他們的文化和語言中，情緒不是生氣或焦慮的心理學術語，大部分是參照身體部位如頭部、心和胃來表達情緒。因此，情緒感受的表達方式顯然有其文化差異，不同的文化觀點很難加以理解和欣賞。這樣的結果顯示，今日健康照護的領域已被多數西方文化的實務工作者所主導，全盤移植將其用來處理少數族裔的案主是不適當的。從多元文化諮商的觀點來看，諮商師對感受和情緒的諮商工作應抱持好奇與開放的重要態度，這也是學習反思感受的新機會。畢竟，同理心是一種語言，如 Shoaib 和 Peel（2003）強烈建議的，對許多不是喀什米爾的人而言，如何才能了解他們的悲傷與失落經驗的生命意義。

領悟，因此當下他或許不想再談論它。若是長期的諮商晤談，比較理想的做法是，沉默以協助當事人反思並引申任何情緒與感受的意義，這是諮商師另一件待持續的工作：焦點反思並分析情緒學習可能的干擾。

運用督導

諮商師必須覺察其諮商工作可能受到強烈情緒和痛苦情感的影響，這是很重要的事。人類雖然有能力對他人的情感狀態產生共鳴，但在投入開放情緒的諮商工作中，陪伴案主的諮商師無可避免的會透過同事的諮詢或督導，「修通」了諮商歷程及其專業需求的影響。諮商師能否敏銳地覺察當事人諮商敘說時所表達的情感，實際上透過督導的方式特別有用。諮商師在諮詢督導時的情感反應，有助於了解案主正在發生的或已經習得的情緒，諮商師經由另一個人（如同事或督導）的指導，便能覺察到更多發生的狀況。

嵌入式諮商對處理當事人焦點情緒的目標和工作，通常是所有諮商角色中最困難的部分。因為嵌入式諮商的從業人員（如教師、護士或社工）在任何工作情境中都需要表現理性與自我控制。案主或同事在科層體制的組織生活中，往往具有「很熱情」的特質；而專業訓練如同一種社會化功能，成為「冷靜」案主或同事的好方法（Hochschild, 1983; Fineman, 1993）。諮商歷程如同是進入情緒與困擾的「危險地區」──諮商的重大挑戰是整合專業價值、實務工作及常態組織生活之間的經驗，而督導與諮詢正是串連此三者的接合點，對議題的解決有其珍貴的價值。

結論

當事人求助於諮商師與心理治療人員，其心理問題的背後往往隱藏許多情緒的困擾。憂鬱其實與悲傷生氣有關，焦慮其實和害怕有關，人際問題來自於憤怒，低自尊則顯示羞於與人分享自我真實的感受。諮商師最重要的專業能力，就是願意並能夠投入模糊不清的診斷範疇（如憂鬱與焦慮），並且和真正受到困擾的人親近。處理情緒有助於拉回偏離的討論話題，同時跳脫這些問題

感受的危險地區。這些過程往往讓諮商師與當事人更親近其真實生活空間的自我，因為情緒到頭來還是與當事人、事件和生活息息相關。敏於覺察當事人的感受與情緒，有助於諮商師超越個人日常生活的情緒，如：「很多時候我感到焦慮」，其實更具體的說法是：「我怕我的老闆，他是個惡霸。」持續深入對話，當事人與諮商師才能對症下藥、發現改變的方法。

　　許多策略與方法可運用於諮商情境，以協助那些難於體驗和表達感受、情緒的當事人。當求助者願意面對表達和探索情緒工作時，使用諮商技巧有助於建立對話的基礎，創造彼此發聲的空間，讓案主表達其感受與情緒；本章所提的許多方法皆有利於增進雙方的對話關係。整體而言，諮商師與求助者彼此關係的程度與強度，決定諮商方法與策略的實際影響力。

省思與討論的問題

1. 當表達情緒時，你感覺很自在嗎？你感到自在時，還有什麼情緒，或有其他難以表達或聽到的情緒？這些對你身為諮商師的個人情緒圖像有何意義？

2. 你工作場域的情緒圖像是什麼？哪些情緒被允許？在什麼地方發生？哪些情緒是被壓抑的？在你的辦公室或診所？表達禁忌情緒的當事人發生了什麼事？身為從業人員，對組織的情緒圖像和接受你服務的當事人有何意義？

3. 在你方便的時間（一小時、一整天）記下當事人與你的對話（以及你和他們對話所使用的情緒和感受的所有語言）？你能認清這些情緒類型嗎？例如，不同種族或團體的人，是否以不同的方式討論他們的情感？特殊的情緒，對你或你和他人的互動關係有何影響？

4. 本章已探討了許多重要的情緒理論及其觀點。當事人詳細說明、感受或表達的情緒，他們「偏好」和「熟悉」的這些情緒，可能隱藏著羞愧和受到威脅的深沉情緒。就你所知，對你的當事人或你所了解的他人，這些理論是真實的嗎？若這些情緒理論是可信的，那對你的當事人又有何啟示？

建議閱讀的書籍

對諮商師和求助者而言，情緒工作的重要議題是，日常生活中要學習扮演角色，以及了解和辨識情緒。我們所處的環境世界相當重視理性與自我控制，我們必須說服許多人，嚴肅看待其情緒作為與價值、偏好，以及生活抉擇的資源，這是值得做的一件事。Daniel Goleman 與其同事所寫的情緒智商系列書籍，對人們有相當的幫助，包含：

Goleman, D. (2005) *Emotional Intelligence*. New York: Bantam Books.

探討情緒的研究方法是紮根理論，心理學家 Keith Oatley 的著作即是：

Oatley, K. and Jenkins, J. M. (1996) *Understanding Emotions*. Oxford: Blackwell.

許多諮商師發現，Eugene Gendlin 的焦點研究法提供他們實際、彈性和啟發性的觀點來回應不同的情緒困境。這方面的書籍有：

Gendlin, E. T. (2003) *Focusing: How to Open up your Deeper Feeling and Intuition*. New York: Rider.

Les Greenberg 提出許多探討諮商中情緒角色的珍貴資源。這方面的書籍有：

Greenberg, L. S. (2001) *Emotion-focuse Therapy: Coaching Clients to Work through their Feelings*. Washington, DC: American Psychological Association.

10
CHAPTER

做些從未嘗試的事：
一起合作來改變行為

引言・為何行為的改變難以達成・做些不一樣的事：循序漸進的任務・促進行為改變的諮商方法・個人背景脈絡的改變・行為改變的敘事觀點・結論・省思與討論的問題・建議閱讀的書籍

「我一直都在思考你所說的話……，在身處人群的同時卻又深感孤獨。」

「我知道，那件事情對我十分重要。」

「我也在思考……你對那些發生在你身上的事的看法，這些人知道嗎？你有告訴過任何人嗎？你有真正地告訴過別人嗎？」

「事實上，我並沒跟任何人說過，而且我知道你現在想跟我說什麼……，如果他們連我需要什麼都不知道，那他們要如何幫助我呢？這就是你一再告訴我的忠告：『要求我所想要的……照顧我自己……不必一直都故作堅強』。所有關於上述之類的話。」

「沒錯，要對他們傾訴前，你可先花幾分鐘去思考一下該如何表達，我想那會是有助益的，對吧？舉例來說，是什麼阻礙了你以及你能做些怎樣的改變？」

Counselling Skill

引言

　　本書再三強調，所謂諮商關係是基於傾聽、聽從、樂於接受建議，以及能給予對方足夠的空間，讓他們能著手自行找出方法來解決問題。切記，就算只是個簡單的談話也可以著實地改變一個人。綜而言之，求助者所需要的諮商其實也只是想找個人說說話和能藉由言語把感受、擔憂和希望發洩出來。然而，在諮商關係中仍會發生例外的情況，例如，當事人考慮過自身習性或行為模式後，對於他所想要努力或發展的方向或許已有非常清楚的想法。本章重點置於能改變當事人行為的諮商目標。行為改變是個相當廣泛的議題，且當事人經常會在諮商過程中顯露出來，其中包含了相當明確且能自我控制的習慣——例如「將我所有的文件資料維持在最新的狀態」；行為習性進一步影響我們——例如減肥、戒菸或改善人際關係（「我該如何不再跟我的同事爭吵？」），以及能敞開心胸擁抱個人一生中許多不同的際遇（「當此生摯愛不幸往生，我該如何過活？」）。今日，我們生活於瞬息萬變的社會。事實上，在二十世紀，心理學被視為一種指標性的顯學，這意味著社會大眾在面對改變和適應全新的工作型態及社會常規等考驗時，所產生的一種文化的反應。因此，諮商及心理治療之著作涵蓋了許多如何能善加利用改變的思維，其中有些思維將會在本章加以介紹。打破變化的過程並將其變成一系列可達成且一步步朝向的最終目標，這是極其重要的事。然而，我們必須先思考一個非常重要的問題：為什麼改變行為是如此的困難？

為何行為的改變難以達成

　　需要專業訓練及精心安排的諮商活動，和親朋好友日常生活相互幫助的方式（the type of everyday help），兩者間最大的差異之一在於行為的改變是否可被眾人理解。就一般常識來說，如果有人遇到了一個問題，想當然爾會建議或勸告他應該要嘗試些新的東西或方法來突破瓶頸。這類型的建議多半是基於個人經驗，例如，「想當初這種事發生在我身上時，我的做法是……」。從諮商的專業角度來說，希望以聽從這類建議而能完成某事，通常都是徒勞無功

的；失敗原因在於對大多數人來說，想要改變可能已有數年的習慣，這是件非常困難的事。然而，要是聽者真的提出了能改變行為的建議，那代表他很在乎你的問題，並盡他們最大的努力幫你找解決的方法，儘管它不太可能會對當事人的實際行為產生任何重大或持續性的改變。究竟什麼因素會導致行為改變如此的困難？

至少有三項原因會使行為難以改變。第一，一個人的行為往往都是基於為了配合其所處的社會環境發展而成的。換言之，人在與人相處的過程中都會預期他人對不同事情的反應，而這微妙的回饋系統會在人與人交流時默默運作（藉由贊成、斷言及避免遭受批評的模式呈現），且不斷地強化或維持形成此行為模式。我們的行為乃基於我們所處的情境及個人自發性改變（例如，某人對另一人說：「我希望我可以多運動。」）所形成的一個大範圍，這個範圍有時會與現實狀況相反，例如，要加入健身俱樂部是要花費許多金錢、時間和努力的。

第二個原因，為什麼無法有效地協助那些需要改變行為的人，只因為對他們來說，行為改變若是那麼容易的話，他們早就改變了。舉例來說，人們通常不會為了想改用其他品牌的肥皂而找人徵詢意見，那是因為選擇別牌肥皂是一件輕而易舉的事，只需先試用看看再決定即可。相對於一位學生為了改變讀書技巧的行為來尋求協助，顯然後者與前者（肥皂）的命題不同。失敗的恐懼（或者正是失敗本身）會驅策人們尋求幫助，想改變讀書技巧的人在求助前通常會嘗試各種方法來建立一套讀書策略，但終究無法成功。正常來說，應該先向一位成天處理行為改變問題的專家尋求諮商協助，而不是在用盡所有看似可行的解決方法、實際上卻是遭遇一連串失敗的嘗試後再去求助。

行為改變困難的第三個原因是，人們也許早已在他們目前的狀況或習慣上投入了許多個人心血來維持此行為。無論當事人多麼堅決地表示他真的非常想改變行為，但在他心中某個部分必然還是默默地認同他現有的行為。事實上，要是馬上做些改變反而會使他們驚慌失措及恐懼，像是一腳踏進未知的領域般。所以，不論學生多想要變得更有效率和得到好成績，只要他們仍抱持一種及格就好、我還是團體的一份子之類的想法，即使他們得到 A 的好成績或受到師長的關懷肯定，他們仍會感覺備受威脅。

　　在此仍要強調的是，即使對於求助者而言，改變行為是一件非常重要的目標，但並不是所有的人都想要且需要這種幫助（改變行為）。除了改變行為之外，諮商的目標也包含接納、了解和情緒抒發（meaning making）。事實上，有許多案例顯示，除非是產生實際的效果，否則無法藉由引發改變來解決問題。

　　本章簡述一些落實關鍵性諮商目標的工作和方法，協助當事人改善偏差或自我貶抑的行為模式。本章旨在提供一些更為有效的方法或策略，它們都具體可行而非只是空談，也可避免個人花太久的時間苦思對策。本章中所提到的這個構思是，人們長期以來一直誤以為行為改變是一件非常困難的事，當他們獲得符合個人想法且有別於過去經驗的建議、嘗試做些不一樣的事物時，反而對他們會很有幫助。對不同的人，也有許多不同的改變方法，一一對症下藥，便

 專欄 10.1 　**藉由提出一些包含特定價值或用途的有益建議，作為能夠改變行為的手段**

　　溝通分析（TA）理論涵蓋了一套制式（limitation）的簡練分析，其中採用他人所給的建議來作為行為改變的策略。Berne（1964）提出此一理論，印證了一系列發生在人際互動間明顯自我貶抑的心理「遊戲」（game）。在他的論述下，這種心理遊戲是當事人累積許多人際互動經驗，並根據自己先前一些失敗的經驗或負面的情緒，所做的一種明確且預期式的結果。Berne 認為此種心理遊戲就像是人際之間真實連結的替代品。他深信，儘管人們通常會害怕與他人發展出真誠和親密的互動關係，但是我們仍無法避免地在社會接觸中有些基本的需求，因此心理遊戲提供了一種回應這種社會接觸的架構，而我們也不必冒著與人過度親密的風險。Berne 在《人類的心理遊戲》（*Games People Play*）一書中，大量列出了人們終其一生會遇到的所有心理遊戲，從經常接觸的（「酒鬼」、「我現在逮到你了」、「你真是個賤貨」）到比較溫和又短暫互動的，諸如「難道那不糟嗎？」等。其中一個在諮商情境下經常發生的心理遊戲是「你為何不——對啊，但是」，在此情況下，當事人會尋求協助或建議，周遭的人大都會給予其建議。舉例如下：

專欄 10.1　藉由提出一些包含特定價值或用途的有益建議，作為能夠改變行為的手段（續）

當事人：我的生活真是充滿了壓力，我整天都深感疲倦。此外，我的人際關
　　　　係也使我十分痛苦。我該如何改善？

諮商師：何不嘗試寫寫日記並看看你可以減少哪些工作事項？

當事人：我早已試過此方法了，但是，我對於每件事都無能為力。

諮商師：那何不換個新工作？

當事人：那不是個好主意，因為我必須靠我每個月的薪水才能過活。

諮商師：你何不聽些會使人放鬆的音樂或嘗試做些冥想呢？

當事人：我也早就試過你所說的那些方法了……，想到要挪出時間去執行那
　　　　些方法，只會使我壓力更大。

　　從諮商的專業角度而言，這顯然是一種無效的互動，但究竟是什麼因素導致接受他人的建議會變得如此糟糕？就 TA 理論的自我狀態（ego states）概念來看，Berne 認為，當事人所做的這種成人對成人的求助，其實隱藏了各種不同的處理模式，上述諮商關係就像是：一名貧困的小孩不經意地遇到一位認識其雙親的故友（意指諮商師），如此演變為求助和給建議的結果似乎也是理所當然。但對自費求助諮商的人來說，他們會覺得自己花錢所請來的助人者總是能力不足（所有的建議都不值得一試），而且到最後諮商師也會離他們而去。就是這些因素一再誤導他們，使他們認為沒人可幫助他們。換言之，這類心理遊戲使得人們持續維持一種與他人表面的接觸，而不是真心去探索自己真正的問題所在……。像這樣的例子，關鍵的問題就是一股深沉的無望，以及當事人對自己生活的絕望。

　　顯然地，在這樣的情況下，相對於給予建議，我們若能使用各種形式的諮商來回應——不論是移情反射、輕鬆且好奇的疑問、鼓勵對方多說話的方式，將會更為有用。重點不在於你所提出的建議有多明智或多有效，因為它們（建議）無法讓雙方營造出基於相互了解以發展解決問題的過程，只會換來一句禮貌性的感謝：「對啊，但是……」。

能達到最佳效果。一位優秀的諮商師應該針對求助者的偏好、需求，表現出熱心、有興趣且能滿足對方。本章如同本書其他章節一樣，重視助人者與求助者雙方互動關係的品質——這是本書的精髓所在。當事人做出任何重大的改變，就已展開了一趟既痛苦且艱鉅的旅程，慶幸的是有他人願意身兼同伴與導遊來舒緩他們旅途中的苦楚。

本章接下來要探討的是有關改變行為的階段性工作，這是非常重要的部分，包括：了解哪些行為會產生問題、了解這些問題行為究竟如何在人們的生活中產生負面作用、想像一下事情能夠變得如何不同、準備就緒、支持和貫徹改變，以及避免舊態復萌等。在嵌入式諮商中，諮商師通常不太可能有機會與求助者一步一步完成所有的諮商工作，因為那實在是太花時間了。然而，在嵌入式諮商的工作範圍內，採取一些特定的工作來幫助他們仍是十分有用的，而且也能滿足人們所追求的「嘗試做些不一樣的事」。在此，有三項被諮商師普遍依循與用來改變行為的策略：解決問題（藉由了解它）、設定目標及一套能讓行為有所改變的實踐計畫，最終目的在於讓當事人認識且善用個人的能量與資源。本章緊接著要探討的是，檢驗行為改變的個人情境因素（經常遇到會對改變產生壓力的人生處境）。這些經常引發討論的情境因素包括：應付棘手的人際關係、做決定、停止自我批評並強化自我認同，以及多愛自己、度過痛失親友……等人生轉捩點。最後，本章簡述相關的行為改變論點。

做些不一樣的事：循序漸進的任務

行為改變的過程如旅途般，它再三提醒我們，行為改變是由許多不同的步驟所組成。最糟糕的步驟就是只提供求助者單一的解決辦法；說得更清楚一點，就是告訴求助者「只要這樣做，你就可以解決一切」。相對地，諮商的方法植基於理解當事人的行為，這是一個非常複雜的步驟。諮商師應具備的能力之一，即是認清行為改變的目標只能透過完成循序漸進的任務後才能達成。前述觀點的影響效應在於讓人們了解，就算是簡短的諮商晤談也可以有所貢獻，因為諮商已嵌入專業人員的角色中，整個諮商過程也較不費時。有時，一位專

業的諮商師可能也難以成功地幫助他人在改變行為的過程中，完成一件或數件所必須克服的任務。因為行為的改變通常都是非常艱難的，當事人也許只選擇一次嘗試完成一個步驟或一個任務來達到行為改變的目的。

例證 在此，我們以 Donald 受心臟疾病所苦的經驗，來解析和說明這一套循序漸進的行為改變方法。Donald 被告知其未來存活的機會在於他是否有能力快速且完全地改變他原有的生活習慣，如戒菸酒、遠離高脂肪的食物和力行健康的飲食管理法。在醫院，Donald 從護士、物療師和營養師等人處得到了許多有益健康的建議，而他也非常重視它們，一開始似乎有助於激勵他將健康計畫付諸實現。然而，當 Donald 的家庭醫師第一次幫他做檢查時，卻發現他顯然並沒有遵照專業人員所建議的飲食計畫來進食，也沒按時運動。而後，Donald 同意與實習護士每兩週定期會面一次，協助他澈澈底底地改變舊有的行為。護士要求他每次會面都要報告他每日的飲食及運動情形。檢查後，護士卻發現他有一些影響未來健康生活的阻礙。Donald 認為自己是一位「努力工作之餘也不忘盡情玩樂」的「行動者」。說得更清楚一點，Donald 承認自己在辦公室會長時間一頭栽進工作裡，但他也會在週末時與親朋好友在酒吧裡飲酒作樂。護士為此邀請 Donald 說說自己對此事的看法。他說那感覺就像是同時陷入或被兩個不同的自己所困住，有一個他想要保持健康，而另一個他卻又認為「不管發生什麼事，他還是能存活下去」。護士又進一步問他，如果他停止抽菸及喝酒，他的親朋好友們會有什麼反應。他回答：「他們會先消遣我，但最後他們還是會接受這樣的事實——因為親朋好友中也有人曾經歷類似的情況——他現在有個新綽號叫『司機』。」隨後他們也討論他要如何才能克服這些阻礙。護士也與 Donald 約定，未來每一次的會面，她都會檢視他是否達到改善的標準。唯有如此，他們才能改變他最棘手的飲食問題——藉由不斷地嘗試戒除他所喜愛的食物，並改吃些對他有益的食物，而且逐漸培養他的運動習慣。全部過程總共花了他六個月的時間。最後，有一次看診時，他的家庭醫師恭賀他的進步，並詢問是什麼讓他下定決心；他回答：「是護士，因為我不能讓她失望。」

　　以 Donald 為例，有意義的行為改變確實是一件苦差事——沒有魔術棒能輕輕揮一下就馬上改變所有的事情。接下來，我們要探討的是，諮商任務如何將行為改變的大目標細分成一組分項任務的方法。事實上，所有的分項任務都被視為是行為改變過程的控速方法，當事人到最後通常會對自己的問題找到一種解決的方法，且竭盡所能地將各種考慮到的因素都納入其中，而非輕率地就一頭栽進「做些不一樣的事」，按部就班有時反而使他們感到失望、沮喪，甚至產生挫折感。儘管所有的任務步驟都是依照邏輯次序排列的，一開始照著做即意味了可以解決障礙並邁向改變，持續貫徹則能維持改變。不過，硬要一個人照著邏輯次序完成所有的任務，也未必會對他有所幫助。有些人可能只有其中一件或兩件分項任務需要他人協助而已——他們終有能力能自行完成剩餘的部分；有些人則需要來回穿梭於不同任務中，直到最後終於找到自己的方法而向前推進。

了解問題行為：認清個人潛在的內心衝突

　　行為改變最關鍵的任務，就是看清楚它在人生中扮演什麼角色，而且它如何驅使人們想要改變。想要改變行為的慾望通常都始於某人不滿於現況。有些諮商會談的案例提醒我們須先了解問題行為的成因：

「為什麼我要當他的出氣包？我要怎樣才能變得更有主見？」（某個女性案主在家暴案中對工作人員說的話）

「我似乎沒有能力好好管理及規劃自己。每次只要我的工作量增加，我的檔案管理系統就亂成一團。要是我能更有效地管理我自己的時間就好了。」（社會工作者在一場同儕互助小組會議中的發言）

「無論如何我一再地告訴自己那是個笨想法和我有多想停止，但每當我看到一件尖銳的物品，我立刻開始幻想我想用它來割傷我自己。我真希望我能夠不再出現這樣的幻想……要不然有一天真會發生不可收拾的事情。」（監獄受刑人和自殺防治及自殘專線人員的談話）

「每當我跟我兒子談到商場現況及其未來發展趨勢，我都忍不住對他
　發火。究竟是什麼因素導致我常會亂發脾氣呢？我沒辦法控制我的
　怒火。」（某家家族經營的製造公司老闆與一位商業顧問的談話）

　　了解人際之間在某些情境下會出現難以理解的互動關係，這亦是諮商任務
的一環，這些諮商任務往往會面對求助者如「為什麼我要做這些，我該如何才
能跳脫窠臼？」等類的自我質疑。專業諮商師光是面對這些疑惑，往往就必須
回答一些如「讓我們一起想想是不是有些什麼事？」或「你是否也覺得，若是
你可以多花幾分鐘時間跟我談談，這樣對你會比較有幫助？」之類的話語。

　　在這樣的諮商情況下，對不同的案例用不同的諮商方式乃是諮商任務的終
極目標。當事人通常會表達兩種不同但又似乎有相關的反應。一方面當事人會
對自己正在做卻又不喜歡這樣做的行為模式感到困惑；另一方面，當事人也想
要改變他們的行為反應且獲得新的行為模式。一般而言，這種想了解的慾望就
是一股行動驅力，但也可能代表當事人尚未準備好要去改變他們的行為：他們
想先了解為什麼自己會做出現在這樣的行為。

　　值得進一步深思的是，當諮商歷程一直環繞在探討問題行為的成因時，
我們該擔憂的是當事人有可能會陷於自我分裂（self-split）之中。事實上，這
些人的內在自我有一部分是想做某些事，但做完這些事後，他們心中的其他部
分卻又對先前所做的事感到不妥，甚至嚴厲地出言批評。當事人這種二極對立
的自我經驗或個人矛盾是了解問題行為的重要關鍵，這就好像是自己在與自己
辯論。如果要能達成這項「完全了解」的諮商任務，有時就有必要邀請當事人
思考他們的表達模式。只要諮商師能從一開始就意識到這類天生潛在衝突的現
象，這樣做就會有幫助。當事人若想要進一步完成改變行為的任務，這種現
象（天生潛在衝突＝自我分裂）會逐漸削弱他們內在自我改變的能力——如果
（或事實上）他們仍在和自己爭辯的話。

　　當諮商師面對想要了解問題成因的當事人時，有各種不同的方法可協助
他們，例如「談話」（just talking）、畫一幅有關事件始末的地圖或圖表，或是
將事件關鍵處演示一遍。不過，Greenberg 等人（1993）則建議，最有效的方
法乃是請當事人多談談那些發生於某些特定場合，且使他們感到困惑或產生問

題的行為反應，包含他對這事件的想法和情緒。這種做法有兩個步驟：第一，使用第一人稱「我」（「我這樣做，我覺得……」）將特定事件仔細地說出來，這時可以讓當事人再次且有系統地按照事情發生的先後順序，將他所經歷的狀況完整表達。如此一來，當事人會對事件每一關鍵點的感受及想法產生大量的書面資料或敘述，然後再找出當事人的意圖，並盡可能地解讀他在這類心理遊戲中會產生的念頭（「我想一走了之，但我又告訴自己必須勇敢地面對這項挑戰」）。第二，需要協助當事人了解自己在此一事件中出現既想努力競爭但又想逃避世事的內在衝突，設法找到兩者之間的平衡點。如此一來，這些不盡相同、甚至是截然不同的想法和信念，才能共同合作、彼此間相互良性討論，而不是彼此衝突、互不相容。

例證 了解問題成因的經驗，我們可從企業諮商師 Melissa 和一位生意人 Kamaljit 的互動關係中看出些端倪。Kamaljit 這位商人向 Melissa 徵詢有關他想將製造公司的經營權移交給他兒子 Kenny 的建議。他們已展開諮商的歷程，兩人都已認可此一移交時程的規劃表，然而就在此時，Kamaljit 卻表示，近來他開始擔心自己經常出現「為了一些非常雞毛蒜皮的小事對他的兒子發飆」。他說道：「我只是不知道發生了什麼事，我們一直以來都是合作無間，他（指 Kenny）對這行的認識甚至比我還深；為什麼我會突然開始像這樣發脾氣呢？妳（指 Melissa）覺得我需要去上一些關於情緒管理的課程嗎？」Melissa 聽完不禁開始思考，他訴說的事是否隱含了一些重要的徵兆，也許他開始擔心公司的經營計畫能否成功，這對他而言是非常重要的事，現在她必須花一些時間進一步去了解整個事情的來龍去脈。她問 Kamaljit 是否值得好好地花幾分鐘去思考自己到底為了什麼而發火，Kamaljit 同意她的說法。Melissa 隨即請他說出一件發脾氣的事情，並詳細地告訴她發生的經過，就好像這件事正在發生一般。雖然有些困難，但拜近來常常發脾氣之賜，他開始再次陷入幾天前憤怒的回憶裡。

Kamaljit：我正坐在我的辦公桌前，Kenny 拿著一份他與新的供應商擬好的合約影本並等著我簽名。我大概地看了幾頁。合約內容很好沒啥

問題。但當我抬頭看他時，他卻正盯著他的手機螢幕查看電子郵件。我真的對他這個動作非常生氣，於是我告訴他他應該更專心一點，因為在商業會議中是絕對不能有這種行為發生的。

Melissa：那他的反應是？

Kamaljit：他馬上道歉並把手機擱一邊。

Melissa：我想知道到底什麼事讓你在那一瞬間發火？你當時的想法和感受是什麼？

Kamaljit：喔，如往常般，我自覺我一文不值。他們根本就不需要我。

　　Melissa 隨即請 Kamaljit 仔細自我探索「他們根本就不需要我」在他現階段的人生意義。過一會兒，Kamaljit 發現自己一直想要別人依賴他，即使等到他退休，也一樣不希望失去他所熟悉的工作角色與關係。諮商師導引出 Kamaljit 核心的自我認同（「我是個有用的人，因為我仍舊可以照顧家中所有的人」對照「我只是個沒用的老人，他們根本不需要我」），以及兩極對立的壓力後，Kamaljit 終於領悟到，自己不只要在某些特定的事件上協助兒子 Kenny，也要敞開心胸接受生活將會有完全不同的改變。

　　在這個案例，Melissa 顯然具備足夠的諮商技巧，她覺察到 Kamaljit 在為一些雞毛蒜皮的小事對兒子發飆的話語中，可能潛藏一個人生價值觀的癥結，值得進一步地探討。Kamaljit 對兒子即將取代他所表現出的反應，顯示他對這些事情十分困惑，他的問題不是來自個人的性格（非一般行為模式或習性的結果），也不是不適應（以他的現況，那也非合理的反應）。因此，這樣的事件反應難以符合他的身分及其所過的生活。從他對兒子的反應中，我們知道其中必有文章，也值得我們細心探究。在與 Kamaljit 的晤談中，Melissa 需要確認 Kamaljit 是否了解他對兒子的行為反應是有問題的，以及他是否願意與諮商師在此時此刻深入地探討這件事的全貌。畢竟 Kamaljit 未必對 Melissa 產生足以和她討論所有事情細節的安全感（亦即他不見得完全相信 Melissa）。當他願意進一步說出這些事時，她也沒有強迫他照她的方式把事情完全表達出來（而是透過像說故事一樣，將導致問題發生的反應詳細地說出）。

這個案例適當的結案時機在於，當事人已有新的體認或對問題成因有深刻的了解。案主 Kamaljit 在了解自己憤怒行為的潛在原因後，現在的他已能毫不費力地改變自己對待兒子的方式——對於那些會使他情緒失控的情況，除了自己提醒自己之外，他也會請兒子一起幫忙他。但如果他自行嘗試用一些方法來管理及控制自己的情緒（其實這些表現就代表了他的行為正在改變），當他處在引發問題的情境中，他很有可能只會繼續壓抑他那「無能」的痛苦感受。如此一來，他心理所承受的傷害和不被關注的感受將會使他更加無力改變，若事情真的演變成這樣，即使他參加所有的情緒管理課程也都是徒勞無功的。

引起問題的行為是如何潛藏在你的日常生活中？

另一套有助於當事人改變行為模式的方法是，激發當事人希望改變的動機；與其拒絕他們對問題行為難以改變的推託之詞，還不如反映這些問題行為究竟對他們產生哪些影響。採用這個方法的前提是，我們假設當事人在生命中所做的每件事都是有意義的。為了持續說明這種做法，引用第八章所介紹之表達問題的語言，將會非常有用。舉例來說，在 Kamaljit 的案例中，請他說說自己何時會發脾氣、發脾氣時會如何影響他的生活及其人際關係。他也許會說發火點是「Kenny 取代了他的位子」，或是他想「延遲 Kenny 接管公司的時間」。另外一種方法是，請當事人想想發生問題的那段期間，問題對他的生活造成哪些影響或產生什麼後果。就常理來說，當事人不會故意去做出那些易引起他困擾或麻煩等後果的行為，他們也幾乎會拒絕任何這類的建議。因此，在進行此類會談時，諮商師須對各種情況有較高的敏銳度，這也是非常重要的事。但諮商師不宜用指責的語氣像對犯人般地來審問當事人，而是彼此敞開心胸、溫馨地交換雙方所有的省思和想法。

想要成功達成行為改變的諮商任務有幾個重要因素。首先，諮商師應讓當事人明白，若他依然我行我素的話，本身的損失可能會更多，這樣的做法如同一種誘因，促使當事人改變行為以免有所損害。其二，若當事人能真誠且仔細地思考這些問題對自己可能造成的影響，他們將會驚訝地發現——這些都不是他們事先預料得到或想發生的。這種發現將會有效地提升當事人想改變的意

願，因為他們會被激勵且熱中地做些新改變，而不是再三重複地做些之前已試過的舊方法。最後，這句「問題如何影響你的生活？」也埋下另一問句的伏筆——「你如何影響問題發生？」這樣的會談將在本章稍後再進行完整的探討，在此先聚焦於當事人有能力在特定情況下主動嘗試些新做法，而非總是被「同一問題」牽著鼻子走。如此一來，顯示確有許多不同的管道能讓當事人了解，自己「的確」可以做些不一樣的事。

想像事情能如何與以往不同

當當事人正尋求協助來改變他們的行為時，諮商任務的一個重點就在於探索當事人究竟想改變什麼。在尋求協助的那一刻，當事人也許已被他們認為早就擺脫、事實上無法擺脫的煩人行為模式壓得喘不過氣。他們改變的方式是，被他們只想做「不想做」的事所局限住——不要吃太多、不要當個受氣包、不要生氣。事實上，要是所有行為改變的計畫都是建立於「不要做」上，那注定都會是以失敗收場的結果，因為真正能有所改變的方法只會發生在當事人有能力用一套全新的行為模式完全取代那些無用的舊行為。最後，這些方法都會形成習慣並逐漸精熟而成為新的行為，不只是單純壓制舊行為。運動習慣的養成就是很好的實例。如果有人想把網球打得好，他可能會先經歷一段被「不要做」所控制的階段——不要把球打在網上、不要把球打到底線下等等。這種學習策略似乎只能得到相當有限的成效。反之，另外一人對他所想做的事有正向印象（positive image），那他就能成為相當有實力的網球好手。這類的正向印象可從觀察一位頂尖網球好手打球而來，或最好的方法是直接透過專業訓練使自己了解怎樣打才能打得好。關鍵在於當事人必須先費盡心思想到欲達到的願景目標，這樣才能將目前的表現與最佳目標加以比較。如此一來，才能做些調整、朝理想的目標邁進一步。任何有效的運動訓練都包含了對完美展示的概念重現（cognitive rehearsal）。

在諮商過程中，若當事人已明白要用哪些方法來改變自己的行為，請他對你說說看他到底想要改變什麼。這類諮商任務可透過一些問句來進行，如「你想要如何改變？」或「如果你改變行為模式（或你正在做哪些改變），你的生

活將會變得如何？」由 Gerard Egan（2004）所發展的精熟諮商師諮商技巧模式（Skilled Helper counselling skills model），其中有一套當事人自我「慾求設想」效應歷程的分析相當有用。焦點解決治療法（solution-focused approach to therapy）（見 O'Connell, 1998）也是基於此類目的而採用「奇蹟式問句法」（「miracle question」）。助人者請當事人試著想像，哪些奇蹟會在一夜間發生，同時一口氣完全解決了他的問題，緊接著，請他們描述一下自己的生活將會有何改變（使用這種奇蹟式問句的方法前，最好先閱讀過或接受過專業訓練，以了解如何使用焦點解決治療法——這是個非常有用的方法，但是需要用對時間及用對方法，否則只會讓你的服務對象對你的做法感到困惑）。其他讓當事人了解自己想要改變行為的方法，就是詢問他們可以向哪些典範人物學習或生活中有哪些行為是自己多次想模仿他人的。

詳細說明如何進行會談以建立新行為或修正舊行為是非常有用的事，它有助於當事人了解自己嘗試要達成的目標，同時又可與諮商師分享自己未來的願景。一般而言，盡量讓當事人對所喜歡的行為做更詳盡的描述，而非只讓他說個大概，這樣才能讓具體明確的小改變一一發生。諮商師可以灌注希望來驅策當事人，當事人也可以說出自己真正想要的改變，來督促自己落實改變的意念。最後，這樣的會談有助於將想像力用在更具創造力與建設性的方法，並發展更多的可能改變，而非盡想些糟糕的事會發生在自己身上（「我會像這樣永遠地被困住」），當事人可以隨興、天馬行空地想像未來將發生更多的好事和更完美的生活。

你準備好了嗎？

早期有許多諮商與心理治療的研究報告與臨床經驗指出，是否準備好要改變乃是行為改變能否成功的重要關鍵。因此，了解當事人是否準備好改變，也是一件相當重要的諮商任務。有些諮商師發現，James Prochaska 和 Carlo DiClemente（2005）所設計的「改變階段模式」（'stages of change' model），將有助於完成行為改變的準備。Prochaska 和 DiClemente 在健康診所工作，這裡的病患即使有會讓他們病情加重之習性（如抽菸和酗酒），他們也不願改變它。Prochaska 和 DiClemente 從這些工作經驗中，觀察到當事人對行為改變的

準備程度有很明顯的差異。他們設計一套五階段行為改變模式來解釋其中差異，這套模式就是著名的「多元取向治療理論」（'transtheoretical' approach），它整合各學派的治療觀點後發展出這套架構。Prochaska 和 DiClemente 觀察到的改變階段如下：

1. **先入為主的觀念**：首先，當事人不會馬上想到要改變那些製造問題的行為。舉例來說，老菸槍或許知道抽菸有害健康，但那仍不足以讓他思考是否真要戒菸。
2. **沉思**：在此階段，當事人已下定決心要改變他們的行為，但真要改變似乎又是太早的事。
3. **著手準備**：當事人已開始針對行為改變跨出第一步。例如，想戒菸的人會開始蒐集一些診所或戒菸貼片的資訊。
4. **付諸行動**：此時，當事人至少已持續了六個月的時間在改變他們的問題行為，但仍須努力強化新行為的養成，以及避免外界的引誘。
5. **持之以恆**：最後，當事人必須長期避免復發舊行為，或是盡量排除突發狀況、避免誘惑，以免前功盡棄。

隨著時間的消逝，產生問題的行為也會隨之消失，當事人終於達成目標——所有的行為問題將不復見，當事人也不用再小心翼翼地提防舊習復發。

這套模式要特別提醒諮商師，須配合目前當事人行為改變所處的發展階段而有不同的諮商任務。舉例來說，身處「沉思」階段的當事人，諮商任務為盡可能蒐集更多的相關資訊來喚醒自己的的警覺，認清並接受自己需改變行為的理由，且進入備戰狀態（而非建立在不穩定或被脅迫的關係上）。沉思階段所需的諮商任務包括做決策及探討當事人矛盾心理的意涵。

例證 David 是位退休的工程師，他也是一位支持與賦責團的義工，這個團體創立的目標旨在幫助性犯罪高危險群重新融入社會。三年多來，David 一直是支持與賦責團之輔導團體的義工，這個小團體的成員來自各行各業。每週 David 都會與 Simon 定期見面，Simon 是一位三十歲的男子，曾兩次因對少年性侵而被判刑入獄。David 曾在義工受訓課程中學習

「行為改變階段模式」，他知道如何從旁觀察自己與其他義工的學習狀況。「剛開始，談他的所作所為及其後果，這是非常重要的事。同時讓 Simon 知道，社團義工會持續與其居住地區的人接觸，以確認他是否能達到緩刑合約的規定。隨著時間的累積，Simon 有了戲劇性的改變。他深深地檢討自己，並有很大的情緒起伏。他下定決心要改變自己的行為，他認為這是一種『新生命』」。

　　有關行為改變階段模式的進一步資訊或諮商應用，可參閱 Prochaska 和 DiClemente（2005）這兩位作者配合這套模式出版的一本自我指導手冊（Prochaska et al., 1994）。對於其諮商嵌入其他工作角色的從業人員而言，這套模式提出了非常有用的改變方法與方向；它有助於了解那些主動想改變行為的人，以及了解不完全清楚或尚未準備好要改變行為的人。在健康與社會關懷工作方面，從業人員經常要與那些行為改變處於「沉思」階段的人一起工作，例如那些正在戒菸或減重的人，以及身陷家庭暴力或吸毒、酗酒的人，透過從業人員的激勵性晤談來協助他們（Miller & Rollnick, 2002）。本書也提供一套從冥想中自我激勵的方法，以期當事人做好改變行為的準備，然後付諸行動。

你的支持方法正確嗎？

　　單靠自己的毅力和計畫想要大大地改變自己的行為是很困難的事。缺乏旁人的支持將會形成行為改變很大的阻力，因此改變行為的諮商目標必須確認求助者有足夠的社會支持，這也是一項很重要的諮商工作。諮商師的角色就是檢視當事人可以獲得多少的社會支持。諮商師與求助者可採取演練法來探討有多少的社會支持，另一種方法是諮商師本身提供當事人支持。諮商歷程的關鍵，也在於諮商師能夠提供求助者多少的支持。在諮商情境中也會遇到一些重要的支持者，諮商師要去了解他們如何支持當事人。當事人的支持有可能來自於其原有的社會網絡，例如家庭、朋友和工作同事等，或其他剛認識的人，例如自助團體的成員。這些支持協助可能來自於許多不同的人或集中在一些重要的「同盟」。社會支持可以是面對面、互通電話或電子郵件。如果求助者難以發

現到底是哪些人在支持他，諮商師不妨請他們思考「誰對你成功地改變行為最不會感到驚訝？」諮商任務的重點並不在於諮商師採取哪些相關的支持方法，而是諮商師願意花時間支持當事人，並彙集他們的意見。

促進改變

在當事人的人生旅途中，當他剛開始要改變的時候，做對的事來達到成功是很重要的。有一種不錯的做法是，諮商師事先預擬可能發生的重要狀況，這些預演可研擬出一些行為改變的策略，或檢視當事人的期望是否符合現實（例如，第一次做錯事情不見得是一場「絕對的災難」），以及使其得到有建設性的支持，諸如祝福成功或討論失敗的原因。對當事人或諮商師而言，預擬可能發生的重要狀況及其情節是非常有效的方法，至少做些討論，並視其為一種預演。此外，寫下各種計畫清單也是一種有用的方法。諮商師也可以使用像這樣的問句「當你明天要……，我們先將可能發生的事做一遍演練，你覺得有用嗎？」來與當事人討論各種預演的狀況。重要的是，諮商師必須聚焦於當事人具體明確的行為上（當事人會做什麼），而不是讓諮商會談變成局限於動機、意願和意向等抽象的敘述，例如「我這次真的準備了」或「我知道我已經準備好了」。

預期及避免行為復發

本章先前曾介紹 Prochaska 和 DiClemente（2005）的「改變階段」，它認為大部分改變行為的嘗試最後都會產生復發現象，這幾乎是一種難以避免的結果，每個人要完全改變舊有的習性來完成某件新的事物，也的確是一件非常困難的事。因此，諮商工作要當事人改變行為時，就必須考慮到行為復發的可能性。探討復發的概念並坦白承認在某個時間點上當事人的行為有可能復發，通常對諮商工作的進行會很有幫助。諮商師可與當事人共同討論在這方面的問題，包含：你怎麼知道你又故態復萌了？哪些復發的情況讓你感到無助？萬一行為又復發了，你將會怎麼做？如果復發，你會運用哪些支援？你從這次復發的狀況中學習到什麼改變策略？值得注意的是，行為復發會有一個風險，那就

是當事人會將復發狀況視為是「天大的災難」，然後很快地下個結論說：「我沒有用」或「我只是在浪費時間，這一切都不會有用的」，然後否定這個階段所做的一切努力。如果諮商師能夠向當事人清楚說明行為復發是很自然的、它常會發生、它是可以預期及可以克服的等想法，當事人較不會對它做太多悲劇性的解讀。切記，那些想從諮商師身上得到協助以改變行為的當事人，當努力嘗試新方法想改變行為時，他們的情感有可能變得非常脆弱，也會因故態復萌而產生重大的挫折感。

在後續有計畫的諮商歷程中，諮商師可與當事人探索各種可能復發的情況，如果諮商師能持續與當事人接觸，這類持續性的諮商工作也會成為其支持來源。

前述內容旨在強調諮商歷程中必須持續地介入行為改變的諮商目標，而其基本課題就是，諮商師必須在當事人願意改變行為的每個階段中，持續以好奇和探索的態度跟當事人接觸，並建立關係。下一節將介紹有效改變行為的方法。

促進行為改變的諮商方法

當求助者非常清楚他們的目標就是要改變行為，以及想找出如何才能達成行為改變的目標時，諮商師可以請他們思考一下，他們認為要怎麼做對自己才是最好、最有用的。以下是四種最常用來幫助求助者改變行為的策略：消除行為改變的障礙、確立目標和實踐計畫、善用資源，以及建置一套方案。這些策略說明如下。

找出並消除行為改變的障礙

諮商師和心理治療師對行為改變法的基本概念乃是：如果當事人能夠覺察與了解其不良行為的成因，他們就會自然地表現一些有助於促進和提升生活品質的行為。長期以來，諮商與心理治療領域的行為改變方法（諸如心理動力治療法和當事人中心諮商）認為問題不在於行為本身，而是在當事人身上。舉

例來說，一個有酗酒習慣的人，可能有其情緒被忽略和傷害的成長史，也有可能當事人的自尊心非常低。由此觀之，若當事人有情感或人際的需求被忽略，酗酒行為將有助於減輕其痛苦或減少他們一無是處的感覺。若是如此，那麼任何取代當事人飲酒習慣的計畫都會失去作用、變得沒有意義；所以，當事人必須改變自己本身的認知，這樣的做法才最為有效。不過，因它需要花許多的時間，也必須與諮商師建立持久穩定的關係，因此，在時間與工作等壓力的諮商專業情境中，認知改變的方法或許是一種不切實際的選擇。基於此，找出並消除行為改變的障礙仍然是一種重要方法（如本章前述），它包含找出問題行為的意義及想像事情可以怎麼變得不一樣。

認知行為治療：確立目標和實踐計畫

　　許多專業諮商師和心理治療師相信，對當事人的行為改變具有顯著效果也被許多研究報告證實有效的方法是認知行為治療。對案主與從業人員而言，認知行為治療最吸引人之處在於它的「錢」景及大眾化。認知行為治療主要的概念在於它採用 A-B-C〔antecedents（發生事件）、behaviour（行為反應）及 consequences（結果）〕公式來分析當事人的行為模式。當事人反應模式通常是因某一種刺激事件或在某一種狀況所引發，也會產生一種結果。這公式是一個簡單且有效用來改變行為的基本方法。首先，詳細、準確地蒐集當事人一段時間內問題行為的資訊、引發行為的狀況及其所導致的結果。接下來，提出並實施行為改變計畫，以減少、排除有問題的行為，同時表現所想要的新行為。第三步驟就是在任何情況下持續表現所想要的行為，不會知難而退。

　　A-B-C 公式會使求助者和諮商師在諮商歷程剛開始時聚焦於兩部分：發生事件與結果。這兩部分是影響問題行為發生的重點，如同槓桿作用的兩端。

　　例證　有一位學校從業人員 Trudy 被找來輔導 Andy 及其家人，諮商問題是有關 Andy 在學校缺曠課的問題。Trudy 花了許多時間聽 Andy 及其家人敘述他在學校的行為表現，並明確說出他們想要改變的事。最後，Trudy 拿出一些筆和一張白紙，然後開始列出她認為所發生的事，並

請 Andy 一家人增加細節或做部分修改。Trudy 在那張白紙的中間位置列出和 Andy 沒去學校有關的事——他沒去上學的原因、他與父母的爭吵、當父母親外出工作時他獨自在家看電視等等。Trudy 用不同顏色的筆在那張紙的左方列出導致這些事情發生的因素，例如：如果 Andy 的家庭作業沒寫完或學校有考試的時候，他就比較不會去學校；如果父母兩人都要提早出門工作的時候，他與父母就比較容易發生爭吵。在那張紙的右方，Trudy 用第三種顏色的筆列出 Andy 的行為所導致的結果——課業學習進度落後且感到恐慌、享受白天看電視的時間、受到老師們的挖苦批評、下載令人印象深刻的音樂、朋友一起玩遊戲而午餐沒吃等。當 Trudy 在做上述工作時，Andy 一家人也有了連結和反應，大家開始思考一些解決問題的方法。例如，如果父母親其中一人前一天留在家裡的話，就能夠確實協助 Andy 在下午放學後把功課寫好；此外，為了不讓 Andy 在家能夠隨時看電視或上網下載音樂，盡量使他在家感覺不方便、不舒服。顯然地，Andy 在學校的生活會有些改變，雖然仍有壓力、高要求及充滿了挑戰性，但他知道自己努力的一切將會有回報。諮商的最後，家人都同意並願意遵守這張紙上所列出來的事項，並且共同加以落實。這張紙現已釘他家廚房的記事板上，Trudy 答應兩週後去探望他們並檢查執行成效。✎

認知行為治療有許多的研究文獻，包括許多行為改變的技巧，以及提供求助者與諮商師使用的行為改變問題工作手冊。認知行為治療是一種應用相當普遍的方法，它也是一種有系統、操作簡單及有影響力的行為改變方法。當然，如同其他的行為改變方法一樣，當求助者和諮商師的關係良好時，認知行為治療的效果也較佳。值得注意的是，上述範例說明了若諮商師能避免選邊站、避免指責 Andy 的懶惰及其他不當行為，比較容易受人尊敬與接受。

善用個人資源

行為改變的諮商工作還有一種不同的做法，就是注意那些行為問題不存在的時候，而不只是注意那些發生問題的時候；或注意當事人成功處理問題的部

分，而不是注意失敗的部分。它的意義在於激發個人潛在的資源和優勢，而非只看到他們的弱點。這種做法與焦點解決治療法（O'Connell, 1998）和敘事治療法（Morgan, 2001）相似，其核心概念在於，人們在不同的階段會表現不同的行為〔敘事治療法的學者稱其為「獨特的結果」（unique outcomes）或「榮耀的時刻」（glittering moments）〕；不過一般人卻會因太專注於問題而模糊了這些成就。因此，諮商師的角色乃是在協助當事人重新詮釋何謂成功，建構並善用其個人資源。這種方法有其使用的難度，因為當求助者受到問題的刺激而

專欄 10.2　家庭作業在行為改變方法中所扮演的角色

對某些當事人而言，與諮商師有了良好的溝通之後，即使知道接下來該怎麼做，和即使知道怎麼去改變有問題的行為，也未必能夠在日常生活中身體力行。諮商師通常會使用一個策略，它能連結諮商室和現實世界之間的差異性，這就是家庭作業（homework）。在諮商過程中，家庭作業可由當事人或諮商師提出，它有各種不同的做法，例如寫日記、完成工作清單，以及類似「多聽別人說」、「練習深呼吸來控制焦慮」或「到祖母墳前」。

在此，介紹一些家庭作業的諮商範例（例如，見 Mahrer et al., 1994; Scheel et al., 1999, 2004）。家庭作業被視為是認知行為學派的一種方法，許多研究報告與諮商範例顯示，在諮商過程中，諮商師使用家庭作業的頻率超過 50%（Ronen & Kazantzis, 2006）。Scheel 等人（2004）指出一些有效實施家庭作業的指導原則，包括指定家庭作業前雙方必須擁有互信合作的基礎、指定的家庭作業必須是具有挑戰性的項目、說明家庭作業對當事人的好處、分派家庭作業必須考量當事人的能力、將完成家庭作業的過程記錄下來、詢問當事人對完成家庭作業的成就感、必要時適時調整家庭作業、利用諮商時間讓當事人完成家庭作業、下次面談的時候可以詢問當事人的感覺、肯定或誇讚當事人所完成的家庭作業等。在諮商歷程中，諮商師宜利用各種方式提醒當事人，以提高家庭作業的效果，例如，利用諮商空檔時，進行戒菸當事人的電話專訪；使用 email 與當事人連繫，增加面談的附加效應；在下次面談前，先傳送簡單的 email 提醒當事人家庭作業等。

急切地想要尋求幫助的時候，他們未必會出現榮耀的時刻。但另一方面，這種做法確實可以激發個人的潛能，因為：(1) 解決問題的能量來自於當事人本身而非諮商師；(2) 解決問題的焦點不在於探討當事人的失敗和不足，而是肯定其成就。

將行為改變視為一套方案

很多時候，人們得努力改變他們行為，是因為他們想嘗試改變的行為在長時間之後，變得根深蒂固、成為他們第二天性的行為習慣——當事人不了解他們正在做的事就是他們原本想要改變或消滅的行為習慣。因此，另一種行為改變的方法就是將所有行為改變的歷程視為一套改變方案。這套方案使當事人在付出努力卻無法馬上看到成效的同時，避免心生失志和失敗的感受，它能幫助當事人和諮商師齊心協力、相互切磋，並共享成果。這套方案也能夠協助當事人建構其自我想像，包括消除舊有架構、產生新計畫、重溫過程及歡慶任務達成等。建構一套「方案」能將問題具體化，並提供當事人一個創意和想像的空間。

個人背景脈絡的改變

本章已介紹了協助當事人如何成功地做些不一樣的事情之挑戰和方法。然而，阻礙當事人行為改變的問題與其特定的情境或背景脈絡有關。本節將深入探討與行為改變有關的背景脈絡及其相關情境因素，包括應對關係、做決定、關注自我和處理變故。有效能的諮商師需要了解這些困境如何產生及該如何解決。

處理困難或痛苦的關係

諮商工作的挑戰之一是當事人想克服與人溝通、交友等難題。這些難題會發生在所有可能的人際關係中，而不只是存在於特定的關係問題。這項諮商困境與這一節所討論的其他個人背景脈絡等議題有關，諸如改變行為、強化自我關注等。本困境比較特別，因為它重視的是人際技巧的核心議題。

例證　Lisa 是一位政府部門的社工人員，她的工作內容是與其他機構連繫、溝通，以確保她的案主有任何需求時能提供服務。她的角色也必須機動性知會部門的高層主管，使主管能夠隨時掌握其他機構的任何反應，社會工作部門的運作有其規定和程序。有一次發生很嚴重的事情，Lisa 的主管和其他部門的主管一起開會，Lisa 的主管發現她過去曾經與其他部門合作一項計畫，但卻未向自己報告。Lisa 的主管大發雷霆，他怒責 Lisa：「這種事情已經不是第一次發生」，他堅持人力資源部門接手這項計畫，並對 Lisa 的工作表現提出正式的警告。人力資源部門的人員和 Lisa 召開一個冗長的會議，Lisa 在會中表示，她認為自己在服務案主時確實是一位好的社工人員，但與部門的同事相處卻不是這麼一回事，她深感無力。在這個團隊裡，她沒有朋友，也缺乏非官方的支持和相關的資訊網絡。當她需要與高層或握有權力的人溝通時，她總感到極度的焦慮。Lisa 不斷地分享她的感受經驗，我們發現她始終無法被其他同事接納，她也提到自己在很久以前就已經放棄努力去改變這種「麻痺的恐懼」。

　　有關處理當事人苦於難以發展人際溝通技巧的困境，諮商師提出下列幾種方法來協助當事人。

分析特殊的事件

　　所有引發當事人問題和困擾的事件都是一種特殊事件。若能讓當事人談論這些使他感到困擾的關係事件，即是當事人解決問題的關鍵，也才能夠讓諮商師進一步了解問題的來龍去脈，甚至了解當事人對這事件的感受有多深。下列問句可用來引導當事人敘述這些特殊事件，例如，「你可以給我一些當時的例子嗎？」或「我們可以一起來想一下其中一個會議的情景嗎？」若諮商師能與當事人共同描繪出他的人際藍圖，這對整個諮商過程是很有幫助的。我們也可以透過下列方法來蒐集資料，並建構出整個事件的因果關係：

- 與哪些人有關——脈絡是什麼？
- 當事人的想法和感受，事件發生前他們有什麼計畫和目標？

- 發生了什麼事情──當事人對這事件的想法、感受和當下的反應是什麼？其他相關人士的看法、感受和當下的反應又如何？
- 接下來又發生了什麼事──這事件到最後是怎麼結束的？當事人對這結果有什麼感受？得到了什麼？
- 這是多麼特殊的狀況──和其他類似的情況有什麼不同？
- 當事人認為自己做得好嗎──假設這是個困難的情況，他們做了什麼？自認為做得如何？他們對此感覺到愉快嗎？
- 無論當事人有沒有得到一個滿意的結果──他們期望接下來的發展是什麼？

相對於諮商師以面談、一連串的發問來引導當事人，最好是由當事人自然而然地敘述他們所經歷的事件。其目的旨在運用漸進式的自我內在探索的方法，以引導當事人進入下一個諮商階段。在這個階段的一開始，諮商師必須先針對當事人前一個階段的敘述內容加以統整，並且詢問當事人是否從中覺察到，自己若能夠再多做些什麼將會有更好的效果。等當事人找到了新的策略之後，諮商師可以給予一些額外的建議。可能的話，在當事人自己開口之前，諮商師不要引導或提供任何意見。如果當事人對問題感到困窘或沒信心，他們會很容易跟著諮商師的意見走，這樣是不恰當的。等到進入不同行為和策略的討論時，話題就能延續至下一個階段：進行應用什麼及如何應用的練習。

發現獨特的結果

諮商師在處理人際關係和社會溝通技巧的難題時，並非針對整個特定事件來分析，而是採取一種相對的方法，那就是讓當事人找到自己能成功處理難題的實際經驗。敘事治療的專家學者如 Michael White 和 David Epston 大多使用「獨特的結果」和「榮耀的時刻」的方法，找到當事人沒有被困難打倒且設法抵抗的經驗。如果當事人能和諮商師共同找到敘述問題的關鍵字眼且重新詮釋，就能清晰地展現這種獨特的結果。以社會工作者 Lisa 為例，當她最後談到自己「麻痺的恐懼」時，Lisa 的諮商師也許能邀請她想一下，過去曾經對抗這些恐懼的實例。對於那些習慣將自己陷在「自我攻擊」反應模式的人，要

他們想出一些相反的經驗確實是需要花些時間的。然而，由於個體先天內在的智慧，當事人還是會有這類的經驗。只要當事人一發現他們有「榮耀的時刻」，諮商師就可以邀請他們分享那時候發生了什麼事，或許可以使用先前所提到的例外問句，如引導當事人討論「在生活中你做了什麼來和麻痺的恐懼共處？」、「你做了什麼讓麻痺的恐懼動彈不得？」，以及「聽到你成功地戰勝恐懼後，有誰是不感到驚訝的？」等，這些問題可以引導當事人發現自己具有許多處理難題的能量，藉此，讓當事人了解問題確實存在於自己的生活中、問題本身並不重要，以及生活中存在哪些支持與資源能幫助他們解決問題。有關這類方法詳細的運用情形請參閱 Morgan（2001）的文獻。

練習和角色扮演

從諮商專業的角度來看，在諮商室裡，我們很難在短時間內以演練的方式來處理人際和社會互動技巧方面的問題。假設有位對交友感到困難的當事人，他在體育館遇到一個人，他想邀她一起去喝咖啡。此刻，這位當事人向你表達自己不知道該如何開口提出邀請時，諮商師不妨使用下列簡單的演練對話：「我們何不試試這個，假設我是 Shona，也就是你在體育館有氧舞蹈課遇到的人，你想了解更多有關她的事情，所以你決定邀請她下課後去喝杯咖啡，你會怎麼說呢？對著我說，假設我是 Shona。」使用這種方法能有效協助當事人獲得更多其他細節的資訊，這類的演練到最後也可以討論出還有哪些具體的做法。角色扮演和練習的優點之一是它不僅能激勵當事人，也能刺激他們的表達溝通，並且增加當事人對諮商過程的參與度。

自助手冊

我們生活在一個高度機動和高度變動的社會中，因此，有許多人總是對自己日常生活的人際互動、社交狀況感到不安，從對激怒你的人說「你們惹火我了」到規劃一個晚餐派對，每個人每一天都必須面對各種狀況。由於我們所處的社會處處充滿了道德禮教的約束，而引發許多人缺乏安全感，於是有些自助書籍問世。對諮商師而言，這些自助書籍或許有一些幫助，將它介紹給當事人閱讀也是一種可行的方法。有些人能開心地閱讀自助書籍，但有些人就比較喜

歡接受面對面的諮商。這類自助書籍對於某些特定族群的人來說確實有用，有助於改善他們的人際關係和溝通技巧的難題。目前大多數的公立圖書館都有許多自助書籍館藏，有些資料甚至在網路上也能閱覽得到。

善用社區的良師益友、支持者和角色典範

一個處於人際和社會關係困境的人，會用各種方法在他的社交圈裡尋求任何可以幫助他的人。通常當事人對這些人會有過度的期望，也需要諮商師提供一些資源來幫助他們。敘事治療法的傳統（Morgan, 2001）以及 Milne（1999）所發展的社區輔助系統，都是協助這些人的良師益友、支持者和角色典範，它們提供更多更完善的的資源。例如，一個敘事治療師會鼓勵當事人去和他們社會網絡中有資源的人連繫——藉由詢問當事人「你覺得有誰對你成功克服這類問題最不會感到驚訝？」接下來，如果可能的話，讓那位人士共同參與你們的諮商歷程。

上述做法主要的挑戰在於人際溝通技巧的分寸要拿捏得好，避免太過直接。在諮商過程中，諮商師要能夠適當地使用諮商技巧，或詳細規劃如何使用諮商技巧，而後引入處理諮商困境；而不只是一步一步地引導當事人進入各個諮商階段。諮商師可以是一個豐富的資源體（我指的是當下的情境脈絡），但值得注意的是，他們未必能夠達到完美的境界。如果諮商師在諮商過程中像一位說教的老師，當事人與諮商師的關係發展會有所保留。

基於此，諮商師進行諮商時宜發揮教練（coach）的功能。教練的角色是培訓他們的選手，讓他們在比賽中迎戰對手。教練要多鼓勵並支持選手，同時幫助選手有效率地練習。然而，有時選手會不幸敗北，教練須引導選手將失敗經驗視為學習磨練的一部分。近年來，發展出一套「生活指導」（life coaching）的模式，它結合諮商領域人際互動和運動領域訓練指導等技巧而來。對那些時常需要發展人際關係技巧和社交技巧的諮商師而言，生活指導中的文學和訓練課程都是許多人的經驗累積，他們的看法都是很有價值的。

在 Lisa 的例子中，人力資源部門的經理詢問 Lisa 有沒有興趣聊聊她和同事之間的溝通問題，或是她比較喜歡其他的方式——例如由部門所提供之員工協助方案（employee assistance programme, EAP）來服務。Lisa 認為和這位經

理談談應該不會有什麼困難，並期待能夠得到幫助。這位人力資源部門的經理請 Lisa 說說在她出現「麻痺的恐懼」之後，她如何與其他同事互動的實際例子，以及要 Lisa 把經理當成是那位怒責她的高層主管，現在她要對他報告一些重要的事。當 Lisa 開始報告的時候，她明顯地不願意面對這位由經理所扮演的高層主管。隨後，她表示自己比較喜歡藉由電話和別人進行溝通，因為她可以不用面對他們。這位人力資源部門經理以諮商專業的角色指出：「不用面對」導致 Lisa 忽略了一項重要的訊息——與他人說話時失去面對面的互動機會；Lisa 也同意這樣的看法。接下來，他們進行兩種向主管報告的演練，一種是不看對方，另一種是保持眼神接觸。Lisa 坦承，後者演練的時候她感覺比較好了。她也同意下週再進行這種訓練，並做更深入的討論。在第二次晤談中，Lisa 覺得談話的時候與對方眼神接觸會有意想不到的感受，這次的討論重點置於 Lisa 覺得生活中有哪些人可以分享她的這份喜悅，而後才開始談論她身為社會工作者的壓力。

做決定：發現、分析和實行

　　行為改變往往與做選擇有關，在很多情況下，決策過程需要蒐集和評估更多不同來源的資訊。對許多與諮商有關的專業角色而言，諮商任務也包含做決策這項。舉例來說，從事 HIV 測試、基因篩選和人工流產等工作的保健專家們；安排當地年邁病人接受照顧的社工們；以及與學生一起探索生涯和進修教育的師長們，都得透過決策過程來協助當事人。

　　在做決策方面，「聊天」大概是最有用的一種方法。如此一來，在他人還沒有先入為主的想法或價值判斷的情況下，當事人可以從不同角度來看待自己的選擇，且探究他們對各種選項的看法如何；有時候也可以提供當事人一套做決策的思考架構，這也是很有效的方法。此外，有一種讓許多人感覺受用且應用相當普遍的方法是使用資產負債表——在一張紙上對每個選項列出支持和反對的原因，然後再衡量哪個選項是最重要的。有一個版本的資產負債表較詳細，它是力場分析法（force-field analysis），由諮商師協助當事人在紙上繪出來自各種不同方向的衝壓力量。這個做法有助於當事人找出不同衝壓力量的來源（「我媽要我選擇 A 項，但是我男友要我選擇 B 項」）。舉例來說，有時當事

人在思考生涯決定時，常會使用 SWOT 分析（優勢、劣勢、機會、威脅）。這類使用概念構圖技術的決策方法，其重點就是放慢決策的過程，讓當事人有更多時間來反芻思考，並使當事人能夠對各相關因素做綜合分析。最後，將所寫下的概念構圖予以任務具體化，讓當事人及其諮商師能夠並肩作戰，共同列出各種想法，並據此發展出各種做法且加以落實。

還有一種採用暗示（implications）概念做決策的策略是經常使用腦力激盪的方法（「讓我們想像——不要評價你所想到的意見——如果在你做了決定後它可能會發生……」），或鼓勵當事人不要先去想做決定後緊隨而來的結果，而是多思考未來長遠的結果。無論採用哪一個做法，假如當事人能夠敞開心胸、多跟諮商師討論一下，他所想到的那些未來悲慘的結果（「假如我辭掉這份工作，我就找不到其他工作了」）就不會那麼糟糕了。

有時在還沒做任何決定前的諮商情境中，有關這類做決策的談論會不斷地繞著難題原地打轉。即使如此，它也值得我們檢驗是否反映了一些基本的爭議或緊張關係。

例證　Steve 是個社區支持工作者，他花了很多時間在支持 Gareth。Gareth 是個已退休的單身男子，他一直被鄰居的噪音和自私自利所困擾。Gareth 大部分時間盡量不去在意那位大而化之的鄰居，無法忍受時也只是禮貌性地寫張字條提醒他們一下（但是他們也沒注意到）。在 Steve 和 Gareth 的談話中，Steve 鼓勵 Gareth 表達他的不滿和憤怒，讓他的鄰居知道他的想法。但是 Gareth 說：「我也想過要去告訴他們我很生氣，我也相信這會是個好方法，每次當我碰到這些情況發生時，我都告訴自己我必須和他談談了！但是我就是做不到，我總是覺得這些情緒發洩只是在浪費時間，甚至是消極的行為。」Gareth 一方面想要向鄰居表達心情，另一方面又想當一位好好先生、要平心靜氣，其在認知上有所衝突。溝通分析學者 Mary 和 Robert Goulding（1997）認為，Gareth 的情況可能來自他兒童時期做決定的行為模式。根據他們的看法，Gareth 和他鄰居之間之所以如此相處困難，是因為鄰居的行為製造一些 Gareth 必須再決定（redicision）（表達情緒是可接受的、有用的）的情境。其實它是對諮商有利的情境，因為它扮演提醒者

的角色，協助當事人思考現在最好且應該做些什麼反應，不單只考量現實的意義才來做決定。有時候做決定還需要回頭看看存在於當事人內心的關鍵因素（安定或自由；自治或依賴；相信或懷疑），這些因素都有賴於當事人的詮釋或感受。如果將諮商和其他專業挑戰、專家角度等考量先置於一旁，當事人可能沒有足夠的時間和空間去思考其內在因素所產生的抉擇困境。如果我們可以指出做決定的問題癥結，相信不會造成當事人的任何傷害影響。✎

在處理這類做決定的諮商過程中，當事人可能會感激諮商師對自己的「挑戰」。我們身處在一個做任何重大決定都可能會出現戲劇性轉變的社會裡，面臨這類決定的時候，身旁會有「天使」和「惡魔」兩類朋友。諮商師原本與當事人的關係就是提供支持和共同合作的朋友，當諮商師要「挑戰」當事人的想法之際，也應該考量這樣會不會太過分，以免危及兩人的關係。最適切的挑戰方式是與當事人聊天時，稍微點出其矛盾所在（「你剛剛說主要原因應該是X，但是我記得幾分鐘前你的論點是Y——所以我現在無法確定你所強調的是哪一個原因」）；另一種方式是點出當事人可能在逃避相同的問題（「你已經在資產負債表上寫下你所贊成和反對的見解——我以為我們已經討論過你用紅筆寫下的這個部分」）。

增強自我關注和消除自我貶抑

大部分的諮商議題皆會涉及自我關注（self-care）的部分。「壓力」這個名詞我們經常聽到，有許多人都有累積壓力在身上的經驗，這也是諮商歷程無法即刻處理的挑戰和要求，但卻又隨著時間的累積成為惱人的負擔。當事人為了保持現有的職位必須付出更多的精力和努力，於是產生許多人際互動的壓力。這樣的「努力」也是為了避免產生兩種不被期待的現象：一是成為不獨立的個體，不斷藉由他人來保住職位或保住飯碗，而不是真的想承擔責任；另一個不被期待的結果是「失敗」，被踢出位子而顯露出弱點。儘管有些人就是喜歡依賴別人和不在意失敗；但整體而言，大多數的人都會努力去避免這些現象的發生，他們通常會關注自己。我們每個人都有一套自我關注的策略來處理生活中的壓力；遇到困難的時候，這些策略可能會被過度使用，爾後才發現它也

專欄
10.3
衡量訊息與做出決定：**Sally** 的故事

　　這則故事來自於 Sally 的家庭醫師 Trisha Greenhalgh（2001）之經驗分享。Sally，三十歲，是個成功的商人，她的乳頭經常有白色的分泌物困擾著她，於是她前往請教她的家庭醫師。Sally 的男友在網路上找到一些資料，他們懷疑它可能是腦瘤的症狀之一。Sally 的家庭醫師確定這種白色分泌物是乳汁，並且開始蒐集這方面（乳液漏，galactorrhoea）的資料、療程和結果。在經過兩次深入的討論之後，Sally 決定去做更進一步的檢驗。白色分泌物的發現讓 Sally 有機會去檢視她的生活，特別是她正在猶豫是否接受她男友的建議——買一棟大房子來開始他們的新家庭生活。在療程的最後，Sally 和她的家庭醫師發現這樣的症狀也可能發生在正常、健康的女性身上，因此 Sally 無須進行任何的治療。在最後一次的討論過程中，Sally 的男友也在場，Sally 的家庭醫師建議他們去找諮商師談談有關他們兩人組織新家庭的看法差異。

　　這個案例清楚說明了求助者與專業助人者之間資訊交流的重要性，唯有透過各項資訊的評估，才能找出重要的生活議題、人際價值觀和諮商的目標重點。此外，這案例也顯示忙碌的健康照護人員（如家庭醫師）所能提供的諮商有限。儘管 Greenhalgh 非常了解 Sally 面對著終身大事和即將扮演為人妻、為人母的角色，但 Greenhalgh 也知道自己的行事曆已排得滿滿的，沒有時間深入探討這些試題，於是她轉介 Sally 給其他專業諮商師。

有不適用的地方。諮商師應該注意的是，在聆聽當事人敘述其當前的危機時，要考量當事人使用什麼樣的自我關注策略、這些策略為什麼沒有用，以及還有什麼其他的策略可以被使用（例如，他們以前使用過的策略，但現在被忽略或遺忘了）。

　　這種增強當事人自我關注的概念和給予當事人建議的諮商方式，二者之間是有區別的。諮商師給當事人建議時，問題本身已被修正，而且諮商結束前必須找到一個解決問題的方法；相反地，自我關注的概念諮商是以當事人或問題為核心，諮商的目標不僅在於解決目前的問題，同時也希望當事人學習到未來有能力去處理類似的問題。因此有效的諮商須包括注意當事人自我關注的策

略，並且找到方法去支持和延伸這些策略。自我關注可從兩方面來看：一種是因自我關注而形成正向行為來豐富健康的生活；另一種則是以自我貶抑（self-critical）和自我傷害的方式，破壞當事人豐富健康的生活。例如，一個想要改變酗酒習慣的人，也許需要一些積極正向的自我關注策略，以消弱其內在自我批判的聲音，諸如「反正你就是個失敗的人，再喝一杯也不會怎樣」。

談論生活的變動

本章提到許多關於當事人做決定要去改變其具體明確的行為——例如減重、多運動、變得更和藹可親等等。然而，有些行為改變的歷程是不規律的、無法預測的。人們的日常生活有時會產生變動，當他們的生活步調被打亂之後，可能會發生一些戲劇性的改變。這種變動的概念對諮商工作是很有價值的，它提供我們思考重大事件發生的脈絡。變動往往是無法預知和無法計畫的。生活突然的變動包括下列幾項：

- 失業。
- 贏得樂透彩。
- 生病。
- 離婚。
- 失去親近的人。
- 流產。
- 移居其他地區或國家。

此外，可預期的變化或規律性的變動也是生命歷程的一部分，它無可避免地會影響每個人（或大部分人）的生活，諸如：

- 遠離家園。
- 為人父母。
- 職場退休。

對諮商師而言，了解變動的過程是很有價值的，因為在變動的那一刻，人們常會覺得需要跟他們處境較不相關、客觀中立的人講講話，以幫助他們了解

自己現在的處境為何。協助當事人面對生活變動是件相當重要的諮商工作。今日有許多專業諮商機構專門為那些經歷特殊生活變動的人們提供專業協助，但諸如夫妻分居和離婚等個案還是較少求助這些專門諮商機構。當然，有些生活變動的事件不太容易列入這些諮商機構的服務範圍。正因如此，那些經歷生活變動的人們需要諮商協助時，求助的對象往往是他們身邊能接觸到的專業人士，例如護士、醫生和社會工作者等。

有些危機轉變模式已被發展且有效地廣泛使用（見 Hopson & Adams, 1976; Hopson, 1989; McAdams, 2000; Sugarman, 2003, 2004），它提供一個了解求助者心理歷程的架構。這些危機轉變模式建議諮商師必須謹慎觀察那些生活發生重大變動的當事人，他們會經歷五個轉變階段，包括：

1. 震驚——表現很激動（「太好了」）或麻木沒感覺（「沒這回事」）。
2. 短暫的適應——「暫時的和諧時期」。
3. 逐漸喪失自信。憂鬱感增加（「我應付不來」）。
4. 危機臨界點——絕望和無助。
5. 重新框架／建構新生活：接納新的處境和重新自我認同（較之前更有高度的自信／能力），或是遠離、放棄。

彈性應用這種轉變模式是很重要的事——不同個案經歷各個階段的時間皆有個別差異，有些人花很少的時間走過，其他的人則是經歷很長的時間，甚至也有當事人未必會經歷每個轉變階段或持續重複某些階段。

諮商師在諮商時運用這種轉變模式需要注意：

- 明確指出轉變過程中會發生的現象——它不是個平順的過程。
- 當事人處在震驚階段時，諮商師給予任何的建議都是無濟於事的——此時的當事人無法處理太多或太新的資訊，沒有辦法實施轉變模式。在此階段中，諮商師給予當事人安全感和關心是非常重要的，有助於建立關係以達成諮商目標。
- 協助當事人走過轉變階段必須注意：(1) 放下先前的態度、關係和行為；(2) 改變行為（舉例來說，學習新技能、結交新朋友）；以及 (3) 認知重建（學習以不同的觀點看自己）。

　　對諮商師而言，與一群人合作——特別是與一群求助者合作，協助他們在有生之年理解並度過人生變動的階段，這是很重要且有意義的工作。舉例來說，一位喪親的當事人也許要花好幾個月甚至好幾年的時間才能了解到失去的意涵；而在另一國家，剛開始進入學校求學的學生，也有適應和轉變的壓力。不同轉變階段的社會支持度和接納度也有很大的差別。生病的人最能獲得大家的支持；相較之下，經歷人工流產的婦女也許因難以開口對朋友和家人說出她們的決定，最後讓自己深陷在痛苦的情緒中。

與轉變議題相關且令人印象深刻之嵌入式諮商案例

　　下列案例說明一些與生活發生變動有關之諮商工作的目標、任務和方法。

　　Hector 擁有成功的事業，在一間工程公司擔任監督者和經理已經五年了，還不到他所規劃的退休時候，但他的身體健康已出現許多問題，使他無法有效率地工作。當他與一位專業的保健醫師晤談時（這次的晤談是為了評估他的健康狀況），Hector 不斷淡化問題的嚴重性，並且一直和醫師聊天，好像他能一如往常般地回到工作崗位。醫生則對 Hector 說，他很想了解 Hector 對提早退休有什麼看法，他不知道下次晤談時和 Hector 談論這個話題對他有無幫助；Hector 同意醫師的安排。當他們再度會面時，醫生請 Hector 告訴他，若要他放棄工作時，他會失去什麼和得到什麼；現在退休，他的生活會有什麼改變。談話結束前，Hector 的總結是 :「我現在對情況比較有頭緒了——我可以想像如果有一天我離開了公司，那麼我的社交生活也就結束了。」

　　Margaret 和她三個小孩長期以來都住在 Caribbean 島上。這個島因火山爆發遭受到嚴重破壞，後來他們被海軍撤離，最後落腳在英國，照顧她們的是提供住宿和援助難民的教會團體。雖然 Margaret 和她小孩說的是英文，但還是很難理解社區居民說話的腔調，有時也會產生誤解。這個社區似乎很黑暗、潮濕和不友善。兩年後，另外一

個互助團來到她的社區，他們積極幫助 Margaret 和她的小孩重建生活。此外，這個團隊重視與工作、健康和教育有關的現實議題，因此 Margaret 願意花時間與團隊交談並聽他們說話。

Judith 進入高中好幾週了。她在國中有很快樂的時光，在那裡她認識所有人，跟每位老師都保有良好的關係。然而進入高中後，她的生活有了很大的轉變，她覺得好像跟以前的朋友疏遠了，也無法結交到新朋友，而且跟不上學校進度和家庭作業的要求。有位輔導老師發現了 Judith 的孤獨和憂傷，她詢問 Judith 是否願意在午餐時間和她談談。晤談時，Judith 突然放聲大哭，並且說了一長串她遭遇到的問題。最後，在 Judith 的同意下，這位老師列出一張生活問題的清單，建議未來一次晤談處理一個問題。三週後，她們想到一系列 Judith 可以利用的處理策略，同時觀察她如何應用這些策略來處理學校的生活難題。聖誕假期來臨前，Judith 已經能夠適應新環境，輔導老師也在最後一次的午餐面談時間帶來一塊蛋糕為 Judith 慶祝。

上述幾個案例顯示這些行為改變方法如何被應用在有「生活變動衝突」的人身上。Judith 的老師使用的諮商方法就是認知行為治療法，她利用一起吃飯的模式，成功地處理當事人因生活變動而產生的適應問題。在 Hector 的案例，一段有意義的、好的對話就足以讓決策產生改變。而 Margaret 一家人因互助團隊人員的支持與策略，雙方建立了良好的關係。

喪親是一種典型的生活變動

喪親是一種相當重要的生活變動，諮商師必須花一些時間來思考喪親的本質，和如何支持經歷喪親之痛的當事人的問題。雖然有很多專業機構提供喪親者諮商服務，但研究顯示喪親諮商的成效不佳（Schut & Stroebe, 2005; Stroebe et al., 2005）。為什麼那些反應混亂且極度悲傷的當事人在正式且有規劃的治療下不能得到幫助呢？無庸置疑地，原因之一是像喪親這種人人都會經歷的生活變動，通常人們周遭都已有一些文化資源來幫助他們化解悲傷（Walter,

1999; Hockey et al., 2001）。舉例來說，宗教儀式和教義經典對喪親的人來說就是很有價值的資源；另外也有許多小說和電影細膩地呈現代表死亡意義的治

專欄 10.4　創傷是一種極端的變動類型

　　近年來，創傷後壓力症候群（post-traumatic stress disorder, PTSD）已被認定為明顯的精神狀況，且已發展出很多治療方法（Meichenbaum, 1994; Scott & Stradling, 2006）。當一個人長期置身於高度情感創傷和威脅事件中，創傷後壓力症候群就會發生。創傷後壓力症候群典型的徵兆是事件的回憶入侵，諸如倒敘、努力避免想起已發生的事等。透過酒精和藥物產生的自我幻想只是暫時的逃避。那些身陷創傷後壓力症候群的人會出現不信任全世界的人，以及把一些小挫折和壓力視為重大的威脅等反應。這些反應症狀會導致當事人失眠、疲勞、人際問題、工作困難和憂鬱症。雖然創傷後壓力症候群的文獻大多以引發創傷的事件研究為主，例如研究那些因戰爭受牽連、身為恐怖主義和天然災害的受害者等。事實上，「每天」浮出的創傷壓力事件數量是相當驚人的，例如車禍、家庭暴力、恃強欺弱行為、性暴力、搶劫和分娩等事件都會導致當事人出現創傷後壓力症候群的反應，所以生活中會經常遇到一些未經診斷或有輕微創傷壓力的人，這是很稀鬆平常的事。諮商師有一部分的工作是通知經歷創傷後壓力症候群的人在當地接受專門的服務。通常，醫院的心理門診可以提供這方面足夠的專業知識，但是，仍然值得諮商師去思考創傷後壓力症候群的意義，以及此一症候群相對反映了其他比較不極端的生活變動類型。創傷後壓力症候群的處理重點是理性地評估資訊，因我們無法輕易地了解當事人思考事情的方式。當我們日常生活中遭遇困難或惱人的事（例如車發不動時），我們通常會很快地想到原因（例如電池電力不足）。相較之下，創傷後壓力症候群的人往往無法理解某件創傷或無法預料事件會發生（我正在銀行排隊，一名戴面具的人持槍闖入），當時很難去理解發生什麼事（「我會死嗎？」、「我的小孩會發生什麼事？」、「為什麼是我？」、「我能做些什麼不一樣的事嗎？」）。治療時，當下要做的是採用敘事的方法協助他們將已發生的事連結或重新建構，再透過漸進式地回想，將事件一一拼湊起來，但是要他們再經歷這一創傷事件是很困難的事，因為每個記憶的環結都會讓當事人聯想到恐懼和害怕。

療意象。喪親諮商成效不佳的另一個原因是，有些服務往往過度擴大範圍，只要社區內有人經歷喪親，就會定期被特定團體邀請去接受輔導。這種非當事人主動尋求協助的諮商，整體看來沒有任何的幫助（Schut & Stroebe, 2005），雖然有些喪親者偶爾會與那些曾因喪親而獲得正向諮商經驗的人連繫，但他們自己還是缺少意願或不會主動尋求諮商。因此，專業的護士、醫生和老師等等人員往往是站在第一線支持喪親者的人。首先，這些第一線的支持工作者必須具有足夠的敏感度，能在當事人需要談心的當下做出立即回應。其次，提供嵌入式諮商的工作者必須了解當事人處在生活變動各個階段的情境脈絡，包括當事人複雜的悲傷情緒和因喪親可能引發的生活問題，這些都可作為喪親者專業諮商服務的參考。

有關喪親諮商的相關著作很多，本章所引用的研究文獻也相當多元與廣泛，其中兩篇是由 Worden（2001）以及 Lendrum 和 Syme（2004）所寫的。早期的喪親諮商模式係彙整自有喪親經驗者的想法，他們經歷了一系列面對階段與處理階段的學習。近年來，喪親諮商重視當事人在修通階段的看法，以修通概念來取代其原來負向的想法，這是喪親者接受諮商時的主要工作。這些諮商工作須考量每位當事人的個別差異而有所調整，但也可能以一般的程序來進行。Worden（2001）發展了一個重要的諮商模式，他指出喪親諮商有四個主要任務：

- 接受失去的事實。
- 經歷悲傷的痛苦。
- 適應逝者已不存在的環境。
- 將情感的能量重新投注在其他關係上。

Stroebe 和 Schut（1999）提出一套選擇模式，探討兩種類型的任務：失去導向和重建導向。失去導向任務包括處理失去和絕望情緒的入侵，以及放下對死者的牽掛。重建導向任務則包括從事新事物和發展新關係。顯然地，每一喪親諮商個案的任務都是這兩者的結合，且都是獨一無二的。

喪親是一種典型且普遍的生活變動議題，它是一連串生活問題的縮影，也是一個生活變動的實際議題。經歷過人生重大轉變的人，一方面會回顧已失去

的事物，另一方面則是拓展新的機會和新的自我意識。至於換工作，它會摻雜許多強烈的情緒，因為當事人對自己失去的東西，不管是什麼都會有很強烈的情感。換工作往往涉及社會文化、支持系統和程序儀式等，有些人轉業成功，有些則不然。在生活變動議題方面的諮商歷程中，諮商師為了鼓勵當事人，也會省思一些問題：當事人的悲傷確實需要專家的協助嗎？或許這種協助會影響自然而然形成的非正式救助系統的運作？

行為改變的敘事觀點

　　身為諮商師，有時太注重於行為改變的工作未必是正確的，那會導致諮商師忘了或忽略了讓當事人說故事和聽他說故事的基本工作。事實上，許多行為改變的方法就是一種敘事的形式。敘事療法的創始人 Michael White 和 David Epston（1990）長期以來都是以重新改寫生命故事的角度在談論行為改變。他們認為當事人的本質和自我意識係由自我的敘事或他人的敘事所組成。從這個觀點來看，當事人尋求行為改變的求助行為正是一種發展新故事的歷程，透過重新改寫來告訴世人我是誰（舉例來說，舊故事可能是「我是一位正在努力準備考試的人」，新故事可能是「我是一位已學會如何管理考試壓力的人」）。一旦有了新的故事，或許當事人與諮商師談完後，還要找其他聽眾來做試驗。畢竟，周遭的人需要知道「我考得很不錯」──假如那些人還在談論當事人是考試常敗者的舊故事，這將會傷害當事人對嘗試不同事物所付出的努力。

　　對於敘事治療取向的諮商師而言，最重要的諮商工作乃是仔細聆聽當事人訴說自己的故事。當事人訴說的是成功的故事或失敗的故事？假設是失敗的故事，有什麼新的題材可被引進故事情節中，讓當事人能重新敘事，將它當作成功的故事講出來？敘事療法的理念旨在鼓勵當事人發現自己的優勢和資源，諮商師常用這個方法協助當事人發展成功或解決問題的故事。舉例來說，諮商師會詢問當事人是否曾有考試表現不錯的時候或成功應付考試焦慮的經驗。他們的肯定答案正顯示了自己所擁有的資源和優勢。即使是認知行為治療，亦是以敘事的角度來協助當事人了解問題；至於問題行為的詳細分析、行為目標的協議形成、符合目標的計畫完成等做法，也都是用來協助當事人創造成功的經

驗。這種成功的經驗一旦被編寫進他們的故事，將重新改寫他們是誰、他們能做什麼──這就是重新改寫的另一種做法。

另一個重新改寫的要點是：它的政治面。有很多的案例顯示，當事人面臨的問題及所要改變的行為都是他人對其敘事的結果。毫不令人意外的，這些他人都是具權威性的人物，如父母、老師、社工和心理治療師；這些敘事經過官方或醫學權威語言的渲染而收藏在大量的案件檔案裡。舉例來說，深受考試困擾的當事人可能會如此形容自己的學習狀況：「爸爸說我很笨，他也這樣跟老師說，而且老師也都相信。」但另一位當事人卻是這樣介紹自己：「我很聰明，我是有能力的學習者。」這說明了當事人可以成為自己人生的主宰者。

敘事的概念也可用來解釋生活變動的議題，兩者的關係密切。生活變動議題係由諸如喪親或罹患疾病等經驗所引起。這些不同種類的變動難題共同特性是可視為一種敘事解構（Kleinman, 1988; McLeod, 1997a）的經驗。生活穩定的人的敘事有其一致性，包括他們是誰、他們生活過得怎麼樣。然而，當一個人的生活結構澈底解構時，他就無話可說了，他的故事不再適用於當下。Hector──本章前面介紹過的那位工廠經理，當他過著穩定的生活時，他的生活敘事是「我替這家公司工作、我每個星期都會和我同一部門的經理打高爾夫球、我帶一份不錯的薪水回家、我每年去西班牙度假兩次⋯⋯」，但當他罹患影響工作的疾病時，他的收入即將要被減半，原先的敘事就不再適用於 Hector 今日的生活寫照。因此擔任諮商角色的保健醫師要 Hector 談談他的退休生活會變得怎樣時，其實就是要試著幫助 Hector 重新改寫生活敘事。另外一個生活嚴重解構的案例，如 Margaret 及其家人，當他們的生活突然發生變動時，許多原來生活的條件全都不見了，這種情況很難讓當事人開口再談自己的故事。這個時候，當事人所感受到的強烈情緒很難將它轉變成文字敘說出來。除此之外，當事人對未來的意識是因為生命的敘事提供了一個架構，使他能夠用來談論「過去我是誰、現在我是誰和未來我要變成誰」。

敘事解構和重新建構的概念被廣泛地使用在心理學和健康疾病社會學的研究報告中，以作為了解當事人疾病史、認識病痛如何將病人與他人隔絕，以及迫使當事人重新評估自我認同和人際關係的方式。前述應用歷程請參閱 Gareth Williams（1984）的研究報告，以及社會學家 Arthur Frank（1995,

1998, 2000）一系列以其癌症經歷為內容的調查報告。對和有健康問題當事人接觸的諮商師來說，這些研究報告提供了珍貴的資源，而對那些經歷生活重大變動、只談自己處境的當事人來說也很重要，有助於他們建立新敘事。只是必須透過一段繁瑣且冗長的過程，持續找出能明確表達變動經歷的字眼來與新的敘事連結。如此一來，當事人漸漸地就能夠為他們的生活建立新敘事。

結論

本書很難用一章的篇幅就讓讀者完全了解促進行為改變的主題。基於此，本章提供許多的看法和方法，它們也適用於嵌入式的諮商關係。本章談論的內容與議題包括：

- 行為改變很難達到，而且會有很多阻礙你完成這類目標的障礙。
- 隨著行為改變的終極目標被區分為許多的工作任務，因此要有效率且持續地改變行為，須採取循序漸進的方法。
- 沒有一種方法能完全促進行為的改變——當事人在改變歷程中的變動差異非常大，這些過程對他們來說還是有其意義的。最好一開始就詢問當事人在過去的生活裡做了什麼來實踐行為改變。
- 只是試著改掉不好的習慣，這樣的成效有限——比較好的方法是，採用另一種好的習慣來取代這些問題行為。
- 每個不同的行為改變方法都是由專業的心理學家和心理治療師所發展出來的，這些方法最後都變成一套「簡單的」策略，這樣隨時都能夠讓從業人員使用，且這些諮商角色往往被「安插」在其他「工作職責」中。
- 諮商師能為尋求改變行為的人所做的最重要的一件事，就是扮演支持者，並在這段行為改變的旅程中與他們站在同一陣線。這段協助當事人努力不懈地達到行為改變目標的關係中，其質與量都是非常重要的。

喪親的案例可作為了解其他行為改變類型的架構。如同其他行為改變的類型，喪親的當事人基本上有三件必須做的事：第一，一定要放下過去。當事人必須體認到事情已發生，為已逝去的人和曾參與過逝者人生的自己哀悼；第

二，處理現在發生的事，混亂的生活狀態也許會讓你錯失生命中更多的奠基石；第三，規劃未來，建立行為和關係的新頁。喪親的案例特別重要，而且它引發了許多狀況，包括引發當事人不同形式的哀悼——當事人因應親人死亡的方式有其社會和文化的差異。所有喪親諮商的觀點皆適用於任何一種行為改變。它引出一種對文化、對社會、對家庭和人際網絡間的評估，它有助於當事人在喪親後做必要的生活調適，包括一些生命意義、關係、信仰和儀式。喪親議題可與其他行為改變的議題一起處理，也可以視為一項特殊議題來個別探討。喪親的意涵及其因應的處理方法要看當事人如何自我詮釋與定位其生活。

省思與討論的問題

1. 找出你想以某些方法來改變行為的時機。你將使用什麼策略？對你來說，什麼方法有用？什麼方法沒有用？本章所提的相關意見，對你理解自己的行為改變有多大助益？

2. 你對自己的嚴格律己或破壞的、曾有的傷害之敘事是什麼？在什麼樣的情況下，這些敘事才不會讓你太在乎自己？你如何減輕這些敘事所產生的影響？

3. 有哪些類型的行為改變問題曾經出現在你與其他諮商人員的助人工作上？「促進」當事人的行為改變時，你覺得什麼方法最有效或最無效？除了本章所提到的，你認為還有哪些有用的行為改變方法？

4. 回想你自己的喪親經驗，哪些處理方法對你有幫助？哪些處理方法對你一點幫助都沒有？從這個經驗中，你學到些什麼有助於你扮演諮商師的角色？

建議閱讀的書籍

有幾本認知行為治療的最佳參考書籍是：

Grant, A., Mills, J., Mulhern, R. and Short, N. (2004) *Cognitive Behavioural Therapy in Mental Health Care.* London: Sage.

Kanfer, F. H. and Goldtsen, A. P. (1991) *Helping People Change*, 4th edn. Needham Heights, MA: Allyn & Bacon.

敘事取向行為改變的最佳導覽書覽是：

Morgan, A. (2001) *What is Narrative Therapy? An Easy-to-read Introduction.* Adelaide: Dulwich Centre.

涵蓋認知行為取向與當事人中心取向且普遍用以作為訓練從業人員之行為改變的書籍是：

Egan, G. (2004) *The Skilled Helper: A Problem Management and Opportunity Development Approach to Helping.* Belmont, CA: Wadsworth.

11

處理諮商困境

你還記得嗎？

當我們第一次見面的時候

你跟我說的祕密

你問我有沒有

感覺

身陷危險，你說的

傷害自己

你知道

永遠的

嗯……

我能告訴你

現在

我也會有這樣的情形

我想了很久

有人跟我

有一樣的情況嗎？

Counselling Skill

引言

　　本書內容以諮商概念為主。在變遷的社會中，諮商秉持對生命的特別尊重、無條件的支持，從良好諮商關係中營造一種自由、安全的空間，以省思生活問題並發展解決之道；但這些也引發不少質疑。前面幾章探討了如何創造上述的諮商空間，以及因不同目的而有不同的做法。本章旨在說明維繫諮商專業的議題，特別是與其統整性與功能性有關的狀況。本章的焦點是在各種情境——哪些情境會妨礙諮商或心理治療的會談。

　　有技巧的諮商師能夠在諮商關係進行中，時時覺察到哪些情況會造成諮商的威脅。諮商師若想要以關懷、負責的態度來協助當事人，他們必須清楚各種諮商困境的處理策略。基於此，諮商的事前準備工作包括諮商師心裡有最壞的打算，使自己有足夠的能力來處理各種可能出現的困境。由於求助者往往容易受到傷害，因此諮商師必須要能隨時掌握各種狀況，並清楚了解因應之道，這是很重要的事。

　　本章將會介紹一連串不同的困境，並且提供一些處理困境的建議。受限於篇幅，在此無法將所有處理的策略及其過程鉅細靡遺地說明。事實上，機構本身也會有其處理困境的機制，其提供許多有效的資源，例如，有經驗的同事機動性地參與。本章最後，我們會建議一些參考書目，這些書會有進一步處理困境的資訊和看法。

處理諮商困境：一般守則

　　諮商前的先備條件，諮商師必須具備適當處理困境的三項能力，包括：發展預知問題的能力；對所採取的不同行動能釐清其所隱含的道德、倫理與實務應用等意涵；發展一套實務策略。

　　預知問題也許只能來自於在該領域已有一段工作時間、豐富經驗的能力。就諮商而言，它所指的是一種實務上的了解與個案知識的累積，平時多與其他從業人員商談、參與個案討論、閱讀案主的成長史或閱讀探討道德兩難及危機評估的書籍文章等。對與諮商角色有關的層面好奇留意，也有助於發展出對問

題預知的敏感度——當事人現在所說的這些話，未來可能導致什麼情況發生。至於面對諮商困境時，能夠了解為什麼要採取這些行動，則是一種非常有價值的能力。例如稍後討論到道德兩難抉擇的部分，就會有系統地說明抉擇反應的意涵。最後，要有一些計畫或一套實務策略來因應諮商困境，亦即一個事先準備好的方案來處理發生的特殊「諮商災難」（counselling disaster）。例如，正在進行諮商療程，當事人突然出現恐慌症的反應（與心臟病的症狀類似），此時諮商師必須立刻採取一些直接做法來處理這種突發狀況（本章稍後會再提到這些過程）。若諮商師能夠處理好，才能使諮商療程繼續進行；相反地，如果諮商師不知所措，那麼當外界的支援介入後，雙方的諮商關係將隨之終止。

分際界限的概念

眾所周知的，諮商是給予當事人一個安全的空間，能夠遠離每天生活的要求和壓力，讓他們可以在此談談生活遭遇的問題。它就好像是一間「安全室」，當事人可以暢所欲言，不必擔心談話的後果。在營造這種安全空間的同時，諮商師必須在諮商會談與當事人生活之間有所區隔或設立分際界限（boundary）：在諮商室、在諮商歷程中說過或做過什麼，都只能存在於此一空間內。舉例來說，語出驚人、表達感受或不被他人接受的願望在這裡都是被允許的。大部分時候，諮商會談和諮商關係在界限範圍內都可以持續進行，沒有什麼困難。一般而言，諮商師與當事人在諮商過程中互相分享，他們必須了解共同所做的事和這段關係的分際界限。然而，在這樣坦誠的空間裡，或是在諮商和日常生活之間，有時這條明確的分際界限會混淆而造成威脅。這種情況包括：

- 當事人或諮商師希望發展諮商以外的關係，並且想要在諮商室外見面。
- 當事人和諮商師之間可能早有關係（即「雙重關係」）且角色混淆。舉例來說，大學輔導教師定期與學生見面進行支持性諮商，學生們照著做，因為他們不想冒犯老師、冒著論文評量可能低分的風險；或輔導教師知道這位學生的論文不及格，但是不想給學生低分而增加他的麻煩。這樣的情況

將會隨時影響到師生之間的諮商關係，諮商關係就好像是一個不能說的
祕密。

- 諮商師的助人能力可能在某些方面被削弱或限制住——諮商師可能感覺受
  到威脅或難以勝任。

- 其他人也許爭相想要知道諮商歷程中談了些什麼。

- 當事人表達出的需求可能無法有效地透過諮商過程來解決，但這種需求可
  能又需要立即處理。舉例而言，當事人也許顯露出傷害自己或他人的意
  圖，或是出現高漲的情緒起伏，最後導致他們在諮商過程進入尾聲時無法
  照顧好自己。

想有效地處理這些情況並不容易，它們代表真實的困境，諮商師必須從各種兼
具有優缺點的行動方案裡做選擇。舉例而言，初見面的諮商師和案主在很多場
合都可以發展他們之間的真誠友誼，尤其是當事人若已成年，他應該可以自由
選擇誰來當他的朋友。但是，當他們邁向友誼路途的同時，也必然會走上遠離
諮商關係的道路。一個人要決定做什麼才是對的並不容易。

　　上述這些情況都很重要，提供諮商服務關係的人必須清楚了解分際界限在
哪裡，哪些事可以做或不能做。諮商師花點時間想一想分際界限問題，或將所
想到的寫在紙上，看看哪些事情屬於分際界限範圍內可以行得通，這種做法很
有用。所有的諮商情況通常都有其運作的分際界限：

- 時間。諮商何時發生？它會進行多久？起點和終點怎麼標示？

- 空間。諮商在哪裡進行？這個空間有多隱私（有其他人在場嗎）？如何區
  分空間範圍？

- 訊息。諮商過程中，有誰負責全程監聽談話內容（機密）？訊息如何記
  錄？他們談了哪些訊息？

- 親密度。這段關係有多親密？諮商師有多樂意被認識？接觸是被允許的
  嗎？

- 管道。諮商過程中，哪一種接觸方式比較有可能？假如當事人臨時有需要
  與諮商師談談，那該怎麼辦？

- 安全。無論是正式或非正式的晤談，確保當事人與諮商師之一方或雙方的安全。例如，當事人突然有攻擊性或威脅要自殺，那該怎麼辦？

下列四點對掌握諮商的分際界限很有幫助：(1) 這些分際界限是什麼；(2) 誰來決定這些分際界限，以及如何決議或協商；(3) 當事人如何了解這些分際界限的存在或如何邀請其一起協商；(4) 假如分際界限受到干擾，那該怎麼辦？

　　嵌入式諮商的助人角色（如護士、教師或社工）必須謹慎留意分際界限，這是非常重要的事。在專業的個別諮商中，諮商機構都會訂定很多如上述分際界限的程序規範，例如每週一小時的療程、向案主說明保密規定、諮商師絕對不可以和案主發展療程以外的關係或接觸。相較之下，嵌入式諮商之諮商師和當事人總會有某種程度的雙重關係，以及因時間、空間和管道等因素所產生之即時性接觸的需求。但重要的是，所有從事嵌入式諮商的人盡可能多做些事先準備，同時思考分際界限的議題，並界定個人和組織之間的諮商關係界限。此外，平常給予適當的監督和支持，使其謹守分際地進行助人工作也很重要。若諮商界限議題處理不當，對案主和諮商師來說都會造成傷害與危險。當案主發現自己想保密的事已被公開，或期盼持續這段諮商關係卻漸被孤立，便會感覺受騙、被背叛。諮商師如果出現任何背叛求助者的念頭或作為，有可能是因為自己的壓力太大或專業的自我信念逐漸產生動搖。

　　當諮商關係出了問題，了解分際界限的概念包括發生什麼事和必須做什麼等是非常重要的事。因為當諮商界限模糊不清、原地打轉或受到干擾破壞時，諮商空間可能就會崩解、諮商歷程可能終止。接下來，本章即將討論各種困境，了解其所代表的各類型難題。

倫理困境

　　我們可以用不同的方式來說明諮商實務的道德論點。諮商有一套核心價值，諸如尊重當事人、肯定當事人有自我發展與學習的能力；如健康醫療業一樣，諮商也有一套倫理守則。最後，這些核心價值和倫理守則反映了諮商歷程中所發生的好和不好的事。諮商的目標雖然是在於協助人們實現自我，並積極

地和他人共同生活，但歷程中也可能會出現讓當事人感覺到受傷、被利用和受控制等經驗。

　　強化專業倫理的重點是：

- 自治權──當事人有權自我抉擇。
- 做好事和避免傷害。
- 正義和公平──確保人們受到平等對待。

英國諮商與心理治療學會網站（www.bacp.co.uk）之倫理守則網頁裡，可以找到上述三項原則的深入討論及其實務運用。事實上，諮商專業所實施的方法都涉及到這些倫理因素的許多意涵。下列幾項主要的諮商實務方法是與倫理考量相關。

知後同意（informed consent）

　　當某人尋求協助，在實際進行諮商前，諮商師的職責是告知並確保當事人了解諮商師可以提供什麼協助和諮商中可能發生的狀況。

　　例證 Alicia，十五歲，參加青年會，她喜歡並信任在這裡工作的一位社教人員。有天夜晚，青年會相當安靜，Alicia 開始向她說自己在學校遇到的問題。這位社教人員表示樂意與 Alicia 談談，但她要 Alicia 知道她每星期只有一個晚上有空，而且她不能保證每個星期都能晤談。她觀察 Alicia 的反應，並探詢 Alicia 是否需要她幫忙預約當地年輕的工作人員提供諮商服務。

　　有位家庭醫師懷疑 Mike 隱藏自己對生活中大大小小事情的感覺，因為擔心別人認為他容易受傷；Mike 是一位身體多病且須定期回診的失業者。某次諮商時，家庭醫師建議 Mike 是否願意花些時間一起來檢視生活中讓他感受不好的事，這樣對他會很有幫助。接著又說：「……當然，這些讓你很苦惱的事，也許你需要時間思索一下，是否要現在就說說看。你也可以預約

我下午門診結束後的時間，這裡會比較安靜而且我們有更多的時間聊聊。你覺得如何？由你來決定。」

Elsa 開始對社工訴說她帶小孩離家且搬去跟她母親同住的原因。Elsa 正要談時，社工插話說：「我知道妳了解這點，但我只是要提醒妳，如果妳告訴我任何有關傷害小孩的事，我就必須採取某些行動。我沒有選擇的餘地。我很高興跟妳談論所有的事——假如需要的話，我們還有一個小時——但若有任何虐待或傷害小孩的事，我就必須向上呈報。這樣可以嗎？」

上述案例，擔任諮商師角色的從業人員正在提供求助者必須清楚的資訊，以便讓他們自行決定是否要持續晤談下去。諮商師必須依據準則來進行，他必須假設當事人對諮商歷程已有相當程度的了解，且知道他們要的是什麼。有時候，不一定是上述案例的情況，諮商師可能要花更多的時間解釋諮商是什麼。唯有如此，當事人才能夠做出真正的知情選擇。

認識諮商角色的限制

諮商師能否勝任的問題與其趨善避惡的倫理道德規範有密切相關。舉例來說，許多從事教育、保健和社會服務工作的人，他們必須知道當事人童年時期是否遭受性或情緒等方面的不當對待。有時，從業人員要有強烈的助人意願，願意傾聽當事人的故事，或努力幫助他們面對已發生的事實。這雖然是很有愛心的反應，但有時並不是最好的行動方針。如果當事人兒時曾被施暴，他內在的不信賴感或自我憎惡也許已滲透到許多生活層面，他必須花很長的時間才能講完所有的事，當中也許摻雜了強烈情緒，他需要諮商師給予持續而穩定的諮商。當護士或其他從業人員面對這種情況時，必須考量自己能夠付出多少時間、是否具備諮商角色的自信和能力，以及思考能否在這段路途持續陪伴他們的案主。如果等到諮商開始後才發現無法繼續走下去，明顯地會對案主產生潛藏的傷害。在這同時，有些從業人員因為擔心情況超出自己所能理解的範圍，而忽略了案主訴說的受虐遭遇，這樣也會對他造成無形的傷害。一般而言，較適當的做法是視情況處理，例如和當事人一起找心理治療師；另一種做法是

護士或社工等從業人員接受充分的督導檢視，提供一段時間的支持性諮商。諮商師能力勝任與否的另一個問題是來自於所謂的暫時性創傷（temporary impairment）。舉例來說，一位剛失去親人的諮商師不太可能對喪親問題的人提供有效的幫助；一位失去熱情、備感壓力及疲累的諮商師不可能持久地善盡助人本分。從業人員定期接受督導或諮詢支持，便能輕而易舉地了解諮商角色的限制；若有人能在身旁提醒，較可以避免自己逞「英雄」，而忽略了助人的目的。

注意雙重關係

許多理論、文獻和專業訓練指出，當代的諮商實務是建立在假設諮商師和案主是／應該是陌生人的基礎上。在這個假設的前提下，雙方的信賴和保密會影響諮商關係的品質，從業人員應全力避免因其他關係的介入、干擾而變質；最佳的做法就是創造一個單純的諮商師與案主關係，諮商師在每星期的療程裡了解當事人在講什麼，同時當事人也能確保他在諮商時所說的每句話都是安全的，而且不會影響到他的生活。雖然這種做法有其倫理考量也相當正確，但未必適用於下列幾種類型的「雙重關係」：

- 鄉村社區，每個人都互相認識。
- 都市地區自治型次文化（例如，女同志、男同志、雙性戀、變性人等社群），當事人選擇能與之分享自我次文化之價值觀和生活型態的諮商師。
- 獨特類型的治療社區，在那裡諮商師和案主一起生活和工作。
- 嵌入式諮商各種角色的從業人員（例如，護士、教師和牧師）。

雖然迄今已發表了許多雙重角色關係的諮商範例，但任何具有照護經驗的諮商工作人員都必須注意角色的分際界限。事實上，沒有人會認為諮商可以合理地發生於親人或家人彼此之間，諸如丈夫和妻子、父母與子女。這種道德與倫理的核心要素乃在於諮商必須對案主有利的原則，任何諮商雙重關係就是這些因素的最大挑戰。當諮商師與當事人涉入其他關係時，諮商師必須隨時警覺自己的回應可能變成對他們兩人來說是對的事，而不是對當事人來說是對的事。

站在道德立場，對文化差異的敏感度

諮商情境常會出現對與錯二元分類的倫理議題，這種二分法的概念往往涉及文化信念與態度傾向的基本差異。因此，從業人員對這種因文化差異所造成的道德困境必須具有敏感度。文化差異最重要的向度之一是，個人主義與集體主義向度對倫理實務的衝擊。西方文化——特別是中產階級的文化——大多從個人主義觀點來看待生活。因此，一個人所做的決定或行事的方針是否正確，端視其後果是否對個人有益。在其他大部分的文化中，人們是以集體主義的觀點來看世界，做決定時考量的是「我們」應該做什麼，或這樣是否有利於「我們大家」。

倫理的抉擇

諮商情境裡遭遇到倫理難題時，諮商從業人員要決定怎麼做並不容易。現在有許多倫理道德的資料來源（例如，見 McLeod, 2003: ch.15），許多諮商機構的網站（如英國諮商與心理治療學會）也刊載了詳盡的倫理守則；不過，倫理守則的實務價值有限：從業人員遭遇的倫理困境，若不是普通到不需要查詢已刊登的資訊，就是太複雜和過度敏感，以至於書面指導意見無法提供直接的行動方針。

當嘗試解決倫理困境時，採取下列這套按部就班的決策架構會很有幫助：

1. **蒐集相關資料**。包括情況、程序、求助者和諮商師本身等資訊，以及可能受結果影響的相關人士觀點。

2. **從誰是受益者來考慮各種療程做法**。從當事人、諮商師和其他人士的觀點來看， 找出有利的做法。

3. **考慮到後果**。從當事人、諮商師和其他人士的觀點來看，確認各種做法的後果。

4. **確認責任歸屬**。檢查這個個案誰負責？舉例而言，諮商師對當事人及其家庭或整個社會等大團體有責任嗎？僱用諮商師的機構有責任嗎？諮商師對自己的責任又是什麼？

5. **諮詢**。接受他人諮詢。舉例而言，利用諮詢督導、良師益友或已刊登的資料來進一步完整地了解各種療程做法的職責、好處和後果，而且隨時檢視自己專業範圍的假設。

6. **決定**。考量各種不同的因素來決定初步的行動方案。

7. **檢驗方案**。再度諮詢以確定這一方案如何讓其他人知道（包括求助者）。Stadler（1986）認為，從普遍性、大眾性和公平性等角度加以檢驗，透過下列問題的思考來評估你的方案：

   (1) 我要推薦這個做法給其他有相似情況的人嗎？我的行為出現在他人身上時，我會容許嗎？（普遍性）

   (2) 我要告訴其他諮商師我打算怎麼做嗎？我願意讓這種方案及其採用理由刊登在當地報紙頭版或晚間新聞報導上嗎？（大眾性）

   (3) 我對另一位類似情況的案主之處理會有所不同嗎？假如這個人是個知名的政治領袖，我會有不同的處理方式嗎？（公平性）

實際上，有時諮商師必須立即做決定，而他未必有足夠的時間能夠按照上述步驟來進行。因此，當出現這種情形時，坐下來探討迫切性的責任、益處和複雜性的結果，並且利用諮詢都是很重要的工作——倫理困境也是諮詢專業和諮商督導的重要議題，詳見下列案例。

例證 Grania 是位護士，她撥空輔導 James。James 是照顧全家的重要人物，他需要找人談談多年來有待解決的問題及病痛如何影響他對自己的看法。James 帶了一個很貴重的禮物，他知道 Grania 一定會喜歡它，他也知道 Grania 知道 James 了解自己的喜好。Grania 坦承她收到禮物很開心，也表達了自己的難處，因為自己須遵守健康服務從業人員工作條款的約束，她不能沒有和自己部門的主管及督導員商量就接受病患的禮物，她鼓勵 James 說出他自己對於送禮的感覺，及分享對於她的反應有何感受；他們也同意 Grania 向上級請教送禮一事，並在下次面晤時做進一步討論。同時，Grania 知道禮物是 James 一種強烈表達想扮演照顧者與供給者身分的做法，她也正思考要如何與何時（以及是否）跟 James 談談這個想法。

Ian 是位社區諮商工作者，輔導某人長達六個月，這個人有嚴重的健康問題，Ian 自己也有類似的健康問題。Ian 和這個人剛接觸時，決定不提到自己的健康問題。但是現在他發現進行這項輔導很困難，因為這位案主所說的話在在引發自己的痛苦和絕望，且諮商時自己一直很想哭。Ian 想像假如他現在開始分享自己的狀況，且隨便說個簡單的理由，然後轉介給他的同事接手輔導，相信他的案主應該會接受。然而，他的案主卻抗拒轉介，Ian 不了解到底發生了什麼事。

Miranda 是一位中學的年輕職員。這所學校有專門的諮商師，且有十六歲以下的孩子需要有父母的同意才能接受諮商的規定。有一天，Miranda 剛結束一場團體工作坊，她教大約十五歲的小孩人際關係技巧。工作坊結束後，有位學生 Kaya 走過來，並開始向她訴說自己面臨的一些問題。Miranda 問她是否有想過去找學校的諮商師談談，Kaya 說父母不允許她跟學校的諮商師晤談，「因此我想找妳，我選擇跟妳講」。Miranda 了解 Kaya 的困境，她向 Kaya 說明為什麼需要父母同意才能接受諮商的原因。她問 Kaya 是否願意告訴她徵詢父母同意時發生了什麼事，以及如果是 Miranda 和 Kaya 一起與她的父母重新討論她的處境是否會更有幫助。

上述案例說明了這些限制潛藏的複雜性，它是諮商倫理的難題，也是諮商師他們的難題。每個案例，案主都只想到要獲得他們所需的幫助，但這樣只會讓諮商師身陷困境。諮商師的任務是接受困境，持續維持與當事人的關係。以 Ian 為例 ，Ian 選擇忽略諮商關係層面（自己的健康狀況），他逐漸在破壞自己營造諮商安全空間的能力。如此一來，雙方諮商關係持續的時間愈長，愈難改變他們的困境。

本章接下來的內容所要探討的困境是案主較為明確的問題狀況。這些問題狀況存在一些風險，亦即案主在療程中變得比較脆弱，或是案主的求助需求太大，導致無法經由有意義的諮商方式來輔導案主。

風險和自我傷害

　　案主的談話或行為在在反映了他們有傷害自己或他人的風險時，這對諮商師而言，是最具有挑戰性的情況之一。諮商時有許多種風險挑戰，當事人可能會：

- 企圖自殺。
- 從事自我傷害的行為，例如割腕、催吐、節食、酒精和藥物濫用、不安全的性行為等。
- 從事或企圖傷害他人（也包括諮商師），透過身體的、口頭的或性暴力、騷擾、跟蹤、犯罪行動或未做防護的性行為（例如，愛滋病感染案例）。

　　儘管有時無法否認人有權利自殺或反擊其他曾迫害虐待過自己的人；但更必須考慮到案主對諮商師或其他從業人員做出危險的舉動，諮商從業人員幾乎都會要求案主不要做出任何傷害自己或他人的事。因此，每位扮演諮商角色的人都要隨時準備好給有自傷或傷人傾向的案主一些有建設性、積極性且立即性的回應。

　　上述各種可能的風險，諮商師必須時時刻刻想到持續進行諮商是否對案主有幫助，或是否需要其他形式的協助介入處理。為了回應這類的抉擇，諮商師要能夠：(1) 聽出案主的意思及其可能發生的傷害；(2) 以案主想談的話題來吸引他的注意；(3) 評估風險發生的可能；(4) 執行免於發生傷害的策略。

　　在很多傷害風險的情況中，求助者也許會相當開放且明確地表示他們內心自傷或傷人的企圖。但也有案主會以隱藏性、含糊性及暗示性的談話方式來傳達他們的意圖。有些跡象顯示，諮商師對於覺察傷害行為的微妙線索無法特別的敏銳。Reeves 等人（2004）曾進行一項研究，他們觀察、記錄一群受過高階訓練的專業諮商師與隨機取樣的「標準化案主」的諮商歷程，研究人員暗示諮商師晤談時不著邊際地聊聊有關自殺的意圖，但很少有諮商師會貫徹地執行這項暗示，即使在諮商歷程中案主已顯露自殺的意圖。這項研究發現可解釋為，或許這些諮商師比較注意案主談話的正向面而較易忽略負向面；也可解釋為，當打開風險議題的談話時，諮商師們的諮商技巧和專業自信有所不足。

嚴重自殺傾向的行為並不多見，諮商生涯中若是碰上兩、三個這類個案就算很多了，除非他們處於特殊的工作場域裡，例如精神疾病或自殺防治的救援專門單位。對諮商師而言，事先做好可能會碰上有自殺傾向病患的準備是很重要的——透過訓練、閱讀和研究等裝備而非僅倚賴第一線的經驗。Williams（1997）和 Jamison（1999）的著作中提到有關自殺議題具有代表性的理論、研究和實務經驗；Firestone（1997a, 1997b）區分各級危險傾向的自殺者，並詳細說明他們在語言和想像力等方面可能的行為表現。Firestone 特別提醒諮商師要注意，通常這些人的心中都會出現自殺傾向或自我摧殘的聲音。

想要針對自殺危險的評估達到如精密科學般的準確，還有一段距離，更是一項挑戰；目前有些判斷自殺傾向及其意圖方面的準則或文獻可供參考，如 Hall 和 Platt（1999）、Joseph（2000）、Neimeyer 等人（2001）和 Palmer（2002）。自殺高危險群的特徵包括：

- 先前有自殺傾向的企圖。
- 明確的自殺想法和計畫。
- 具有自殺的理由和機會。
- 出現求助的傾向或態度。
- 現在或過去有心理上的健康問題。
- 現狀以及來自專業、非正式支持者的支持程度。
- 現在是否有酗酒和藥物濫用等問題。
- 近來生活中是否出現一些事件或紀念日。
- 對未來出現負面或消極的態度。
- 年齡大約介於十六至三十歲。

一般而言，在自殺傾向意圖模糊的狀況下，諮商也是有意義的，前提是諮商師能夠了解案主和他們所處的環境，以及案主有積極的求助意願時。如果可能的話，找出並連結一些能給予案主幫助的人事物，協助他們在困境中找到能使他們安心的承諾，這也是可以認真考慮的重要做法。

其他的風險（諸如蓄意的自我傷害或是對他人暴力相向等）可以使用類似的處理方法。案主的暴力行為也隱含他對諮商師施暴的危機。當求助者出現暴

力或辱罵行為時，諮商師必須事先做好處理這類罕見情況的準備，包括冷靜、可以出面協助的同事、設置警報系統，以及具備防範事件擴大的處理技巧。

失落

自殺和暴力傾向的行為皆可能出現在各個協助機構中。當這些行為出現之後，諮商從業人員的任務乃是結合專業來規劃諮商過程，並擬定工作流程。另一種諮商困境我們稱為「失落」（losing it）。它發生於當事人正在探索造成他情緒困擾的生活問題時，籠罩在恐懼的陰影中，使他無法繼續理智地與諮商從業人員晤談。這就好比一個人的心理狀況停止運作，為了防衛自己，他們開始出現和現實人事物脫離的狀況。在諮商療程中，「失落」主要有三種類型：

- 恐慌症。
- 解離。
- 幻覺和幻想症的行為。

上述任何一種現象都足以讓諮商工作（第八章、第九章和第十章所提到的）難以進行，甚至不可能持續晤談下去，因為有效的諮商工作包括當事人能與他人互動、進行合作對話。「失落」的人與外人對話的機會變少了、變得沉默寡言，但卻經常以放大鏡來檢視自己內在的經驗。

恐慌症（panic attacks）發生在當事人面對高度焦慮的特殊情況下──當事人覺得自己陷入困境無法動彈，沒有逃生機會的時候。它有可能發生在電梯、飛機以及其他密閉空間中。在諮商過程中，當事人可能會覺得身處壓力之下，恐慌症可能帶來的影響包括覺得自己受困無路、感到無力，甚至觸動身體的刺激反應想要逃離，伴隨著急促且短暫的呼吸。這種生理活動迅速連結其他身體的組織運作，例如手跟手臂像有針在刺一般、胸膛感到壓力、暈眩，當事人會把這種情況視為高度警戒，並且胡思亂想認為情況已經失控，他是不是快接近死亡了。接著，這些情況導致愈來愈急促、短暫的呼吸，以及更多身體的狀況。恐慌症是一種不斷加劇的痛苦，會導致失落意識或是逃離（真的逃跑或是試著逃跑）。這類當事人企圖避免引發恐慌的情境，如果被迫要進入此一情境，

則會感到更加害怕。對於恐慌症的處理有很多參考資料，這些資料來自一些諮商師或那些求助者（例如，Silove & Manicavasagar, 1997; Ingham, 2000; Baker, 2003）。

解離（dissociation）則被認為是一種感官在處理可怕、恐懼想法的認知過程（例如，回憶高度壓力或外在受創事件），以及雖想控制它卻徒勞無功的情緒。當事人將他們的專注力集中在一些無關緊要或影響安全的事物上，他們自己選擇去注意那些具有威脅性和痛苦的事物。通常有兩個情況會讓當事人無法克服：其一，當事人可能會無法呼吸，這會導致他們的意識中斷，中斷了他們的感覺和彷彿時間即將靜止。其二，當事人可能會找一個跟他們心理類似的影像，或是盯著房間裡意義相近的實體，例如散熱器或電燈泡。根據諮商師的觀點，當事人將會體驗到所謂的「失魂」（gone away）現象——他們會好像聽不到諮商師所說的話，甚至無法感受諮商師的存在。在這種症狀中，一個較少見卻較極端的情況會出現在會談中，當當事人與恐懼的想法、情緒對抗時，他會不斷地轉換主題來應付他與諮商師的對話，諮商師認為此一行為已缺乏繼續或完成會談的能力。

幻覺（hallucinations）和幻想症（delusions）被視為是當事人用來處理那些會反覆困擾他、帶給他壓力的想法和情緒。當事人會「聽見」這些想法或情緒，並將其轉化為一種聲音，想像他們所見的人事物是真實的，或藉由他們的組織結構使自己相信它是有生命的。

對於這類棘手的情況，有一個基本的處理方法。當諮商師碰上關於「失落」的任何一種情況，必須從認知面、身體面和社會面來回應，並建構到個人面的層次上。在認知的階段，當事人通常會自言自語（例如，他們會在腦中對他們的手說話，或是跟空氣說話，或是在心裡評論他人），這都是負面或有破壞性的，例如他們會說：「我不能應付這些」、「我要死了」、「我好沒用」……；此時，諮商師必須不斷地以冷靜、可靠的語氣和他們談話，這樣才會對他們有幫助，或是多說一些正向的自我期許的語言進入當事人的意識，例如，「放心，你沒事的」、「我的感覺告訴我，你現在很害怕，但是我們可以一起渡過的」。諮商師多說一些當事人可用或提過的正向、有幫助的意象或意見也是有效的。此外，諮商師解釋現在即將進行的活動也是有效的，例如，「我

處理難以接觸的當事人

　　有時候，可能有人會因為生活的問題而尋求幫助，但在表達他們的需求時卻遇到很大的難題，這些人也許有溝通障礙的問題，例如阿茲海默症的當事人。其他人也許是苦於短暫的恐懼、焦慮或是幻聽，導致他們很難專注進行對話。美籍個人中心療法專家 Garry Prouty 曾提出幾個有效的方法，來幫助這些難以接觸的當事人表達其基本的情緒和人際關係。他建議諮商師面對一個失意且無法有效溝通的當事人時，應該完全著重在具體的和語詞的同理心回應。Prouty（2000）提出五種基本的接觸回應法：

- 情境式回應——諮商師對當事人的情況或環境所做的回應，例如，「你正坐在沙發上」。
- 臉部表情回應——回應當事人的情緒表達反應，例如，「你正在笑」。
- 一字一句的回應——重複單字、句子或其他當事人製造出來的聲音。
- 身體的回應——諮商師移動自己的身體去配合當事人所做出的動作或姿勢。
- 反覆的回應——如果任何一種方法對當事人有幫助的話，就重複它吧！

　　語詞同理心的回應方法乃假設為當事人對外在世界失去控制，如果重新與之接觸時，需要使用一些不具威脅性、在當事人可以控制下，又不複雜的簡單動作作為晤談的起始。當然，給予這些情境時需要以溫和、尊重的態度進行。Prouty（2000）提供他工作上的一個例子：一個較年長的女性 Dorothy，她是一個制約型的精神病患，當 Prouty 重提她前面提到的字句，她會自己咕噥十幾分鐘。然後當 Prouty 再度提到時，她會自己做出結論——「跟我來」。接著她會帶他到房間的一個角落，安靜地站在那裡一會兒。她把自己的手放在牆上，然後說：「冰冰的」。Prouty 也把他的手放在牆上，也重複說：「冰冰的」。他注意到當他回應她的時候，她會緊握他的手，Dorothy 說的話也開始有意義了，例如，「我不喜歡這裡，我好累……好累」（伴隨著流淚）。

　　有關這種處理方法可參閱 Peters（1999）和 Prouty 等人（2002）的著作，他們指出諮商從業人員應該多關心注意當事人，並盡可能地接觸當事人的內心世界，去體驗他們內心的恐懼，直到他們能感受到這是一段互助的關係。

想現在你可以開始談一些讓你感到害怕的事，現在你必須先讓自己離開它，藉由……」，或是「我想那也許有幫助，如果你聽我說……」。

對諮商師而言，另一個重要的處理方法是參與當事人身體或生理上的反應，尤其是他們的呼吸。在「失落」階段中，受苦的當事人通常呼吸會很急促、短暫或特別慢（憋住呼吸）。諮商師可以帶領當事人將注意力集中到他們的呼吸上（「我注意到你現在似乎……」），並指導他們規律地呼吸和深呼吸，例如，邀請患者「請你跟我這樣做，在你覺得你可以的狀況之下，1、2、3、4、5、6、7——好，吐氣——1，2……」——這或許有用。在恐慌症狀出現時，當事人對著袋子或對著他們弓成碗狀的手掌來吸吐氣，這也可能是有效的方法，也可以減少他們的氧氣過度吸收。在某些情況之中，當事人的姿勢可能像凍結了一樣或是弓著身子（可能導致無法呼吸），鼓勵他們動一下或起來走走也是有效的。

最後，在處理這類狀況時，還有一個常見的諮商技巧，鼓勵當事人暫時退出與其他人的接觸，彷彿進入私人的自我天地一般。這能有效幫助當事人看著諮商師，並增進眼神的接觸（如果情境關係適宜的情況下），甚至碰觸。伴隨著冷靜、自信地與諮商師談話，重建的人際互動關係不僅能讓當事人減少對自我內在的專注力，也能增加他的安全感和歸屬感（「這裡有一個我能相信並可依賴的人」），無論是否恐懼都好像可以忍得住了。

這三個基本的方法，不是要拿來消滅當事人生活中的恐慌、解離或幻聽等現象，它只是當下簡單的助人策略而已，所以，如果他們願意的話，還是要繼續進行諮商會談。

在西方社會中，恐慌、解離或幻聽等現象通常會有精神病學的介入，例如藥物治療、精神科醫師的處遇——例如認知行為治療法。這裡所提到的這些療法，常和精神疾病療法或認治行為治療一起使用，它們較適合作為危機處理的策略，它能讓當事人對諮商關係有所體會而且能提供一個晤談的空間。在許多的案例中，都是潛在地讓當事人接受、轉變價值觀來接受專家們的意見，幫助克服恐慌、解離或幻聽等現象。因此，更重要的是，所有的諮商從業人員都需要告知當事人在社區中有哪些專家可以幫助他們，並提供轉介服務。

轉介

　　諮商從業人員樂於提供個人尋求其他有利的資源，這是嵌入式諮商角色的必要特質。下列情況可作為諮商從業人員轉介求助者的參考：

- 能比原來的諮商師提供更多、更頻繁的晤談次數。
- 能在事前搜尋有幫助的資訊或意見，而非只是隨機、隨興地進行對話。
- 當事人與其晤談時，能比面對原來的諮商師談出更多的問題。
- 在面對當事人描述問題時，能從專業機構獲得大量的知識和經驗（也就是比原來的諮商師更有尋找支援的能力）。
- 曾與諮商師有過合作的關係，能讓雙方對於諮商空間的安全性和保密性更為放心。

　　了解本書所提到的諮商概念是很重要的事，因為它們都是一些基本普通的助人方法，各種生活問題都能經由不同專業的諮商從業人員來協助解決。嵌入式諮商的優勢在於比較有彈性和容易實現目標——它藉由與他人晤談的方式來達到諮商的效果，而且對話的人必須具有專業的知識，能提供有療效的諮商歷程。然而，我們也必須了解，有很多的專業團隊和義工團體、代理機構等等，他們都具有豐富的知識和技巧去處理各種問題。只是當一個諮商師在處理個案的問題時，即使知道其他從業人員擁有比自己更好的資源，是否轉介，對他而言仍可能會感到矛盾掙扎。

　　對諮商師而言，轉介過程中的重要步驟是：(1) 了解有哪些資源是可以使用的；(2) 在討論過程中了解當事人對轉介他人的看法；(3) 完成轉介之後，諮商師必須協助了解當事人的過渡期狀況。這些都必須注意，也是一種挑戰。

　　因此，諮商事先的準備工作包括建立適合轉介機構的網絡，並隨時更新資料。針對所有的轉介機構，了解其接受的服務對象為何、了解他們能提供哪些服務、當事人如何接受服務、付費者是誰、等待的時間有多久等等。保持連繫是非常有用的方法，無論是官方或是非官方，只要與服務機構裡的一員保持良好的連繫，細節就比較容易掌握，特別是在轉介的過程中。蒐集資料讓當事人閱讀也是很有幫助的一個方法，例如印刷品或是網路資訊，這些都是必需的

資訊。因為當事人在尋求幫助的時候必定是處於緊張和無助的狀態之下，導致他們無法忍受模稜兩可、不確定（「我認為認知行為治療也許能提供你一些幫助，但我不確定你的家庭醫師是否願意讓你轉介」）；再者，轉介其他專業機構的機會並不是每個人都容易做到的，因為有長期等候轉介、複雜的轉介過程、付費問題（特別是私人診所）或地點位置（只有在大城市才有，因此郊區的人無法負擔車馬費用）等因素的限制。

對於那些打算尋求其他轉介資源協助的當事人來說，有時提供轉介建議也會使彼此之間的諮商關係呈現一種微妙的情況。如果一位諮商師曾經向他的當事人提到轉介的可能性，即使轉介或許對他較有幫助，而且諮商師已經尋求這類轉介的管道，並開始與對方連繫；但從求助者的角度而言，他們的感受或想法可能與諮商師不同，畢竟自己曾經對諮商師開放自我，而今卻聽到轉介的建議，這就好像被拒絕一樣（「我再也不想看到你了！」）或視為自我的缺失（「我一定在她面前太歇斯底里了……」）。為了盡量避免發生這些狀況，諮商師最好能真誠開放地說明轉介的原因，並且預留足夠的時間來討論並達成協議。

當轉介的那一刻來臨，更重要的是要將每一件可能需要準備的事情都準備好。對當事人而言，他們將接受的是全新的助人模式（「你會發現認知行為治療取向診所的專業人士與我有不同的做法，如他們可能會期待你去做一些家庭作業，比方寫日記……」）。另外，還有一點也很重要，諮商師必須明確告知當事人所有與他有關的資料都已完全轉移到新的諮商師那裡——他們可能會擔心那位新的諮商從業人員可能對他已有全盤的了解，或對此感到心煩意亂。正因如此，前一位諮商師在其當事人與新的諮商人員建立關係之後，有時仍要視情況繼續與當事人見面，或與他約定在未來的某個時候能去訪視他，以確定他未來人生的發展。前述方法都能有效幫助舒緩當事人內心的被拒絕感。

當事人最簡單的想法也許是把轉介看作是轉而接受專家的協助服務。有許多其他的社區資源都能提供當事人適切的轉介服務，包括一些自我成長團體和網絡、教會團體、教育計畫和執行政策的團體；社區資源亦包含那些已經克服這類問題的其他人。

當面質成為必需

　　對任何諮商師而言，最基本的立場是合作——站在當事人那一方，成為他的工作同盟，幫助他解決生活上的問題。然而，有時站在與當事人不同的立場，甚至去挑戰、面質當事人，也許對他會更有幫助。下列情況都是當諮商師想維持與求助者的諮商關係，求助者卻無法專注於自己身上，此時面質就無法避免了。這些情況包括：

- 當當事人對諮商師說謊時。
- 儘管對潛在議題已經進行了廣泛的探討，當事人還是持續不斷地做出自我傷害行為。
- 當事人利用諮商獲得額外利益，例如，學生在作業繳交的最後一刻出現接受諮商，以得到一紙證明，好讓作業延期。
- 當事人利用或威脅諮商師時，例如，將諮商師視為性衝動幻想的對象。

在上述情況及其他可以想到的類似情況下，諮商工作的正當性隨即會出現危機。如果諮商師無法採取有效作為的話，那麼諮商將無法出現任何可靠的價值。

　　當挑戰或面質當事人的時候，諮商師必須做出「我」的定義和範疇，並且讓當事人去評估和感受自己，並為自己的判斷和感覺負責。面對當事人堅持其所聲稱的事時，諮商師必須防範自己成為可能的迫害者。諮商師必須了解自己什麼樣特定的動作會引發當事人什麼樣的特定回應，這也是很重要的事，例如使用這類句型的談話：「你什麼時候說過／做過……我覺得／我認為……」，並避免將這類行為概括化，類化到所有當事人身上。換言之，最好的方法是將當事人與其話題或行為分開審視。

　　諮商師必須確認當事人聽見你說的話和了解你的關鍵點，並注意安全議題——值得注意的是，諮商師獨自面對有暴力紀錄的當事人是不明智的諮商作為。心理治療師 Irvin Yalom（2002）指出，只要有可能，「當鐵一冷冽時，攻擊吧！」換言之，面對憤怒、絕望的當事人或是當當事人對自己生氣、心煩意亂的時候，都可能導致雙方不被對方接受，這樣的關係必然會受到威脅。

　　一般而言，「面質」對諮商師而言都是不愉快的經驗，因為諮商師想要讓別人認為他是受人喜愛、樂於助人的。因此，尊重諮詢和督導對使用面質的專業意見，對諮商從業人員是很重要的。然而，明確的面質極少發生在真實的諮商情境中，反而會被誤以為是一種挑釁和爭論；本質上，它是一種溝通的過程，也是形成有效諮商療程的基石。另一方面，面質有其更強大的力量，它不是一種例行的諮商做法，而是一個因為諮商空間有崩潰的威脅時所產生的舉動。

結論

　　本章以「危機」議題貫穿全文，諮商困境通常是那些存在的、等待處理的危機，而不只是一種有人需要幫忙處理的危機或一種當事人與諮商師之間關係的危機。整體而言，有關危機的處理做法不要假設當事人一定經歷過很嚴屬的艱難險境，James 和 Gilliland（2001: 21）提到，危機是一個事件或情境中的因素，不可能被人們立即用一些資源和機制來突破。換言之，人們可能可以找到無法即刻使用的資源或協助的機制，但他們終究必須承受危機所帶來的情境。

　　諮商危機意指當一個安全的諮商情境受到威脅，可能引發其他連續複雜的情緒、想法或行為傾向。當不知如何處理時，人們通常會以憤怒、敵視、焦慮、恐懼或悲傷等情緒來表達，不同的情緒隨著不同的危機情境而來。他們的思考可能被那些受擾亂的感覺所支配，他們可能會對現在正在發生的事件先預設結果，或是他們可能會思考怎麼樣的過去導致現在這個事件，然後他們會修正這個正在發生、無法恢復的糟糕事件。人們可能會很積極地想要解決這個危機事件，也可能會尋求逃避或遠離這個事件，也可能停滯不前，甚至產生徒勞無功的、自我摧毀的及混亂失序的行為。上述行為或反應都可能出現在諮商困境中，當事人或諮商師都有可能遇到。對諮商師而言，更重要的是能照著他們先前所列下的原則和策略（準備和訓練）來加以處理，並且利用同儕間的支持力量。

　　另一個貫穿本章的議題則是各類諮商困境及其價值挑戰，以及案主如何與諮商師合作的態度。求助者樂於接受雙方的對話來討論自己生活中的問題，對諮商師而言這絕對是一項基本的挑戰，諮商師會將案主視為其同盟夥伴、尊重他們的轉介意願、相信他們有能力可以成長和進步、鼓勵他們面對重要的抉擇等等。例如，從教會的觀點來看，當一個人具有自殺傾向的時候，是充滿恐懼和被孤立的，他們甚至無法離開他們的座位，或對要求他們去看看別人或做些改變的諮商師專業意見感到憤怒。基於此，或許諮商從業人員需要更直接些，例如，詢問他們的自殺計畫，或釐清他們在乎的和相信的是什麼（「不好意思，但是我沒有辦法給你所需要的時間」）。同時，運用專業自主權去維護案主的安全（或是諮商師個人的安全），諮商師必須釐清雙方未來合作諮商的一些觀點，並謹慎處理。

　　諮商困境的處理既不順暢也不容易，它們既費事也令人備感壓力。然而，它們刺激了案主和諮商師之間的關係，讓雙方的互信關係更向前邁進一步。本章所提到的諮商困境沒有一個不重要，它們反映了人類的真實挑戰，甚至是對生命和死亡的挑戰；若能成功地處理這些挑戰，就算是凌亂的、伴隨著困難的處理，都能凝聚人們的心並且成為更多學習的資源。

省思與討論的問題

1. 在你的諮商角色中，有什麼樣的道德兩難困境曾經困擾過你？你如何解決這個問題呢？就你的觀點而言，這類道德的議題對求助者有什麼影響？本章所提到的守則對你是否有幫助或與過去的經驗相關呢？

2. 回想一下與你工作互動的人們可以分成幾種類型。這些人呈現過哪些危機問題？你用何種策略來進行危機評估及確保求助者的安全和福祉呢？

3. 在建議轉介個案到專業服務機構時你有何程序？你如何得知這樣的過程是否能滿足被轉介者呢？

4. 在工作環境中，你本身與掌權者對立的經驗是什麼呢？那段經驗有任何建設性的結果產生嗎？那個人在與你面質的時候做了些什麼有建設性的行為， 又有什麼破壞性的行為呢？

建議閱讀的書籍

有關如何處理諮商關係間的棘手情境，可在討論危機介入的文獻中找到許多的智慧與實務知識。特別推薦的有：

James, R. and Gilliland, B. (2001) *Crisis Intervention Strategies*, 4th edn. Belmont, CA: Wadsworth.

Kanel, K. (1999) *A Guide to Crisis Intervention*. Belmont, CA: Wadsworth.

在心理健康的「潮汐模式」中，提供了當個人有自殺或自殘可能時，如何積極回應此種情況的有效建議：

Barker, P. and Buchanan-Barker, P. (2005) *The Tidal Model: A Guide for Mental Health Professionals*. London: Brunner-Routledge.

治療有幻聽情形的人時，幻聽網絡（Hearing Voices Network，一個重要的自助組織）的創辦人所寫的書中談到了一些有創意且有效的方法：

Romme, M. and Escher, S. (2000) *Making Sense of Voices: A Guide for Mental Health Professionals Working with Voice Hearers*. London: Mind Publications.

一般稱之為「心理健康問題」的個人危機處理，可在 *This is Madness*（這就是精神異常）的系列中找到其他了解與協助此類狀況的創新策略：

Newnes, C., Holmes, G. and Dunn, C. (eds) (1999) *This is Madness: A Critical Look at Psychiatry and the Future of Mental Health Services*. Ross-on-Wye: PCCS Books.

Newnes, C., Holmes, G. and Dunn, C. (eds) (2000) *This is Madness Too: A Further Look at Psychiatry and the Future of Mental Health Services*. Ross-on-Wye: PCCS Books.

以下這本書針對諮商情境中的倫理道德問題有全面性的分析：

Bond, T. (2000) *Standards and Ethics for Counselling in Action*, 2nd edn. London: Sage.

統整應用——做好諮商工作

引言・將諮商嵌入其他專業角色：知識整合・運用督導、諮詢與支持・確認差異處及多元性・建立方法工具箱・訓練角色及持續專業發展・避免工作崩焦・諮商師的個人治療・運用研究及調查・結論・省思與討論的問題・建議閱讀的書籍

我可以花幾分鐘談談 Bob 嗎？這六個月來，我每隔幾週就會與這位年事已高的老先生會面，談論一些生活話題，例如醫藥、問題及醫事檢驗報告等。他從不談論自己家庭給予的支持力量對他的意義是什麼。上個星期會面時，許多這方面的感想從他口中傾訴出來，你一定會問，他說了很多什麼呢？我想重點在於死亡的話題。就某方面來說，他很了解死亡；但從另一方面來說，他完全不了解它。目前的當務之急是，Bob 想讓他的子女們了解他對他們的感受——趁現在還來得及的時候，要讓他們知道他的想法，不過他絕對不是一個感性的人。因此，他想出一個點子；他想在自己的生日宴會上發表一篇演說。於是，我們在會談中聊了一下他應該說些什麼，到時候他想子女們應該會替他錄影吧！抱歉，我們再回到他想說的話題；有一次他說：「當我手上拿著自殘的工具時，我覺得愈來愈難過。」是的，那是當我問他關於自殘的事情。Bob 說他從來沒想過要真的傷害自己。我相信他，你覺得呢？你覺得下次與他見面時，我適合再談這個話題嗎？為什麼？它能提供我些什麼？你覺得我該從何處開始呢？

Counselling Skill

引言

　　本書前面的章節已經討論過許多不同層面的諮商技巧。為了更進一步了解它們，我們必須將各種技巧抽絲剝繭且仔細地一一加以分析。從實務的角度來說，當你面對一位正在敘述事情的當事人，這些不同層面的諮商技巧就可以相互運用、配合得天衣無縫。整體而言，將不同層面的諮商技巧或其他各種技巧統整運用的最佳方式，是將這些技巧實際運用在實務工作上。諮商師在協助當事人時，便是他學習並充實專業知能的大好機會。有些論點有助於帶領諮商技巧學習者進入實務訓練的領域，這些論點包括：發展一種與其他專業領域角色相容且可嵌入其中的諮商目的；有目的地運用諮商及督導；以個人工具箱或方法清單的方式發展出個人風格；持續充實專業知識；面對工作壓力；實際運用相關的研究及調查報告。

將諮商嵌入其他專業角色：知識整合

　　近年來，在社會科學領域中出現一種很有效的概念，並且被敘事治療師所採用，這就是「知識」的概念。與其將知識視為一種隱含既定事實的獨立觀念或訊息單元，有些人則認為比較適當的做法應該是——不同團體的人各有其所屬團體的獨特「知識」。當進行某些主題的討論時，這種獨特「知識」的概念會使不同團體的人有不同的論調及看法，因而改變原本既定的事實。敘事治療師常用的「當事人知識」，此一專業名詞進一步發展了這種「獨特知識」的概念，它試圖在「專業認知」、「客觀認知」及當事人親身經歷的「個人認知」中找出差異點。舉例來說，專業圖書可以提供「沮喪」概念豐富的專業知識，但未必吻合於當事人一輩子生活在沮喪陰影下所表達的「個人認知」。敘事治療師認為，問題在於專業諮商師往往將「專業認知」加諸於接受諮商的人，卻忘了認真看待當事人的「個人認知」。只因為「專業知識」能輕易地從研究報告及圖書館書架上的專業書籍來取得一些權威性的資料，但「當事人知識」卻只是個人權益的發聲，或是為了蒐集一群專業服務使用者的經驗看法。

　　「知識」的概念與諮商服務的專業角色密切相關，例如護士停止談論傷口護理學的專業知識，讓病患訴說身體障礙對自己生活影響的感受，或教師花時間蒐集如何與調皮學生互動應對的方法。基於此，提供諮商服務時必須考量三方面的知識：

- 諮商師知識。
- 護士或教師知識。
- 當事人知識。

這三種知識來自於諮商師本身的當下覺察。因此，諮商師必須了解與求助者有關的知識。

　　知識是複雜的，它由概念、認知、記憶及實務等網絡所組成。知識與知識之間具有高度、潛藏的密合，我們必須具有如何了解和了解什麼的「知識」，這樣的知識才是有用的。以之前所述護士的案例來說，當一位因臉部傷口使容貌有缺陷的病患想和護士談談他的心情時，這當中可能會出現某種程度潛在衝擊的反應：

- 諮商師的反應：「我要如何營造一個能安全討論這方面話題的空間？」、「他對我的信任足以讓他放開心胸、分享感受」、「我們還剩下多少時間？」、「這個地點適合談論嗎？」。
- 護士的反應：「這可能是他服用藥物所產生的副作用嗎？」、「他現在很沮喪嗎？」、「我該考慮將他轉診至精神科嗎？」、「我現在沒空處理這些。」
- 其他人的反應：「如果我也遇上這樣的狀況，我一定會很難過」、「如果我也遇上那樣的情況，我一定會想哭」、「我沒辦法處理這件事，太沉重了」。

上述三種反應各植基於不同類別的內在知識，對於提供嵌入式諮商服務的從業人員而言，最大的挑戰是他們必須發展出一套展現熱忱並能運用自身知識的策略。身為一位穿著制服、忙著照料病患傷處的護士，他們確實無法拋開護士及病患的關係而直接嵌入諮商師的角色；但諮商會談時，如果無法了解個人的知識經驗，彼此之間也會出現距離並衍生疏離感的風險。

有些研究報告提及嵌入式諮商師該如何結構地處理這些知識衝突的挑戰。常見的一個策略是序列性（sequencing）——依序採用各種不同的知識。舉例來說，照料傷患的護士先用諮商會談，結束談話後再問傷患是否有副作用及其他可能的沮喪徵兆。相對地，有許多助人工作者——例如對諮商有一定敏銳度且具備知能技巧的教育者——要跳脫本身專業領域的知識範疇來服務他人，這是實際上不太可能的事，有時他們也會減少對案主、服務使用者或病患在情緒需求方面的覺察反應。

有些從業人員會利用工作時和案主建立諮商關係，他們以「邀請函」的方式來增加諮商服務的機會，這也是諮商師執業的起點。有時候面對難度較高的諮商需求，除了問答方式之外，他們更以深度談話來進行服務。舉例來說，教師讓學生知道每週哪些固定時段為師生的個別諮詢時間；社區護士與病患約定固定時間進行家庭訪視，在護理活動結束後雙方仍可共同喝茶聊天。

在以諮商專業為主流的社區中，其他提供諮商的角色仍然引起關注，諸如健康、教育及社會工作等人員。由從業人員的角度來看，「嵌入式諮商」潛藏的危險有：

- 如果提供諮商的人在不同的時間點扮演不同的角色，接受諮商的人可能會搞不清楚狀況，不知道將會發生什麼事。
- 提供諮商的人可能會不知所措。
- 諮商關係的界限可能模糊不清，例如哪些談話內容需要保密。

嵌入性諮商可以預見會出現運作的困難。

例證 Susan 是一位大學生，她與一名輔導教師的關係良好。在一次教學過程中，Susan 談論到為何在研討會上開口發言會如此的困難，同時開始將她在研討室裡的感受與她兒童時期遭受暴力時感受到的虛弱及無力感相互連結。她的輔導教師很努力地希望能與 Susan 談一談來幫助她，並為 Susan 的不幸遭遇感到難過震驚。但是輔導教師隱含地反應她是「獨特的」且「怪異的」想法影響了 Susan 核心的自我信念。在接下來的輔導過程，輔導教師暗示不希望再聽到任何關於 Susan 不幸的遭遇。更糟的

是，這位輔導教師甚至將這件事告訴其他同事，她的同事缺乏對這件事的敏感度，因此又轉述給其他不知情的同事。Susan 慢慢發現她受到校內許多職員額外的關心及照顧。

　　重要的是，我們必須隨時覺察到，在不同關係領域提供諮商服務充滿了挑戰。在 Susan 的案例中，這位輔導教師和其他的教職員在缺乏足夠的同理心及考量不周詳的情況下扮演諮商角色，這很可能會導致對當事人的傷害。下列說明將有助於更安全地實施「嵌入式諮商」：

- 仔細準備。
- 專業界限的建立及協議。
- 聚焦於主要的諮商任務。
- 確認可達成的目標。
- 資源／轉介網絡。
- 支持與督導諮商師的諮詢。

如果能落實上述做法，嵌入式諮商的參與人員及其同事必能有信心地達成有效且建設性的目標。

　　本章的主題是探討諮商角色及其他專業角色（如醫生、教師或社會工作者）之間潛藏的壓力來源，以及了解與這些角色有關的相關「知識」。相較於諮商專業角色，嵌入式諮商其實也有許多優點。由於護士及教師可以從旁觀察當事人，在某個程度上了解當事人及其過去。因此，當當事人想找人聊聊日常生活的難題時，他自然會想到護士或教師這兩種助人角色，因為這兩種助人角色早已觀察到他的問題，可以直接討論問題的解決之道。相反的，專業諮商師對他的案主並沒有事先的了解，所以需要另外花一些時間來取得有關的資訊。這對於案主來說，有時較難以接受，因為當下他們需要的是實質上的幫助，而非花時間說明過去的生活經歷；而且，嵌入式諮商師對於當事人的日常生活有較多的了解，因為他們每天都看到當事人所遭遇到的不同問題；相對的，專業諮商師對案主的生活了解就比較不足，他們必須依賴每週幾個小時的晤談時間，從案主的口述中了解他「在諮商室外」所發生的事情。

　　嵌入式諮商還有另外一個優勢是當事人前來求助時，他可以主動且比較沒有壓力地選擇要找哪些人諮商。舉例來說，當事人有健康上的問題，他必須和許多醫療人員接觸，例如醫師、護士、物理治療師、清潔工及大廳服務人員等。他可以決定誰比較值得信賴，並在大膽說出自身感受前，思考對方和自己是否合得來。相反地，案主尋求專業諮商師協助時，這些諮商師或心理治療師通常與案主素昧平生，他們必須在很短的時間內建立關係、獲得對方的信任。雖然並沒有任何證據顯示，當事人如果求助於較熟悉的人，諸如自己的家庭醫師、心靈導師或教學輔導教師，是否真能讓當事人感覺真誠、可靠並獲得幫助。

　　最後，嵌入式諮商還有一項可能的優點，那就是助人者的專業知識和他們所提供的諮商角色相輔相成且有效互利。舉例來說，當一位學童被其他同學欺負而向教師求助時，教師就能先詳細考量欺負的嚴重程度及因應策略。這些詳細的考量並非抽象的想法，而是教師就過往處理流氓學生問題的經驗來做評估。這樣的專業知識在諮商過程中是很重要的資源。在這種情況下，諮商技巧也包含對求助者有幫助的「知識」，而非一成不變的「規則」。這些詳細的考量亦代表一種「知識」，然而，對治療單位內的工作人員來說，這種知識難以取得且無法深入了解。

　　這種知識議題有助於其他領域的諮商助人者反思及評估規劃，並為他們建立表達意見的重要管道。想要成為一位能評估需求、尋求方法解決「知識衝突」及「協力合作」衝突關係的有效諮商師，通常必須要借助於諮詢及督導，因為任何角色和知識都有盲點，有時認為理所當然的事也有盲點而嚴重影響我們的判斷。對諮商師和求助的當事人而言，角色及知識不能適當地整合會付出很高的代價。例如前述 Susan 的案例，當 Susan 向老師訴說自己小時候的不幸遭遇時，這位老師並未完全準備好來處理這樣的狀況。當時的情況對這位教師來說壓力有多大？後來她又該如何面對 Susan 失望的情況？

運用督導、諮詢與支持

　　英國的諮商專業有一項特殊成就是，他們堅持任何一個行業，只要有涉及

諮商方面的工作人員，就必須定期接受非直屬上司（line manager）之資深同事的督導。這項原則顯示，任何人遇到生活困境時，靠一己之力是無法有效改善的。在許多的諮商研討會中都會聽到很多問題，這些如響板般發聲的問題都是無價的，例如「我是不是漏掉了什麼？」、「還有什麼事是我能幫忙的？」、「我要如何整理我所聽到的複雜且容易扭曲的故事？」個人的工作受到衝擊時也可藉由督導來發現，諮商師的自我關注也可在督導過程中得到支持及發展性的策略。無可避免的，諮商師接觸到當事人的生命故事時，可能會引發其個人生活中既有的經驗及情緒。此外，情感、關係的需求以及求助者的行為模式，都會導致諮商師的潛意識受到不良的影響。舉例來說，當事人在處理個人問題時和別人發生爭執，這種狀況加深其「因為沒人了解我，所以我必須單獨面對任何事情」的防衛。面對這樣的當事人，其談話方式往往會使諮商師反感，甚至會讓諮商師在諮商結束後殘留一些情緒。督導提供諮商師一個探索空間：「每當 Ernie 對我說他的問題時，究竟發生了什麼會讓我感到生氣？」

區分督導與直式管理是很重要的事，因為直式管理督導的焦點通常放在和機構目標有關的個人工作表現上；而諮商督導則是較具探索性、輔助性及私密性的專業引導。有效的諮商督導需要諮商師坦承可能發生的錯誤及揭露個人的缺點——這確實有些困難，尤其是當你想續約或面對有權核定你能否升遷的人時。但管理與督導之間也有明顯的重疊，舉例來說，當受督導者的諮商工作表現不佳時，督導必須與受督導者討論他的想法與做法——整體而言，若能明確區分督導及直式管理的不同角色，那將會有益於諮商工作。

諮商督導有多種不同的架構與方式。諮商工作者每個月必須與諮商督導人員進行一次九十分鐘的晤談，也可以使用緊急電話及電子郵件進行諮商督導。有些諮商師是以團體方式接受諮商督導，這種方式的督導通常時間較長或次數較頻繁，使每位受督導者都能得到足夠的督導時間。有的諮商師會採取同儕督導，他們尋求同儕諮商師的諮詢與支持。合法的諮商機構在執行業務時必須詳細記載諮商督導人員的需求量、合格諮商督導人員的資格及其經驗分級。目前這類的指導手冊尚未出版，這樣的情況可能導致難以安排諮商督導時間或支付諮商督導人員的報酬。

　　開始安排督導時，首要之務是了解不同的諮商師會有不同的督導需求，如同每個人都有不同的學習方式及因應策略，諮商師接受諮商督導的方式也有不

專欄 12.1　諮商督導時會發生什麼？

　　這就像諮商師讓求助者有充分訴說苦衷的空間、探討並解決其各種生活問題一樣，諮商督導人員也需要提供這樣的空間給諮商師。在諮商督導歷程中，諮商師有許多的工作面向會被諮商督導者指點出來。Hawkins 和 Shohet（2000）提出一些被廣為運用在這個專業領域中的督導模式。他們認為諮商督導有三種主要功能：教育性、支持性及管理性。諮商督導的教育性目標是在協助諮商師對案主有更深的了解，並針對其問題找出解決的方法。支持性目標是在於了解求助者的情緒、需求對諮商師有何影響，並避免其心力交瘁。管理性目標則是在確保最高品質的照護及服務得以維持。Hawkins 和 Shohet 發現，可以從七個不同的角度來觀察、說明這些功能：

1. 從案主的談話內容。
2. 諮商師所使用的策略、介入及方法。
3. 諮商師及案主之間的關係。
4. 諮商師對案主的個人化反應。
5. 諮商師與諮商督導人員之間的關係。
6. 諮商督導人員對諮商師的個人化反應。
7. 諮商領域的組織與社會脈絡。

上述第五項及第六項（發生於諮商督導過程中）類似於一種被稱為「平行歷程」（parallel process）的現象：諮商關係的議題重現於督導關係中。平行過程的範例如下，如果案主無法自在地說出他的問題，諮商師在督導過程中也將會難以詳述案情。

　　大多數的諮商督導歷程都是透過談話來進行──討論諮商師的工作內容。事實上，諮商督導可以利用各種方法來促進諮商工作。舉例來說，Lahad（2000）提出個別督導或團體督導可以使用藝術表達的技巧。

同（見 Weaks, 2002）。諮商督導的方式及諮商師的需求會隨著諮商師的職涯而改變，例如諮商師的經驗愈多或面對不同的客戶群時。

　　有效的諮商督導奠基於諮商督導人員與受督導者之間良好的督導關係。研究顯示，接受諮商督導的諮商師，其諮商督導經驗會出現兩種截然不同的結果。有些諮商師認為，他們可以和諮商督導人員建立一種穩定且互信、互助的關係，並且希望持續接受其督導。另有一些諮商師與其諮商督導人員的關係則是降到冰點，諮商師變得較不願意分享他的諮商難題或個人缺失，諮商督導人員也會更加挑剔這位諮商師。由於督導人員往往比較有權威，這種經驗對諮商師會造成很大的傷害，在必須花一段時間才能結束督導關係的情況下，諮商師通常會試著接受其督導及批評。Lawton 和 Feltham（2000）曾做過一項分析報告，分析出哪些是有害或無效的督導因素。雖然大多數有經驗的諮商從業人員有能力提供同儕很好的督導及一般諮商，但近幾年出現了許多督導訓練課程，這些課程的可貴之處在於可以幫助想成為督導者的人了解督導角色的複雜性，並知悉在建立適當督導關係時所牽涉的相關議題（Page & Wosket, 2001）。

　　多元化諮商督導或諮詢系統的建置將會有利於諮商工作的發展。理論上，每隔一段時間，任何扮演諮商角色的人應能與不同的諮商督導人員合作，並且從中汲取不同模式的督導及支持經驗（個人、團體、面對面或透過網路）。諮商督導及諮詢支持也被視為一種範圍更廣的專業成長及延伸學習，包括諮商從業人員的自我督導，如同反射從業人員（reflective practitioners）。反射練習是一種統整性的實務練習活動，經由各種不同的練習行為、個人學習日記、筆記及參與訓練課程等方式來達成。自我督導可能是一種好的正式督導：最佳的諮商督導人員可以開啟溝通談話，並能針對許多進退維谷的困境找到建設性的解決方法。更重要的是，能夠找出機構的服務範疇並發展一個有效的督導網絡。尤其身處公務繁忙的機構——例如健康照護中心，扮演諮商角色的人並非組織的中堅角色，他們經常會抱怨從事嵌入式諮商工作沒有時間處理這些督導工作，甚至覺得諮商督導工作已超過他們所能提供的服務。其他的機構內，也會因不合時宜的文化或官僚化取向影響了正式的督導關係。Hawkins 和 Shohet（2000）提出一些有關機構內督導範疇的理想論述及許多督導方法的建議，有助於營造一個學習型的機構組織。

確認差異處及多元性

　　本書的主題在於強調諮商師與當事人之間諮商關係的重要性，涵蓋許多的諮商理論及其研究。這些諮商文獻旨在探討和了解諮商關係，從互動模式（例如，當事人說和諮商師回應他所聽到的）和價值（例如，諮商師的目標是尊重、包容和同理當事人）等方面來加以探討和了解。諮商關係是有意圖的：諮商師刻意建立好的關係，諸如同理心及接納。此外，另有一項高於諮商意圖且對諮商雙方都很重要的觀點：社會認同。事實上，尋求諮商的人與他們的諮商師雙方的社會地位不同——雙方各有其談吐、穿著、儀態及動作等等表現的社會認同。這種社會認同是相當複雜的，包括年齡、性別、社會階級、道德、種族、性傾向、宗教、健康情況及身心障礙等因素。這些因素對每個人而言都有其特定的社會意義，它們包含了每個人對自己的看法及他人對自己的看法。這些因素中，有些是顯而易見的（膚色、性別），相較之下，其他因素則較不明顯或必須主動表露（性傾向、社會階級）。

　　這些社會認同因素都會影響到諮商師與當事人之間關係的建立。

> **例證** Gary 是個同性戀者，他在工作上遇到了困難且身處於極大的壓力中。他前往尋求醫師協助，並請求開立一些抗憂鬱的藥物及就診證明。當他與家庭醫師見面時，他覺得如果能詳細告訴醫師他的生活狀況，這樣或許會更有幫助。他盯著醫師瞧，心想：「我能跟他說我是位同性戀者嗎？他看起來就是個異性戀。桌上的照片一定是他的孩子。我不能忍受他表面上的認同，但心裡卻是個反同性戀者。」

> 　　Anjali 是位護士，她的曾祖父母是印度籍，兩人死於 1943 年英軍殖民時期不當控制下所引發的霍亂傳染病。她正前往 Alec 家，Anjali 要為他提供緩和的醫療照護。Alec 是位優雅高尚的英國人，他因為孤單寂寞而心情低落，此刻 Anjali 要他聊聊這輩子最棒的時光，Alec 開始談論當年他在印度孟加拉當指揮官的日子……

> Gemma 是個十五歲的學生，因體育課表現很差而感到難過。她的體育老師利用機會私下與 Gemma 聊聊，並問她遇上了什麼問題。Gemma 說：「你哪會了解？你根本不知道。」🖉

上述幾個案例中，當事人和專業人員之間穩固的支持關係，都因這種差異性的議題而停止了。若想持續友好關係就必須對彼此之間的差異性保有好奇心——但這是一項挑戰。在所有專業角色中，從業人員若能了解並根據既有的當事人「類型」印象來協助他們，這會是相當簡便的服務方法。因此，若想克服這種多元差異性，必須尋找方法來維持這種好奇心及正向態度。舉例來說，藉由參加相關主題的討論會，和來自不同文化背景的同事共事，在合理範圍內參與政治、歷史及美術活動等。

建立方法工具箱

本書再三強調諮商方法的重要性（達成目標的做法）。剛開始提供諮商服務時，每位諮商師或許只能夠依照有限的方法來進行諮商——有些方法來自於訓練過程，其他則是個人生活經歷的體驗。職業生涯中，值得高興的是能夠不斷地在專業領域發展，從不同的管道獲得新的知識與能力。本書重點之一即在於諮商師其實有很多方法來幫助當事人。心理學家及心理治療師發展出許多的指導方針，這些方針來自於藝術、商業、教育、體育及各式各樣不同的領域。將這些方針累積起來，將會成為很有價值的「諮商標的物」（counselling objects）總匯——鈕釦、石頭、浮木、玩具，透過這些方法，我們可以蒐集與個案有關的隱喻、印象和故事，這都有助於檢測當事人的情緒及生活情形。

訓練角色及持續專業發展

有許多管道可以進行諮商訓練。諮商實務的範疇非常廣泛且多元，因為不同方案有不同的訓練模式及學習經驗。其中，最常見的訓練方案是每個人要接受大約二十至三十小時的導向課程，這些課程涵蓋護理、醫藥及教育等專業

訓練。接下來是進階課程，課程時數提高至一百至一百五十小時，為期一年；這類課程可以取得認證證書。這些課程內容也適用於各種行業的嵌入式諮商人員，本書可以作為這類支持性諮商工作者資格認證之初階訓練課程的教材，有許多工作領域的諮商從業人員都是接受這種導向課程及等級認證。受過這些階段的課程訓練，學員得以進入專業的訓練課程，並經認證成為獨當一面的諮商師，這方面的課程通常需花四百小時、兩年或更多的時間，之後取得第一級證書、學歷證明或碩士學位。最後，取得證書或學歷證明的從業人員通常每年至少再進修三次，以延續專業的成長。

所有的訓練經驗必須涵蓋下列四項學習重點：

- 實務架構（即理論、模式或研究）。
- 實務經驗，包括實際接觸案主及需要諮商服務的人，或和諮商師及案主等角色有關的課程。
- 個人化議題及焦點話題的省思。
- 探討專業議題，諸如避免傷害、協商共識、保密及在不同的組織工作。

若要兼顧上述重點，取決於課程目標及其時間的付出，在訓練開始前要先決定課程設計是否已納入這些重點。舉例來說，就諮商而言，遠距學習課程的效果是較有限的，因為有意義的諮商實務工作需要面對面的接觸，就如同個人的反應是來自於他人的回饋。遠距學習——如線上學習——有助於理論學習和研究探討，但就諮商專業的考量，必須要包含面對面接觸等多元的課程才會較有效用。

對大多數參與諮商課程的人來說，長期和其他學習者以小團體方式持續充實工作經驗，是有助於提升他們學習成效的方法。所有諮商課程的相關議題（助人關係為何？如何學習以改變行為？和我的角色有關之個人、倫理及專業範圍為何？）都和群體關係所涵蓋的議題一樣；找出這些實際存在但卻難以證實的議題是非常重要的。當面對這些有挑戰性的議題時，如果能經由團體工作的方式來進行，就可以收得事半功倍的效果。因此，在選擇課程時，必須要去注意課程的結構是否適合團體工作。舉例來說，許多專業訓練工作坊在宣傳時，聲稱他們的工作坊是由知名的諮商及心理治療專家來主持訓練，然而，這

類工作坊通常較偏於訓示指導，課程內容大多是演講及示範，較少或甚至沒有時間讓參與者更進一步了解彼此。這種工作坊雖然有趣且充滿了刺激，但卻無法讓參與者將個人所學應用於類似的情境中。

最後，諮商課程若以既定的角度來授課，就不太可能有恆久的價值。堅持既定的教條會讓從業人員的實務風格局限於人去配合理論，而非將理論依不同的當事人做不同程度的運用。Thomas Skovholt 及他的同事主持一項有關優秀諮商師的大規模研究調查，研究發現優秀諮商師有兩項主要的特點：開放的學習態度及持續對人感到興趣（Jennings & Skovholt, 1999; Ronnestad & Skovholt, 2001; Skovholt & Jennings, 2004）。儘管研究中有些受訪的「碩士層

統整運用── 在機構中做好諮商工作

　　處在忙碌的健康照護中心，執業人員必須面對許多角色及壓力，因此要維持對案主提供高品質諮商服務是非常困難的。Stein 等人（2005）的研究指出，美國最大的健康照護服務公司 Kaiser Permanente 有一項發展計畫，其目的在於找出醫師的文化敏銳度，以有效率地處理病患情緒上及醫療上的需求。這個計畫已實施十七年，計畫內容包含專業訓練工作坊讓醫師較能接納並滿足病患的需求、實施滿意度調查來檢測從業人員的溝通技巧、「溝通顧問團」的成立──挑選人際技巧優異的醫師及心理師，對其他同事扮演督導與教導的角色。這個計畫有一項創新的特色，它採用一句好記且能掌握 Kaiser Permanente 策略精髓的句子：「四種慣性模式」。從業人員接受人際關係能力的訓練，此一訓練包含四種與病患良好互動的方式：起始的投入、導引出病患的觀點、展現同理心、結案的用心。這四種慣性模式統整了諮商技巧的不同面向，適用於特定機構的主治醫師角色。它也能讓身處不同醫療機構的醫師們都能立即了解，且能運用、討論及直接反應在實務過程中。它更以簡明扼要的文字解釋專業用語是什麼，並代替醫師發出批評之聲，認為有些議題根本是「情緒性地」不合常理。

　　Stein 等人的文獻，對 Kaiser Permanente 受人矚目的發展計畫及其策略，提出更詳細的說明，如創造成功、加入資深經理的支持、有關人際技巧對健康的影響要有研究證據才能說服頑固的醫師、醫師加薪與病患滿意度的相關度等。

級治療師」表示，他們大多以特定的理論模式來工作，但他們對這些理論模式的觀點也有質疑，並想要進一步學習其他的理論學派。這項調查的研究發現與 Donald Polkinghorne（1992）對資深諮商師所做的研究結果一致。這些研究顯示，諮商訓練計畫有兩種普遍的影響：好的訓練計畫會引起批評，被質疑的議題也會從不同的觀點來探討；此外，衡量訓練計畫的價值，可從它是否未來具有終身學習的可能性來評估，即使在結訓後，好的訓練計畫仍會讓學習者本身產生自發性的學習動機。

避免工作崩焦

諮商實務是很有壓力的，與諮商師壓力顯著相關的因素包括：

- 一般來說，諮商師工作對象的數量（亦即求助人數的多寡）高於其能使用的資源，以及長時間的工作和訪客都會造成壓力。
- 很多時候，諮商對於當事人的正向影響及最後所產生的助益較難顯現。舉例來說，當事人結束諮商後，他可能不會再出現，諮商師自然無從得知他轉變的好消息。
- 有些人會在諮商時訴說許多恐怖和悲傷的故事，或訴說那些被痛苦情緒折磨的生活。諮商師涉入這些經驗，對其心情難免會有衝擊。
- 大多數的諮商活動都是以一對一的方式進行並須加以保密，使得諮商師感到孤立無援，這種感受（「我必須對當事人發生的事負責」）也有別於其他行業的工作。

上述每一項壓力來源都是重要而且息息相關的，諮商情況不同，壓力來源也不同。舉例來說，機構的員工處理受虐的女性當事人會感受到較嚴重的痛苦情緒，但可以透過同事強而有力的支持來紓解它。相反地，病房內的護士雖然遇到受虐病患的機會不多，但卻需要面對繁重的工作量、時間壓力，以及缺少來自同事情感的支持。

諮商工作人員經常出現兩種形式的壓力。一種是所謂的「工作崩焦」（burnout）（Maslach & Leiter, 1997; Leiter & Maslach, 2005）。這種心力交瘁

的學理係發展自心理學家 Christina Maslach，她曾探討工作崩焦對「助人」工作者或醫療專業人員的影響。Maslach 認為從事助人專業的工作者需要熱情。長期工作的情緒壓力會導致助人的熱情逐漸消失，就像個人的能量或動機都已耗盡般。「工作崩焦」的主要症狀有：情感方面的倦怠感、面對案主的疏離感、視案主為一個物件或案件而非一個人，以及理想破滅或缺少成就感（「這根本是在浪費時間……這個工作我做了十年但卻沒什麼改變」）。工作崩焦的諮商師將會草草了事、沒有能力與他人共事。這種心理狀態也間接顯露其個人生活及人際關係出現了問題。工作崩焦是日積月累的一種壓力形式，他雖可以照顧他人卻無法照顧自己。

　　另一種壓力是間接受創（secondary traumatization），通常發生在諮商工作人員的身上，是當諮商師提供曾受過創傷的人諮商服務時所產生的（Morrissette, 2004）。當事人過去經歷恐怖事件，例如受虐、天然災害、戰爭……，心理影像會揮之不去且大量湧現，由於它們過於恐怖所以無法立即消退於記憶中。這些影像會被迫重複出現在腦海，導致個人認知過程會出現混亂並將它與正常的世界互相混淆。對諮商師來說，當事人在諮商過程談論這些恐怖事件時，這些事件的影像及如親身經歷般的恐懼將會過於沉重，使得諮商師身歷其境，感覺他也是現場的目擊者，諮商師發現他自己無法將當事人說過的話忘記，隨之產生 Janoff-Bulman（1992）所謂的「認知幻滅」（shattered assumptions）──意指當一個人經歷了在他的認知中絕不會發生的事情後，他對這個世界是安全的信念、所有人都是好人的基本假設將會破滅。當諮商師與這樣的人長久相處時，他就會受到對方這種對人缺乏基本信任，以及其故事經歷會衝擊、威脅這個安全美好世界的影響。因此，諮商工作另一種危機就是「間接受創」，起因於對人缺乏信任、不斷回想殘忍圖像及對於各種隱藏威脅都有高度的敏感性。

　　有許多針對諮商工作壓力的來源及諮商師如何從壓力中復原等研究，其研究發現並不一致且難以解釋，無法形成綜合性的研究結論。事實上，諮商師承受壓力的過程似乎是微妙且難以觀測的。有些諮商工作人員認為自己擁有較佳的自我覺察與處理壓力的能力。或許這是事實，的確有許多諮商師本身具備有效能的自我關注能力，但也可能是諮商師不想被人發現他的問題及弱點，想要維持其專業形象。諮商師有許多策略能幫助自己隱藏工作崩焦，譬如與求助者

保持距離、有長遠的目標、全神貫注於專業、退下第一線工作，或是專注於督導、訓練及行政工作等。大多數工作崩焦的諮商師發現自己無法繼續工作，而且身陷於生活危機、倦怠、缺乏休息時間及重新評估個人目標等狀況裡。但有些諮商從業人員則從所遭遇的危機中學到新的體悟，變得更為堅強、更有毅力地重回職場工作。

目前探討諮商壓力的研究調查都來自於專業諮商師及心理治療師的經驗，各行各業嵌入式諮商人員的壓力研究報告卻很少見。一般來說，護士、教師、社會工作者及其他領域的諮商從業人員都是高壓力的工作族群，他們面對案主或病患的諮商需求必須隨時做出反應，這等於是更高的壓力。從另一個角度來看，至少在這些領域的某些從業人員認為，諮商角色提供他們某種工作上的平衡與意義，也因此成為其他壓力的緩衝區。

本節討論的壓力及工作崩焦都是聚焦於諮商師的工作。但不容忽視的是，諮商師的壓力也會影響求助者，於是當事人求助心力交瘁的諮商師且付出時間與之相處後，往往不能達成諮商的目的。在急診室內工作、身心疲憊的護士，或許仍舊可以按照標準作業程序在可接受的誤差範圍內，測量記錄病患的血壓並為其打針注射；相反地，一位疲累的諮商師卻只能以最少的精力來應付眼前的諮商關係。

諮商師的個人治療

專業諮商師及心理治療師在其職涯歷程中，大多數的時間都在進行一個或多個治療工作。對治療從業人員而言，這是一種親身經歷的「個人治療」（personal therapy）。社會大眾接受心理治療（諮商師或心理治療師）乃是期待能解決他們的生活難題；但如果是諮商師接受他人的心理治療，除了能解決其問題之外，還能學習到其他諮商方面的專業知識。因身為案主最能了解諮商歷程如何運作（或有何運作阻礙），當他坐在案主的椅子上時，就能看清楚諮商師到底在做些什麼事，並且了解諮商師在療程中說了什麼或做了什麼，案主會有什麼反應。Geller 等人（2005）詳細探討個人治療對諮商從業人員專業發展的影響，這本書也收錄了許多知名諮商師親身接受個人治療的有趣內

容，Clara Hill 就是其中的一位，她在諮商技巧及諮商研究等領域都是頂尖的學者。

運用研究及調查

　　在現代工業社會中，思想及科技日新月異，知識及資訊會隨著最新的研究時時更新，因此勝任的從業人員必須讓自己隨時保持在準備接收新知的狀態裡。以實務為導向的研究更是一種持續性的研究；大多數理論導向或政策導向的學術研究都來自於各大學的全職研究人員，也有一些小型的學術研究是由從業人員所發表的。對於持續性的實務研究而言，重點在於知識的統整應用，研究是個人主動參與解決複雜問題的歷程。從另一方面來說，研究報告就像是大眾化的產品，完備的研究報告會刊載於專業期刊中供人瀏覽，而經過消化吸收的研究知識便會寫入教科書裡。

　　在諮商業界，大多數的從業人員都承認自己對新的研究調查沒有太多興趣，他們認為研究報告是一種無聊、難以理解、不合邏輯且過於抽象或過於理論性的產品（Morrow-Bradley & Elliott, 1986），他們較常透過向同儕或督導人員諮詢、參加實務訓練工作坊及從案主身上等方式來學習，而非閱讀報告或進行研究。像護理或藥學這類以研究為依據的專業，其諮商從業人員也會訝異為何理論與實務有那麼大的落差。我們也要承認，諮商領域的研究的確比較少，而人體健康方面的學術研究相對較多。事實上，許多影響醫療的因素都可以更精細地分類（如藥物、某項手術程序等），這也說明了有些研究結論較能應用在某些行業的實務工作裡；但諮商領域研究對象是整體的人，其學術研究的理論知識未必能完全區分並隨時應用於日常生活中。

　　有許多探討嵌入式諮商技巧之過程及其結果的研究。Hill（2001）曾採用不同的研究方法來探討各項諮商技巧的使用情境。目前也有許多評量諮商從業人員諮商技巧運用能力的知覺調查表（Hill & Kellems, 2002; Lent et al., 2003），以及探討求助者對諮商從業人員諮商工作品質的感受（Mercer et al., 2004, 2005）。有些學術研究將諮商從業人員及求助者之間，互動關係過程中的個人化議題一一記錄，並從案例中分析其諮商能力，包括口語技巧的使用

（見 Gallacher et al., 2001; Karhila et al., 2003; Kettunen et al., 2003）。本書多次引述的學術研究，大多來自於求助者和諮商從業人員實務經驗的訪談內容。有個創新的研究，是將一位假病患送到醫院診療室暗中評估諮商師的諮商技巧（Glowa et al., 2002）。未來若欲進行嵌入式諮商角色使用諮商技巧的研究就不怕沒方法了。此外，有些學術研究的目的在於評估諮商技巧的訓練成效。目前缺少的是嵌入式諮商角色的深度研究，許多專業期刊鼓勵研究人員從事這方面議題的相關研究，而且將各種調查研究的結果加以統整，進而編寫諮商實務工作手冊，因為現有的嵌入式諮商角色的研究結果相當分歧，且難以運用在實務操作中。雖然有上述研究困難，但各醫療、教育、神職及刑事司法等領域的人員仍然必須加強相關的研究合作，以期對各領域的實務工作有所幫助。

　　研究與調查的運用正是一種旁觀實務、進行建設性及批判性反思的寶貴方法。它也是一種學習全球各地同業所發展出來的觀念與做法的好方式，讓實務工作日新又新、精益求精。

結論

　　在本書最後一章，我們談論了許多讀者常見的主題——訓練、督導及發展一套面對壓力和工作崩焦的策略，這些主題的重要性自不在話下。本章主要在介紹相關領域諮商實務的重要內容：在某些情況下，若想要一個人敞開心胸聆聽他人的不幸遭遇，就必須先受過專業訓練及輔助。有兩個重要的實務概念散見於本書及本章裡。其一為工匠說（craftsmanship）；無論是頂級的個人工作室或大都會忙碌的醫療診所，好的諮商師的功能就像工匠，其工作成就感來自於充分利用現有的資源，以及受到客戶和工作夥伴的重視。工匠的重要理念是要全心全意地處理現有的個案工作，隨著長時間的累積，技術自然愈來愈熟練，在職場上也就容易獲得成就感。另一個重要的實務概念是資源論（resourcefulness），（本書重點都）在於當事人日常生活遭遇難題時缺少解決問題的資源支援，亦即求助者沒有足夠的資源來處理他們目前所遭遇的困境。這樣的分析也適用於諮商師角色，任何人都可以成為他人的諮商師——因諮商師和他人一樣都會遭遇困難、解決問題與改變行為。長期而言，若想要擴展諮

商服務的範圍，就必須取得更多能幫助他人的資源及參考資訊。我們期許這本書可以引導讀者「資源運用」，思考並嘗試眾多存在於我們現有文化中的諮商資源。

省思與討論的問題

1. 想想看你的專業工作內容。有哪些知識影響了你的諮商角色？你如何將這些不同的知識統整在你的實務工作中——你使用什麼策略？這些不同的知識有哪些是矛盾衝突的？

2. 回想一下你個人接受照顧的經驗。有哪位從業人員能夠覺察你的感受和個人經驗，以及做出 （或未能做出） 適當且富有同理心的反應？接受諮商時，你曾受到什麼衝擊？哪些組織因素會支持或埋沒了諮商從業人員的努力呢？

3. 重新回想這本書的內容。有哪些問題曾經出現在你的諮商情境中？在你工作的情境中或你所協助的對象裡，對於如何善用諮商，你有過什麼樣的問題？你曾使用過哪些諮商技巧？哪些人曾向你求助過？當下心中又會有何疑問？在哪些方面，研究報告會反映對你的工作結果所造成的影響？可以的話，請進入資料庫尋找與你工作角色相關的諮商研究。如果找不到合宜的研究報告，你又會想為自己做哪些方面的研究（在理想的狀況，有充足的時間及幫助） ——你的研究問題會是什麼？你又會使用何種方法來尋求答案呢？

建議閱讀的書籍

Skovholt 和 Jennings 曾寫了一本探討「做好工作」的好書，儘管本書內容訪談自專業的心理治療師而非嵌入式諮商角色的從業人員，但它仍適用於嵌入式諮商情境：

Skovholt, T. M. and Jennings, L. (2004) *Master Therapists: Exploring Expertise in Therapy and Counseling*. New York: Allyn & Bacon.

其他對訓練或學習有關發展諮商技巧等議題有興趣的讀者，也請參閱下列書籍：

Mearns, D. (1997) *Person-centred Counselling Training*. London: Sage.

Mearns, D. and Cooper, M. (2005) *Working at Relational Depth in Counselling and Psychotherapy*. London: Sage, ch. 8.

有關諮商督導方面的書籍，有兩本被廣泛使用的書是：

Hawkins, P. and Shohet, R. (2000) *Supervision in the Helping Professions*, 2nd edn. Buckingham: Open University Press.

Page, S. and Wosket, V. (2001) *Supervising the Counsellor: A Cyclical Model*, 2nd edn. Hove, Sussex: Brunner-Routledge.

References
參考文獻

Aldridge, S. and Rigby, S. (eds) (2001) *Counselling Skills in Context*. London: Hodder & Stoughton.

Angus, L. and McLeod, J. (eds) (2004) *The Handbook of Narrative and Psychotherapy: Practice, Theory and Research*. Thousand Oaks, CA: Sage.

Angus, L. E. and Rennie, D. L. (1988) Therapist participation in metaphor generation: collaborative and noncollaborative styles. *Psychotherapy*, 25: 552–60.

Angus, L. E. and Rennie, D. L. (1989) Envisioning the representational world: the client's experience of metaphoric expressiveness in psychotherapy. *Psychotherapy*, 26: 373–9.

Argyle, M. and Kendon, A. (1967) The experimental analysis of social performance. In L. Berkowitz (ed.) *Advances in Experimental Social Psychology*, Vol. 3. New York: Academic Press.

Baker, R. (2003) *Understanding Panic Attacks and Overcoming Fear*. London: Lion Hudson.

Baker, S. B., Daniels, T. G. and Greeley, A. T. (1990) Systematic training of graduate level counselors: narrative and meta-analytic reviews of three programmes. *Counseling Psychologist*, 18: 355–421.

Barker, P. and Buchanan-Barker, P. (2005) *The Tidal Model: A Guide for Mental Health Professionals*. London: Brunner-Routledge.

Barkham, M. (1989) Brief prescriptive therapy in two-plus-one sessions: initial cases from the clinic. *Behavioural Psychotherapy*, 17: 161–75.

Barkham, M. and Shapiro, D. A. (1989) Towards resolving the problem of waiting lists: psychotherapy in two-plus-one sessions. *Clinical Psychology Forum*, 23: 15–18.

Barkham, M. and Shapiro, D. A. (1990) Exploratory therapy in two-plus-one sessions: a research model for studying the process of change. In G. Lietaer, J. Rombauts and R. van Balen (eds) *Client-centered and Experiential Psychotherapy in the Nineties*. Leuven: Leuven University Press.

Barrett-Lennard, G. (1981) The empathy cycle – refinement of a nuclear concept. *Journal of Counseling Psychology*, 28: 91–100.

Barrett-Lennard, G. (1993) The phases and focus of empathy. *British Journal of Medical Psychology*, 66: 3–14.

Barrett-Lennard, G. (1998) *Carl Rogers' Helping System: Journey and Substance*. London: Sage.

Bauman, Z. (2004) *Wasted Lives: Modernity and its Outcasts*. London: Polity Press.

Bedi, R. P., Davis, M. D. and Williams, M. (2005) Critical incidents in the formation of the therapeutic alliance from the client's perspective. *Psychotherapy: Theory, Research, Practice, Training*, 41: 311–23.

Benjamin, L. S. (1987) The use of Structural Analysis of Social Behavior (SASB) to guide intervention in psychotherapy. In J. C. Anchin and D. J. Kiesler (eds) *Handbook of Interpersonal Psychotherapy*. New York: Pergamon.

Berman, L. (1993) *Beyond the Smile: The Therapeutic Use of the Photograph*. London: Routledge.

Berne, E. (1964) *Games People Play: The Psychology of Human Relationships*. Harmondsworth: Penguin.

Birtchnell, J. (1999) *Relating in Psychotherapy: The Application of a New Theory*. London: Brunner-Routledge.

Bohart, A. C. (2000) The client is the most important common factor: clients self-healing capacities and psychotherapy. *Journal of Psychotherapy Integration*, 10: 127–48.

Bohart, A. C. (2006) The active client. In J. C. Norcross, L. E. Beutler and R. F. Levant (eds) *Evidence-based Practices in Mental Health: Debate and Dialogue on the Fundamental Questions*. Washington, DC: American Psychological Association.

Bohart, A. C. and Tallman, K. (1996) The active client: therapy as self-help. *Journal of Humanistic Psychology*, 3: 7–30.

Bohart, A. C. and Tallman, K. (1999) *How Clients Make Therapy Work: The Process of Active Self-healing*. Washington, DC: American Psychological Association.

Bolger, E. (1999) Grounded theory analysis of emotional pain. *Psychotherapy Research*, 9: 342–62.

Bond, T. (1989) Towards defining the role of counselling skills. *Counselling*, 69: 24–6.

Bond, T. (2000) *Standards and Ethics for Counselling in Action*, 2nd edn. London: Sage

Bordin, E. S. (1979) The generalizability of the psychoanalytic concept of the working alliance. *Psychotherapy: Theory, Research and Practice*, 16: 252–60.

Boukydis, K. M. (1984) Changes: peer counselling supportive communities as a model for community mental health. In D. Larson (ed.) *Teaching Psychological Skills: Models for Giving Psychology Away*. Monterey, CA: Brooks/Cole.

Branch, W. T. and Malik, T. K. (1993) Using 'windows of opportunities' in brief interviews to understand patients' concerns. *Journal of the American Medical Association*, 269: 1667–8.

Brown, L. S. (2005) Feminist therapy with therapists: egalitarian and more. In Geller, J. D., Norcross, J. C. and Orlinsky, D. E. (eds) *The Psychotherapist's Own Psychotherapy: Patient and Clinician Perspectives*. New York: Oxford University Press.

Bylund, C. L. and Makoul, G. (2002) Empathic communication and gender in the physician–patient encounter. *Patient Education and Counseling*, 48: 207–16.

Cameron, D. (2004) Communication culture: issues for health and social care. In M. Robb, S. Barrett, C. Komaromy and A. Rogers (eds) *Communication, Relationships and Care: A Reader*. London: Routledge.

Cardemil, E. V. and Battle, C. L. (2003) Guess who's coming to therapy? Getting comfortable with conversations about race and ethnicity in psychotherapy. *Professional Psychology: Research and Practice*, 34: 278–86.

Carkhuff, R. R. (1969a) *Helping and Human Relations. Vol. 1: Selection and Training*. New York: Holt, Rinehart & Winston.

Carkhuff, R. R. (1969b) *Helping and Human Relations. Vol. 2: Practice and Research*. New York: Holt, Rinehart & Winston.

Carrell, S. E. (2001) *The Therapist's Toolbox*. Thousand Oaks, CA: Sage.

Cash, R. W. (1984) The Human Resources Development model. In D. Larson (ed.) *Teaching Psychological Skills: Models for Giving Psychology Away*. Monterey, CA: Brooks/Cole.

Christopher, J. C. (1996) Counseling's inescapable moral visions. *Journal of Counseling and Development*, 75: 17–25.

Cooper, M. (2003) *Existential Therapies*. London: Sage.

Cooper, M. (2005) Young people's perceptions of helpful aspects of therapy: a pluralistic model of therapeutic change. Paper presented to the Conference of the European Society for Psychotherapy Research, Lausanne, Switzerland, March.

Cornell, A. W. (1996) *The Power of Focusing: Finding your Inner Voice*. New York: New Harbinger Publications.

Cowen, E. L. (1982) Help is where you find it: four informal helping groups. *American Psychologist*, 37: 385–95.

Cowen, E. L., Gesten, E. L., Boike, M., Norton, P., Wilson, A. B. and DeStefano, M. A. (1979) Hairdressers as caregivers: a descriptive profile of interpersonal help-giving involvements. *American Journal of Community Psychology*, 7: 633–48.

Czogalik, D. and Russell, R. L. (1994) Key processes of client participation in psychotherapy: chronography and narration. *Psychotherapy: Theory, Research, Practice and Training*, 31: 170–82.

Dickson, W. J. and Roethlisberger, F. J. (1966) *Counseling in an Organization: A Sequel to the Hawthorne Researches*. Boston, MA: Graduate School of Business Administration, Harvard University.

Dienemann, J., Campbell, J., Landenburger, K. and Curry, M. A. (2002) The domestic violence survivor assessment: a tool for counseling women in intimate partner violence relationships. *Patient Education and Counseling*, 46: 221–8.

Egan, G. (2004) *The Skilled Helper: A Problem Management and Opportunity Development Approach to Helping*. Belmont, CA: Wadsworth.

Eide, H., Frankel, R., Haaversen, C., Vaupel, K., Graugard, P. and Finset, A. (2004) Listening for feelings: identifying and coding empathic and potential empathic opportunities in medical dialogues. *Patient Education and Counseling*, 54: 291–7.

Engebretson, J. (2000) Caring presence: a case study. *International Journal for Human Caring*, 4: 211–23.

Etherington, K. (ed.) (2001) *Counsellors in Health Settings*. London: Jessica Kingsley.

Feltham, C. (1995) *What is Counselling?* London: Sage.

Fineman, S. (1993) Organizations as emotional arenas. In S. Fineman (ed.) *Emotion in Organizations*. London: Sage.

Firestone, R. W. (1997a) *Combating Destructive Thought Processes: Voice Therapy and Separation Theory*. Thousand Oaks, CA: Sage

Firestone, R. W. (1997b) *Suicide and the Inner Voice: Risk Assessment, Treatment, and Case Management*. Thousand Oaks, CA: Sage

Frank, A. (1995) *The Wounded Storyteller: Body, Illness, and ethics*. Chicago: University of Chicago Press.

Frank, A. (1998) Just listening: narrative and deep illness. *Families, Systems and Health*, 16: 197–212.

Frank, A. (2000) Illness and autobiographical work: dialogue as narrative destabilization. *Qualitative Sociology*, 23: 135–56.

Gabriel, L. (2005) *Speaking the Unspeakable: The Ethics of Dual Relationships in Counselling and Psychotherapy*. London: Routledge.

Gallacher, T. J., Hartung, P. J. and Gregory, S. W., Jr (2001) Assessment of a measure of relational communication for doctor-patient interaction. *Patient Education and Counseling*, 45: 211–18.

Geller, J. D., Norcross, J. C. and Orlinsky, D. E. (2005) *The Psychotherapist's Own Psychotherapy: Patient and Clinician Perspectives*. New York: Oxford University Press.

Gendlin, E. T. (1984) The politics of giving therapy away: listening and focusing. In D. Larson (ed.) *Teaching Psychological Skills: Models for Giving Psychology Away*. Monterey, CA: Brooks/Cole.

Gendlin, E. T. (2003) *Focusing: How to Open up your Deeper Feelings and Intuition*. New York: Rider.

Gergen, K. J. (1990) Therapeutic professions and the diffusion of deficit. *Journal of Mind and Behavior*, 11: 353–68.

Giddens, A. (1991) *Modernity and Self-identity: Self and Society in the Late Modern Age*. Cambridge: Polity Press.

Glowa, P. T., Frasier, P. Y. and Newton, W. P. (2002) Increasing physician comfort level in screening and counseling patients for intimate partner violence: hands-on practice. *Patient Education and Counseling*, 46: 213–20.

Goleman, D. (2005) *Emotional Intelligence*. New York: Bantam Books.

Goodman, G. (1984) SAHSAtapes: expanding options for help-intended communication. In D. Larson (ed.) *Teaching Psychological Skills: Models for Giving Psychology Away*. Monterey, CA: Brooks/Cole.

Gordon, K. M. and Toukmanian, S. G. (2002) Is *how* it is said important? The association between quality of therapist response and client processing. *Counselling and Psychotherapy Research*, 2: 88–98.

Gordon, T. (1984) Three decades of democratising relationships through training. In D. Larson (ed.) *Teaching Psychological Skills: Models for Giving Psychology Away*. Monterey, CA: Brooks/Cole.

Goss, S. and Antony, K. (eds) (2003) *Technology in Counselling and Psychotherapy: A Practitioner's Guide*. London: Palgrave Macmillan.

Goulding, M. N. and Goulding, R. L. (1997) *Changing Lives through Redecision Therapy*, rev. edn. New York: Grove Press.

Grant, A., Mills, J., Mulhern, R. and Short, N. (2004) *Cognitive Behavioural Therapy in Mental Health Care*. London: Sage.

Grayson, A., Miller, H. and Clarke, D. (1998) Identifying barriers to help-seeking: a qualitative analysis of students' preparedness to seek help from tutors. *British Journal of Guidance and Counselling*, 26: 237–54.

Greenberg, L. S. (1992) Task analysis: identifying components of intrapersonal conflict resolution. In S.G. Toukmanian and D.L. Rennie (eds) *Psychotherapy Process Research: Paradigmatic and Narrative Approaches*. Thousand Oaks, CA: Sage.

Greenberg, L. S. (2001) *Emotion-focused Therapy: Coaching Clients to Work through their Feelings*. Washington, DC: American Psychological Association.

Greenberg, L. S. and Geller, S. (2001) Congruence and therapeutic presence. In G. Wyatt (ed.) *Rogers' Therapeutic Conditions: Evolution, Theory and Practice. Vol. 1: Congruence*. Ross-on-Wye: PCCS Books.

Greenberg, L. S., Rice, L. N. and Elliott, R. (1993) *Facilitating Emotional Change: The Moment-by-moment Process*. New York: Guilford Press.

Greenberger, D. and Padesky, C. A. (1995) *Mind over Mood: Change how you Feel by Changing the Way you Think*. New York: Guilford Press.

Greenhalgh, T. (2001) Narrative and patient choice. In A. Edwards and G. Elwyn (eds) *Evidence-based Patient Choice: Inevitable or Impossible?* Oxford: Oxford University Press.

Greenhalgh, T. and Hurwitz, B. (eds) (1998) *Narrative-based Medicine: Dialogue and Discourse in Clinical Practice*. London: BMJ Publications.

Grohol, J. M. (2004) *The Insider's Guide to Mental Health Resources Online*, 2nd edn. New York: Guilford Press.

Guerney, B. G., Jr (1984) Relationship enhancement therapy and training. In D. Larson (ed.) *Teaching Psychological Skills: Models for Giving Psychology Away*. Monterey, CA: Brooks/Cole.

Hall R. C. and Platt D. E. (1999) Suicide risk assessment: a review of risk factors for suicide in 100 patients who made severe suicide attempts. *Psychosomatics*, 40: 18–27.

Harré, R and Van Langenhove, L. (eds) (1999) *Positioning Theory*. Oxford: Blackwell.

Hart, N. (1996) The role of tutor in a college of higher education – a comparison of skills used by personal tutors and by student counsellors when working with students in distress. *British Journal of Guidance and Counselling*, 24: 83–96.

Havens, L. (1978) Explorations in the use of language in psychotherapy: simple empathic statements. *Psychiatry*, 41: 336–45.

Havens, L. (1979) Explorations in the use of language in psychotherapy: complex empathic statements. *Psychiatry*, 42: 40–8.

Hawkins, P. and Shohet, R. (2000) *Supervision in the Helping Professions*, 2nd edn. Buckingham: Open University Press.

Hill, C. E. (ed.) (2001) *Helping Skills: The Empirical Foundation*. Washington, DC: American Psychological Association.

Hill, C. E. (2004) *Helping Skills: Facilitating Exploration, Insight and Action*, 2nd edn. Washington, DC: American Psychological Association.

Hill, C. E. and Kellems, I. S. (2002) Development and use of the Helping Skills measure to assess client perceptions of the effects of training and of helping skills in session evaluation. *Journal of Counseling Psychology*, 49: 264–72.

Hochschild, A. (1983) *The Managed Heart: The Commercialization of Human Feeling*. Berkeley: University of California Press.

Hockey, J., Katz, J. and Small, N. (eds) (2001) *Grief, Mourning and Death Ritual*. Buckingham: Open University Press.

Hofstede, G. (2003) *Culture's Consequences: Comparing Values, Behaviors, Institutions, and Organizations across nations*, 2nd edn. Thousand Oaks, CA: Sage

Hofstede, G. J., Pedersen, P. B. and Hofstede, G. (2002) *Exploring Culture: Exercises, Stories and Synthetic Cultures*. Yarmouth, ME: Intercultural Press.

Honos-Webb, L. and Stiles, W. B. (1998) Reformulation of assimilation analysis in terms of voices. *Psychotherapy*, 35: 23–33.

Hopson, B. (1989) Life transitions and crises. In N. Niven (ed.) *Health Psychology*. Edinburgh: Churchill Livingstone.

Hopson, B. and Adams, J. (1976) Towards an understanding: defining some boundaries of transition dynamics. In J. Adams, J. Hayes and B. Hopson (eds) *Transition: Understanding and Managing Personal Change*. London: Martin Robertson.

Hubble, M. A., Duncan, B. C. and Miller, S. D. (eds) (1999) *The Heart and Soul of Change: What Works in Therapy*. Washington, DC: American Psychological Association.

Illich, I. (2001) *Medical Nemesis: The Expropriation of Health*, rev. edn. London: Marion Boyars.

Imber-Black, E. and Roberts, J. (1992) *Rituals for our Times: Celebrating Healing and Changing our Lives and Relationships*. New York: HarperCollins.

Ingham, C. (2000) *Panic Attacks: What they are, Why they Happen and What you can Do About Them*. Glasgow: HarperCollins.

Ivey, A. E. and Galvin, M. (1984) Microcounseling: a metamodel for counselling, therapy, business and medical interviews. In D. Larson (ed.) *Teaching Psychological Skills: Models for Giving Psychology Away*. Monterey, CA: Brooks/Cole.

Ivey, A. E. and Ivey, M. B. (1999) *Intentional Interviewing and Counseling: Facilitating Client Development in a Multicultural Society*, 4th edn. Pacific Grove, CA: Brooks/Cole.

Jacobs, M. (2005) *The Presenting Past*, 3rd edn. Buckingham: Open Universty Press.

James, R. and Gilliland, B. (2001) *Crisis Intervention Strategies*, 4th edn. Belmont, CA: Wadsworth.

Jamison, K. R. (1999) *Night Falls Fast: Understanding Suicide*. New York: Vintage.

Janoff-Bulman, R. (1992) *Shattered Assumptions: Towards a New Psychology of Trauma*. New York: Free Press.

Jennings, L. and Skovholt, T. M. (1999) The cognitive, emotional and relational characteristics of master therapists. *Journal of Counseling Psychology*, 48: 3–11.

Jevne, R. F., (1987) Creating stillpoints: beyond a rational approach to counselling cancer patients. *Journal of Psychosocial Oncology*, 5: 1–15.

Jevne, R. F., Nekolaichuk, C. L. and Williamson, F. H. A. (1998) A model for counselling cancer patients. *Canadian Journal of Counselling*, 32: 213–29.

Joseph D. I. (2000) The practical art of suicide assessment: a guide for mental health professionals and substance abuse counselors. *Journal of Clinical Psychiatry*, 61: 683–4.

Josselson, R. (1996) *The Space between Us: Exploring the Dimensions of Human Relationships*. Thousand Oaks, CA: Sage.

Kagan, N. (1984) Interpersonal process recall: basic methods and recent research. In D. Larson (ed.) *Teaching Psychological Skills: Models for Giving Psychology Away*. Monterey, CA: Brooks/Cole.

Kanel, K. (1999) *A Guide to Crisis Intervention*. Belmont, CA: Wadsworth.

Kanfer, F. H. and Goldtsen, A. P. (1991) *Helping People Change*, 4th edn. Needham Heights, MA: Allyn & Bacon.

Karhila, P., Kettunen, T., Poskiparta, M. and Liinatainen, L. (2003) Negotiation in Type 2 diabetes counseling: from problem recognition to mutual acceptance during lifestyle counselling. *Qualitative Health Research*, 13: 1205–24.

Kauffman, K. and New, C. (2004) *Co-counselling: The Theory and Practice of Re-evaluation Counselling*. London: Brunner-Routledge.

Kenny, D. T. (2004) Constructions of chronic pain in doctor–patient relationships: bridging the communication chasm. *Patient Education and Counseling*, 52: 297–305.

Kettunen, T., Poskiparta, M. and Karhila, P. (2003) Speech practices that facilitate patient participation in health counselling – a way to empowerment? *Health Education Journal*, 62: 326–40.

King, A. (2001) *Demystifying the Counselling Process: A Self-help Handbook for Counselors*. Needham Heights, MA: Allyn & Bacon.

Kinman, C. J. and Finck, P. (2004) Response-able practice: a language of gifts in the institutions of health care. In T. Strong and D. Pare (eds) *Furthering Talk: Advances in the Discursive Therapies*. New York: Kluwer.

Kirkwood, C. (2003) The persons-in-relation perspective: toward a philosophy for counselling in society. *Counselling and Psychotherapy Research*, 3: 186–95.

Kleinman, A. (1988) *The Illness Narratives: Suffering, Healing and the Human Condition*. New York: Basic Books.

L'Abate, L. (2004) *A Guide to Self-help Workbooks for Mental Health Clinicians and Researchers*. New York: Haworth.

Lago, C. and Thompson, J. (1996) *Race, Culture and Counselling*. Buckingham: Open University Press.

Lahad, M. (2000) *Creative Supervision: The Use of Expressive Arts Methods in Supervision and Self-supervision*. London: Jessica Kingsley.

Lakoff, G. and Johnson, M. (1980) *Metaphors we Live By*. Chicago: University of Chicago Press.

Lakoff, G. and Johnson, M. (1999) *Philosophy in the Flesh: The Embodied Mind and its Challenge to Western Thought*. New York: Basic Books.

Larson, D. (1984a) *Teaching Psychological Skills: Models for Giving Psychology Away*. Monterey, CA; Brooks/Cole.

Larson. D. (1984b) Giving psychology away: the skills paradigm. In D. Larson (ed.) *Teaching Psychological Skills: Models for Giving Psychology Away*. Monterey, CA: Brooks/Cole.

Lawton, B. and Feltham, C. (eds) (2000) *Taking Supervision Forward: Enquiries and Trends in Counselling and Psychotherapy*. London: Sage.

Lazarus, A. A. and Zur, O. (eds) (2002) *Dual Relationships in Psychotherapy*. New York: Springer.

Le Surf, A. and Lynch, G. (1999) Exploring young people's perceptions relevant to counselling: a qualitative study. *British Journal of Guidance and Counselling*, 27: 231–44.

Leiper, R. (2004) *The Psychodynamic Approach to Therapeutic Change*. London: Sage.

Leiter, M. P. and Maslach, C. (2005). *Banishing Burnout: Six Strategies for Improving your Relationship with Work*. San Francisco, CA: Jossey-Bass.

Lendrum, S. and Syme, G. (2004) *Gift of Tears: A Practical Approach to Loss and Bereavement in Counselling and Psychotherapy*, 2nd edn. London: Brunner-Routledge.

Lent, R. W., Hill, C. E. and Hoffman, M. A. (2003) Development and validation of the counselor activity self-efficacy scale. *Journal of Counseling Psychology*, 50: 97–108.

Linden, S. and Grut, J. (2002) *The Healing Fields: Working with Psychotherapy and Nature to Rebuild Shattered Lives*. London: Frances Lincoln.

MacCormack, T., Simonian, J., Lim, J., Remond, L, Roets, D., Dunn, S. and Butow, P. (2001) 'Someone who cares': a qualitative investigation of cancer patients' experiences of psychotherapy. *Psycho-Oncology*, 10: 52–65.

Mahrer, A. R., Gagnon, R., Fairweather, D. R., Boulet, D. B. and Herring, C. B. (1994) Client commitment and resolve to carry out postsession behaviors. *Journal of Counseling Psychology*, 41: 407–44.

Malchiodi, C. A. (ed.) (2004) *Expressive Therapies*. New York: Guilford Press.

Maslach, C. and Leiter, M. P. (1997). *The Truth about Burnout: How Organizations Cause Personal Stress and What to Do about It*. San Francisco, CA: Jossey-Bass.

McAdams, D. (2000) *The Person*, 3rd edn. New York: Harcourt.

McGoldrick, M. (1998) Belonging and liberation: finding a place called 'home'. In M. McGoldrick (ed.) *Re-visioning Family Therapy: Race, Culture and Gender in Clinical Practice*. New York: Guilford Press.

McLellan, J. (1991) Formal and informal counselling help: students' experiences. *British Journal of Guidance and Counselling*, 19: 149–58.

McLeod, J. (1990) The client's experience of counselling and psychotherapy: a review of the research literature. In D. Mearns and W. Dryden (eds) *Experiences of Counselling in Action*. London: Sage.

McLeod, J. (1997a) Listening to stories about health and illness: applying the lessons of narrative psychology. In I. Horton *et al.* (eds) *Counselling and Psychology for Health Professionals*. London: Sage.

McLeod, J. (1997b) *Narrative and Psychotherapy*. London: Sage.

McLeod, J. (1999) Counselling as a social process. *Counselling*, 10: 217–22.

McLeod, J. (2003) *An Introduction to Counselling*, 3rd edn. Buckingham: Open University Press.

McLeod, J. (2004a) The significance of narrative and storytelling in postpsychological counseling and psychotherapy. In A. Lieblich, D. McAdams and R. Josselson (eds) *Healing Plots: The Narrative Basis of Psychotherapy*. Washington, DC: American Psychological Association.

McLeod, J. (2004b) Social construction, narrative and psychotherapy. In L. Angus and J. McLeod (eds) *The Handbook of Narrative and Psychotherapy: Practice, Theory and Research*. Thousand Oaks, CA: Sage.

McLeod, J. (2005) Counseling and psychotherapy as cultural work. In L. T. Hoshmand (ed.) *Culture, Psychotherapy and Counseling: Critical and Integrative Perspectives*. Thousand Oaks, CA: Sage.

McMillan, D. W. (2006) *Emotion Rituals: A Resource for Therapists and Clients*. London: Routledge.

Mearns, D. (1997). *Person-centred Counselling Training*. London: Sage.

Mearns, D. and Cooper, M. (2005) *Working at Relational Depth in Counselling and Psychotherapy*. London: Sage.

Mearns, D. and Thorne, B. (1999) *Person-centred Counselling in Action*, 2nd edn. London: Sage.

Meichenbaum, D. (1994) *Treating Post-traumatic Stress Disorder: A Handbook and Practical Manual for Therapy*. Chichester: Wiley.

Mercer, S. W., Maxwell, M., Heaney, D. and Watt, G. C. M. (2004) The consultation and relational empathy (CARE) measure: development and preliminary validation and reliability of an empathy-based consultation process measure. *Family Practice*, 21: 699–705.

Mercer, S. W., McConnachie, A., Maxwell, M., Heaney, D. and Watt, G. C. M. (2005) Relevance and practical use of the consultation and relational empathy (CARE) measure in general practice. *Family Practice*, 22: 328–34.

Merry, T. (2002) *Learning and Being in Person-centred Counselling*, 2nd edn. Ross-on-Wye: PCCS Books.

Miller, G. (1969) Psychology as a means of promoting human welfare. *American Psychologist*, 24: 1063–75.

Miller, R. B. (2004) *Facing Human Suffering: Psychology and Psychotherapy as moral Engagement*. Washington, DC: American Psychological Association.

Miller, W. R. and Rollnick, S. (2002) *Motivational Interviewing: Preparing People for Change*, 2nd edn. New York: Guilford Press.

Milne, D. L. (1999) *Social Therapy: A Guide to Social Support Interventions for Mental Health Practitioners*. Chichester: Wiley.

Milne, D. L. and Mullin, M. (1987) Is a problem shared a problem shaved? An evaluation of hairdressers and social support. *British Journal of Clinical Psychology*, 26: 69–70.

Monk, G. and Sinclair, S. L. (2004) What's love got to do with it? Managing discursive positions and mediating conflict within a heterosexual love relationship. In T. Strong and D. Pare (eds) *Furthering Talk: Advances in the Discursive Therapies*. New York: Kluwer.

Morgan, A. (2001) *What is Narrative Therapy? An Easy-to-read Introduction*. Adelaide: Dulwich Centre.

Morrissette, P. J. (2004) *The Pain of Helping: Psychological Injury of Helping Professionals*. London: Routledge.

Morrow-Bradley, C. and Elliott, R. (1986) Utilization of psychotherapy research by practicing psychotherapists. *American Psychologist*, 41: 188–97.

Neenan, M. and Dryden, W. (2005) *Cognitive Therapy in a Nutshell*. London: Sage.

Neimeyer, R. A., Fortner, B. and Melby, D. (2001) Personal and professional factors and suicide intervention skills. *Suicide and Life-threatening Behavior*, 31: 71–82.

Newman, C. F. (2000) Hypotheticals in cognitive psychotherapy: creative questions, novel answers, and therapeutic change. *Journal of Cognitive Psychotherapy*, 14: 135–47.

Newnes, C., Holmes, G. and Dunn, C. (eds) (1999) *This is Madness: A Critical Look at Psychiatry and the Future of Mental Health Services*. Ross-on-Wye: PCCS Books.

Newnes, C., Holmes, G. and Dunn, C. (eds) (2000) *This is Madness Too: A Further Look at Psychiatry and the Future of Mental Health Services*. Ross-on-Wye: PCCS Books.

Norcross, J. C., Santrock, J. W., Campbell, L. F., Smith, T. P., Sommer, R. and Zuckerman, E. L. (2003) *Authoritative Guide to Self-help Resources in Mental Health*, rev. edn. New York: Guilford Press.

Oatley, K. and Jenkins, J. M. (1996) *Understanding Emotions*. Oxford: Blackwell.

O'Connell, B. (1998) *Solution-focused Therapy*. London: Sage.

Orford, J. (1992) *Community Psychology: Theory and Practice*. Chichester: Wiley.

Page, S. and Wosket, V. (2001) *Supervising the Counsellor: A Cyclical Model*, 2nd edn. Hove, Sussex: Brunner-Routledge.

Palmer, S. (ed.) (2001) *Multicultural Counselling: A Reader*. London: Sage.

Palmer S. (2002) Suicide reduction and prevention. *British Journal of Guidance and Counselling*, 30: 341–52.

Pedersen, P. (2000) *A Handbook for Developing Multicultural Awareness*, 3rd edn. Alexandria, VA: American Counseling Association.

Pennebaker, J. W. (1997) *Opening Up: The Healing Power of Expressing Emotions*, rev edn. New York: Guilford Press.

Peters, H. (1999) Pre-therapy: a client-centered/experiential approach to mentally handicapped people. *Journal of Humanistic Psychology*, 39: 8–29.

Pilnick, A. (2003) 'Patient counselling' by pharmacists: four approaches to the delivery of counselling sequences and their interactional reception. *Social Science and Medicine*, 56: 835–49.

Polkinghorne, D. E. (1992) Postmodern epistemology of practice. In S. Kvale (ed.) *Psychology and Postmodernism*. London: Sage.

Pope, K. S. (1991) Dual relationships in psychotherapy. *Ethics and Behavior*, 1: 21–34.

Prilleltensky, I. and Nelson, G. B. (2005) *Community Psychology: In Pursuit of Liberation and Well-being*. Basingstoke: Palgrave Macmillan.

Prochaska, J. O. and DiClemente, C. C. (2005) The transtheoretical approach. In J. C. Norcross and M. R. Goldfried (eds) *Handbook of Psychotherapy Integration*, 2nd edn. New York: Oxford University Press.

Prochaska, J. O., Norcross, J. C. and DiClemente, C. C. (1994) *Changing for Good*. New York: William Morrow.

Prouty, G. (2000) Pre-therapy and the pre-expressive self. In T. Merry (ed.) *The BAPCA Reader*. Hay-on-Wye: PCCS Books.

Prouty, G., Van Werde, D. and Portner, M. (2002) *Pre-therapy: Reaching Contact-impaired Clients*. Hay-on-Wye: PCCS Books.

Purton, C. (2005) *Person-centred Therapy: A Focusing-oriented Approach*. London: Sage.

Reeves, A., Bowl, R., Wheeler, S. and Guthrie, E. (2004) The hardest words: exploring the dialogue of suicide in the counselling process – a discourse analysis. *Counselling and Psychotherapy Research*, 4: 62–71.

Reid, M. (ed.) (2004) *Counselling in Different Settings: The Reality of Practice*. London: Palgrave.

Rennie, D. L. (1994) Clients' deference in psychotherapy. *Journal of Counseling Psychology*, 41: 427–37.

Rennie, D. L. (1998) *Person-centred Counselling: An Experiential Approach*. London: Sage.

Rodriguez, M. A., Quiroga, S. S. and Bauer, H. H. (1996) Breaking the silence: battered women's perspectives on medical care. *Archives of Family Medicine*, 5: 153–8.

Rogers, C. R. (1961) *On Becoming a Person*. London: Constable.

Rogers, N. (2000) *The Creative Connection: Expressive Arts as Healing*. Ross-on-Wye: PCCS Books.

Romme, M. and Escher, S. (2000) *Making Sense of Voices: A Guide for Mental Health Professionals Working with Voice Hearers*. London: Mind Publications.

Ronan, K. R. and Kazantis, N. (2006) The use of between-session (homework) activities in psycho-therapy. *Journal of Psychotherapy Integration*, 16: 254–9.

Ronnestad, M. H. and Skovholt, T. M. (2001) Learning arena for professional development: retrospective accounts of senior psychotherapists. *Professional Psychology: Research and Practice*, 32: 181–7.

Russell, R. L. (2004) Curative factors in underlying structures of therapeutic discourse: toward a discourse analysis of common factors. Paper presented at the Society for Psychotherapy Research International Conference, Rome, June 2004.

Sabat, S. R. (2001) *The Experience of Alzheimer's Disease: Life Through a Tangled Veil*. Oxford: Blackwell.

Safran, J. D. (1993) Breaches in the therapeutic alliance: an arena for negotiating authentic relatedness. *Psychotherapy*, 30: 11–24.

Safran, J. D. and Muran, J. C. (2000) Resolving therapeutic alliance ruptures: diversity and inte-gration. *In Session: Psychotherapy in Practice*, 56: 233–43.

Scheel, M. J., Seaman, S., Roach, K., Mullin, T. and Mahoney, K. B. (1999) Client implementation of therapist recommendations predicted by client perception of fit, difficulty of implementa-tion, and therapist influence. *Journal of Counseling Psychology*, 46: 308–16.

Scheel, M. J., Hanson, W. E. and Razzhavaikina, T. I. (2004) The process of recommending home-work in psychotherapy: a review of therapist delivery methods, client acceptability, and factors that affect compliance. *Psychotherapy: Theory, Research, Practice, Training*, 41: 38–55.

Schoenberg, M. and Shiloh, S. (2002) Hospitalized patients' views on in-ward psychological counseling. *Patient Education and Counseling*, 48: 123–9.

Schut, H. A., Stroebe, M. S., Van den Bout, J. and de Keijser, J. (1997) Interventions for the bereaved: gender differences in the efficacy of two counselling programmes. *British Journal of Clinical Psychology*, 36: 63–72.

Schut, M. and Stroebe, M. (2005) Interventions to enhance adaptation to bereavement. *Journal of Palliative Medicine*, 8: 140–7.

Scott, M. J. and Stradling, S. G. (2006) *Counselling for Post-traumatic Stress Disorder*, 3rd edn. London: Sage.

Seiser, L. and Wastell, C. (2002) *Interventions and Techniques*. Buckingham: Open University Press.

Sennett, R. (1998) *Corrosion of Character: The Personal Consequences of Work in the New Capitalism*. New York: Norton.

Shoaib, K. and Peel, J. (2003) Kashmiri women's perceptions of their emotional and psychological needs, and access to counselling. *Counselling and Psychotherapy Research*, 3: 87–94.

Silove, D. and Manicavasagar, V. (1997) *Overcoming Panic: A Self-help Guide using Cognitive Behavioural Techniques*. London: Constable & Robinson.

Silverstone, L. (1997) *Art Therapy: The Person-centred Way*, 2nd edn. London: Jessica Kingsley.

Skovholt, T. M. and Jennings, L. (2004) *Master Therapists: Exploring Expertise in Therapy and Counseling*. New York: Allyn & Bacon.

Stadler, H. A. (1986) Making hard choices: clarifying controversial ethical issues. *Counseling and Human Development*, 19: 1–10.

Stein, T., Frankel, R. M. and Krupat, E. (2005) Enhancing clinician communication skills in a large healthcare organization: a longtitudinal case study. *Patient Education and Counseling*, 58: 4–12.

Stewart, I. and Joines, V. (1987) *TA Today: A New Introduction to Transactional Analysis*. Nottingham: Lifespace Publishing.

Stokes, A. (2001) Settings. In S. Aldridge and S. Rigby (eds) *Counselling Skills in Context*. London: Hodder & Stoughton.

Stroebe, M. S. and Schut, H. W. (1999) The dual process model of coping with bereavement: rationale and description. *Death Studies*, 23: 197–224.

Stroebe, W., Schut, H. and Stroebe, M. (2005) Grief work, disclosure and counselling: do they help the bereaved? *Clinical Psychology Review*, 25: 395–414.

Sugarman, L. (2003) Life transitions. In R. Woolfe, W. Dryden and S. Strawbridge (eds) *Handbook of Counselling Psychology*, 2nd edn. London: Sage.

Sugarman, L. (2004) *Counselling and the Life Course*. London: Sage.

Syme, G. (2003) *Dual Relationships in Counselling and Psychotherapy*. London: Sage.

Talmon, S. (1990) *Single Session Therapy: Maximizing the Effect of the First (and often only) Therapeutic Encounter*. San Franciso: Jossey-Bass.

Tolan, J. (2003) *Skills in Person-centred Counselling and Therapy*. London: Sage.

Trower, P. (1988) *Cognitive-behavioural Counselling in Action*. London: Sage.

Trower, P., Bryant, B. and Argyle, M. (1978) *Social Skills and Mental Health*. London: Methuen.

Twentyman, C. T. and McFall, R. M. (1975) Behavioral training of social skills in shy males. *Journal of Consulting and Clinical Psychology*, 43: 384–95.

Vanaerschot, G. (1993) Empathy as releasing several micro-processes in the client. In D. Brazier (ed.) *Beyond Carl Rogers*. London: Constable.

Walter, T. (1999) *On Bereavement: The Culture of Grief*. Buckingham: Open University Press.

Warren, B. (ed.) (1993) *Using the Creative Arts in Therapy*, 2nd edn. London: Routledge.

Weaks, D. (2002) Unlocking the secrets of 'good' supervision. *Counselling and Psychotherapy Research*, 2: 33–9.

Weaks, D., McLeod, J. and Wilkinson, H. (2006) Dementia. *Therapy Today*, 17: 12–15.

Weiser, J. (1999) *PhotoTherapy Techniques: Exploring the Secrets of Personal Snapshots and Family Albums*, 2nd edn. Vancouver, BC: PhotoTherapy Centre Press.

White, M. and Epston, D. (1990) *Narrative Means to Therapeutic Ends*. New York: Norton.

Wiener, D. (2001) *Beyond Talk Therapy: Using Movement and Expressive Technique in Clinical Practice*. Washington, DC: American Psychological Association.

Williams, G. (1984) The genesis of chronic illness: narrative re-construction. *Sociology of Health and Illness*, 6: 175–200.

Williams, M. (1997) *Cry of Pain: Understanding Suicide and Self-harm*. London: Penguin.

Willi, J. (1999) *Ecological Psychotherapy: Developing by Shaping the Personal Niche*. Seattle, WA: Hogreve & Huber.

Wills, F. (1997) *Cognitive Therapy*. London: Sage.

Winslade, J. M. (2005) Utilising discursive positioning in counselling. *British Journal of Guidance and Counselling*, 33: 351–64.

Worden, W. (2001) *Grief Counselling and Grief Therapy: A Handbook for the Mental Health Practitioner*. London: Brunner-Routledge.

Yalom, I. (2002) *The Gift of Therapy: Reflections on Being a Therapist*. London: Piatkus.